Ullstein

W0056753

ÜBER DAS BUCH:

Bei der Wahrnehmung unserer Umwelt gelangt der größte Teil der Informationen durch die Augen in unser Gehirn, dem es scheinbar spielend leicht gelingt, unsere Umwelt zu erkennen und zu analysieren. Will aber der Ingenieur Roboter bauen, die wie der Mensch Objekte erkennen, dann türmen sich vor ihm schier unüberwindliche Schwierigkeiten auf. Biologen und Mediziner wundert dies nicht: Untersuchen sie das Gehirn unter dem Mikroskop, so erblicken sie Milliarden von Nervenzellen, die auf komplizierteste Art miteinander verknüpft sind.

Im Mittelpunkt des Buches steht die Erkenntnis, daß das Gehirn ein sich selbst organisierendes System ist. Obwohl das komplexeste aller uns bekannten Systeme, genügt auch das Gehirn den Prinzipien der Synergetik – der von Hermann Haken begründeten Lehre vom Zusammenwirken. Diese These erhält zentrale Bedeutung durch den von Haken entwickelten neuartigen Computer, der auf den Gesetzen der Synergetik beruht und wesentliche Eigenschaften menschlicher Wahrnehmungsleistungen aufweist. Der hier gezeigte Ansatz bietet einen neuartigen Schlüssel zum Verständnis entscheidender Gehirnfunktionen.

DIE AUTOREN:

Professor Dr. Dr. h. c. mult. Hermann Haken, geboren 1927, lehrt seit 1960 als Ordinarius für Theoretische Physik. Seine Hauptgebiete sind: Festkörperphysik und Quantenoptik sowie Synergetik, die von ihm begründet wurde. Er ist einer der Väter der Lasertheorie; seine Monographie *Laser Theory* gilt als Standardwerk. Zu seinen zahlreichen Auszeichnungen gehört die Aufnahme in den Orden »Pour le mérite«.

Maria Haken-Krell, geboren 1954, hat Physik, Chemie und Biologie studiert und ist seit 1981 im höheren Lehramt tätig. Gemeinsam mit ihrem Vater Hermann Haken hat sie das Buch *Entstehung von biologischer Information und Ordnung* (1989) verfaßt.

Weitere Titel von Hermann Haken (u. a.):
Licht und Materie II (1981); *Advanced Synergetics* (1983); *Licht und Materie I* (2. erw. Aufl. 1989); *Information and Self-Organization* (1989); *Synergetik. Eine Einführung* (3. erw. Aufl. 1990); *Erfolgsgeheimnisse der Natur* (1990); *Synergetic Computers and Cognition* (1991); *Quantenfeldtheorie des Festkörpers* (2. durchges. u. erw. Aufl. 1993).
Zusammen mit Hans C. Wolf:
Atom- und Quantenphysik (4. erw. Aufl. 1990); *Molekülphysik und Quantenchemie* (1992); *The Physics of Atoms and Quanta* (1993).
Zusammen mit Arne Wunderlin:
Die Selbststrukturierung der Materie (1991).

Hermann Haken
Maria Haken-Krell

Erfolgsgeheimnisse der Wahrnehmung

Synergetik als Schlüssel zum Gehirn

Ullstein

Sachbuch
Ullstein Buch Nr. 35401
im Verlag Ullstein GmbH,
Frankfurt/M – Berlin

Ungekürzte Ausgabe
Mit zahlreichen Abbildungen
im Text

Umschlagentwurf:
Zack-Design, München
Unter Verwendung einer
Computergraphik
der SSI/Bavaria
Alle Rechte vorbehalten
© der Originalausgabe 1992 by
Deutsche Verlags-Anstalt GmbH,
Stuttgart
Gesamtherstellung:
Ebner Ulm
ISBN 3 548 35401 7

Juni 1994
Gedruckt auf alterungs-
beständigem Papier mit
chlorfrei gebleichtem Zellstoff

Von Hermann Haken
in der Reihe
der Ullstein Bücher:

Erfolgsgeheimnisse der Natur (34725)

Die Deutsche Bibliothek –
CIP-Einheitsaufnahme

Haken, Hermann:
Erfolgsgeheimnisse der Wahrnehmung:
Synergetik als Schlüssel zum Gehirn /
Hermann Haken; Maria Haken-Krell. –
Ungekürzte Ausg. – Frankfurt/M; Berlin:
Ullstein, 1994
   (Ullstein-Buch; Nr. 35401: Sachbuch)
   ISBN 3-548-35401-7
NE: Haken-Krell, Maria:; GT

Inhalt

Vorwort

Wenn Sie diese Worte lesen, so wissen Sie natürlich, daß Sie ein Buch der realen Welt vor sich haben. Sind Sie sich aber bewußt, daß dieses Buch auch in Ihrem Gehirn existiert? Nun ja, werden Sie vielleicht sagen, als Idee wohl schon. Nein, sagen da die Gehirnforscher: Es existiert materiell dort. Ja wie denn? – Nun, in Form elektrischer und chemischer Prozesse und Zustände. Sind aber Prozesse und Zustände etwas Materielles? Nun, genausoviel oder wenig wie die Wellen auf dem Wasser. Aber das Wasser, das ist doch echte Materie. Die Quantenphysiker sagen aber, es bestünde aus Materie*wellen*. Die ganze Welt besteht aus *Vorgängen*, erst mit ihrer Hilfe ziehen wir Rückschlüsse auf das, worauf sich diese Vorgänge abspielen, und diese Substrate sind das, was wir wohl von jeher Materie nennen.

Aber was hat dies mit dem Buch in Ihrem Kopf zu tun. Alles, was Sie um sich herum wahrnehmen, ist auch in Ihrem Kopf. Aber nicht alles, was da ist, ist auch in Ihrem Kopf. Vieles wird herausgefiltert, zum Beispiel bestimmt durch Ihre Aufmerksamkeit, die selbst wieder von vielem abhängt: Ihrer Stimmung, früheren Erfahrungen, Hormonen und anderem. Der Gedanke, daß die Welt genauso *in* Ihnen wie außerhalb von Ihnen ist, wird Sie kaum mehr loslassen, und Sie stehen vor der Frage, in welcher Weise die Welt in Ihnen existiert. Wie sie außen aussieht, glauben wir zu wissen. Wie sie innen, in Ihnen, aussieht, ist das große Rätsel, dem wir uns im folgenden nähern wollen.

Unser Buch knüpft an die »Erfolgsgeheimnisse der Natur« eines der Autoren (H. H.) an, ohne allerdings die Kenntnis hier vorauszusetzen. In dem vorhergehenden Buch war gezeigt worden, wie die Synergetik, die vom dortigen Autor begründete Lehre vom Zusammenwirken, den mannigfachsten Erscheinungen in der unbelebten und belebten Natur – bis hin zu den Gesellschaften – zugrunde liegt, wo sich überall die fundamentalen Vorgänge der Selbstorganisation abspielen.

Im vorliegenden Buch befassen wir uns mit dem menschlichen Gehirn, dem wohl faszinierendsten Gebilde, das die uns bekannte Natur hervorgebracht hat. Alle Erkenntnisse über unser Gehirn berühren natürlich das Wesen unseres innersten Ichs. Sie können uns in gleicher Weise faszinieren wie erschrecken. Faszinieren, weil wir so vielleicht Aufschlüsse über unser Innerstes bekommen, zugleich erschrecken wegen möglicher weltanschaulicher Konsequenzen. Die Erforschung des Gehirns mit den verschiedensten Methoden und auf allen möglichen Ebenen nimmt innerhalb der Wissenschaft einen immer größeren Raum ein und gewinnt auch im Bewußtsein einer wissenschaftsorientierten Öffentlichkeit immer mehr an Bedeutung. So hat der amerikanische Präsident Bush das 1991 begonnene Jahrzehnt zum Forschungsjahrzehnt des Gehirns erklärt.

Das vorliegende Buch will einer breiteren, an der Wissenschaft interessierten Öffentlichkeit einen Zugang zur Gehirnforschung geben, wobei der Synergetik immer mehr eine Schlüsselrolle zukommt. Wie sich in zunehmendem Maße zeigt, werden erst durch ihre Prinzipien die so vielfältigen Verknüpfungen, die im Gehirn vorliegen, in ihren Bedeutungen einer globalen Analyse zugänglich. Damit einhergehend bahnt sich ein Paradigmenwechsel an: Das Gehirn mit seinen erstaunlichen Leistungen ist ein sich selbstorganisierendes System und nicht etwa ein starrer Computer. Im folgenden werden wir versuchen, dem Leser ein Stück moderner Forschung näherzubringen und dabei, wie schon in unserem vorigen Buch auch, einen Teil der Bringschuld der Forscher an die Öffentlichkeit abtragen. Hierbei müssen auch Grenzen der heutigen Forschungen deutlich werden.

Den Herren Armin Fuchs, Richard Haas, Robert Hönlinger, Wolfgang Lorenz und Martin Schindel danken wir für die Anfertigung oder Beschaffung vieler Abbildungen.

Unser besonderer Dank gebührt Frau Irmgard Möller, die mit großem Elan und großer Sorgfalt eine Reihe von Fassungen dieses Manuskripts schrieb.

Dem Verlag, insbesondere Herrn Dr. Reinhard Lebe und Frau Margot Adrion, danken wir für die traditionell gute Zusammenarbeit.

Stuttgart, Februar 1992   Hermann Haken
                                                          Maria Haken-Krell

Teil I

Ein Blick in die Synergetik

1. Geist und Materie

Die eigentümliche Beziehung zwischen Geist und Materie fasziniert die Menschen schon seit dem Altertum. Allerdings war es nicht immer so selbstverständlich wie für uns heute, daß der Sitz der geistigen Leistungen des Menschen sein Gehirn ist. Die alten Griechen nannten das Gehirn »encephalos«, das bedeutet soviel wie »das, was im Kopfe ist«. Eine genauere Vorstellung davon hatten sie nicht. Hippokrates kam zwar bereits zu der Ansicht, daß das Gehirn zum Denken da ist, doch Aristoteles war ganz anderer Meinung, so daß weiterhin angenommen wurde, das Herz sei zum Denken da. Erst mit dem griechisch-römischen Arzt Claudius Galenus im 2. Jahrhundert n.Chr. setzte es sich endgültig durch, daß das Gehirn der Sitz des Denkens und der Wahrnehmung ist. Er sammelte auch bereits Erfahrungen an verletzten Gladiatoren und sezierten Tieren. In unserem, vornehmlich durch das naturwissenschaftliche Denken geprägten Jahrhundert werden die geistigen Leistungen systematisch in verschiedenen Disziplinen untersucht, wie etwa in der Psychologie, der Linguistik, der Psychophysik oder in krankhaften Fällen in der Psychiatrie. Andererseits ist das Gehirn als materielles Gebilde selbst Gegenstand intensiver Untersuchungen mit Hilfe der Neuroanatomie, der Physiologie, der Neurochemie und der Neurophysik. Zu letzterem gehört auch die Untersuchung der vom Gehirn erzeugten elektrischen und magnetischen Felder.

Mit dieser zweigeteilten Untersuchung der geistigen Leistungen einerseits, des materiellen Aufbaus des Gehirns andererseits, ist ein erster Weg für dieses Buch vorgezeichnet. Wir werden so in einigen Kapiteln den Forschungen nachgehen, die zeigen, wie das

Gehirn ein höchst komplexes Netzwerk aus einzelnen Nervenzellen, den sogenannten Neuronen, mit bestimmten Eigenschaften darstellt. Wie wir bald erkennen werden, hat die hier zu schildernde, vor allem auf experimentellen Ergebnissen beruhende Methode zu überraschenden Einsichten in die Funktionsweise des Gehirns auf der Ebene der Neuronen geführt. Zugleich aber lassen sich auf diesem Wege die eigentlichen Wahrnehmungsleistungen des Gehirns nicht verstehen. Die entscheidende Frage bleibt nämlich, wie die einzelnen Neuronen durch ihr Zusammenwirken die erstaunlichen Wahrnehmungsleistungen unseres Gehirns zustande bringen.

Mit dem Stichwort »Zusammenwirken« ist bereits die Schlüsselrolle der Synergetik, eben der Lehre vom Zusammenwirken, angesprochen. Wir wollen uns also in diesem Buch vornehmlich auf einem zweiten Weg der Frage zuwenden, wie es aufgrund der Prinzipien der Synergetik den einzelnen Neuronen mit ihren Wechselwirkungen möglich wird, geistige Leistungen zu erzeugen, wobei wir auch kritisch Grenzen dieser Betrachtungsweise erläutern werden.

Natürlich setzen wir hier nicht voraus, daß der Leser die Synergetik kennt oder gar ein Experte auf diesem Gebiet ist. Im nächsten Kapitel schon werden wir zeigen, wie einfach und zugleich überraschend die grundlegenden Ideen dieses Gebietes sind. Bei unserem »synergetischen« Zugang zum Gehirn wird es uns darauf ankommen, unseren Gedanken eine möglichst konkrete Form zu geben. Wir werden also nicht nur qualitativ über Anwendungen der Synergetik auf das Neuronennetzwerk sprechen, sondern wir werden konkret den synergetischen Computer als ein detailliertes Denkmodell für Wahrnehmungsvorgänge vorstellen. An ihm können wir in allen Einzelheiten die so faszinierende Verknüpfung zwischen mikroskopischen Vorgängen auf der neuronalen Ebene und den makroskopischen Vorgängen der Wahrnehmung studieren. An dieser Stelle müssen wir aber gleich einem möglichen Mißverständnis vorbeugen. Wir wollen hier nicht vordergründig noch ein weiteres Computermodell den schon vorhandenen Computermodellen hinzufügen, vielmehr führen wir hier – um ein Modewort zu verwenden – ein neues Paradigma ein. Wir fassen das Gehirn als ein sich selbstorganisierendes System auf, wobei es möglich wird, die Selbstorganisationsprozesse im Detail auf Computern zu simulieren. Dies ist genauso wie etwa bei Wachstumsvorgängen in der Natur. Wir können durchaus eine Reihe solcher Wachstumsvorgänge auf dem Computer simulieren, aber wohl kaum jemand würde behaupten, daß beim Wachstum ein Computer im Spiel ist.

Was veranlaßt uns aber, das Gehirn als ein sich selbstorganisierendes System aufzufassen, und was ist überhaupt Selbstorganisation? Hier wollen wir nur einige erste Hinweise geben. Wie wir wissen, wird die Erbinformation durch bestimmte riesige Moleküle, die sogenannte DNS, weitergegeben. Man könnte daher zunächst annehmen, daß die DNS wie eine Art Blaupause oder Bauplan wirkt, die den Aufbau der Neuronen und deren Verschaltungen bereits völlig festlegt, also die »Verdrahtung« des Gehirns von vornherein bestimmt. Experimente namhafter Neurologen zeigen aber in eindrucksvoller Weise, daß die Ausbildung der Synapsen, d. h. der Verbindungen zwischen den Neuronen, ganz entscheidend durch Umwelterfahrungen beeinflußt wird. Verbindet man einem ganz jungen Kätzchen die Augen, so daß es nur noch auf dem anderen Auge sieht, so wird das ganze Gehirnareal, das zunächst für beide Augen vorgesehen war, von dem einen noch sehenden Auge beherrscht. Entfernt man bei einem späteren Entwicklungsstadium die Binde vor dem zunächst verbundenen Auge, so stehen für dieses keine Gehirnareale mehr zur Verfügung. Das Kätzchen bleibt gewissermaßen auf diesem Auge blind, obwohl es eigentlich nun auf beiden Augen sehen müßte. Dies hat wichtige Konsequenzen auch für Menschen: Wenn bestimmte Sehfehler bei einem kleinen Kind nicht rechtzeitig behoben werden, so bilden sich die Synapsen im Gehirn falsch aus, und das Kind kann nie mehr richtig sehen. In anderen Experimenten wurden Kätzchen in einer Umgebung aufgezogen, in der nur waagerechte Streifen vorhanden waren. Die Kätzchen konnten dann, wenn sie erwachsen waren, später keine senkrechten Streifen erkennen. Diese Tatsachen machen deutlich, daß im Gehirn ganz wesentlich Selbstorganisationsvorgänge bei der Bildung von Synapsen auftreten. Natürlich wird durch die DNS eine bestimmte Grundstruktur bestimmt, aber die Natur hat es verstanden, hier eine delikate Balance zwischen einer vorgegebenen Struktur und einer sich dann selbst organisierenden Struktur zu halten.

Aber nicht nur beim Wachstum des Gehirns, sondern auch bei der Ausbildung unserer Gedanken müssen wir in starkem Maße Selbstorganisationsvorgänge annehmen. Es liegt daher nahe zu fragen, ob die allgemeinen Prinzipien der Selbstorganisation, die im Rahmen der Synergetik aufgedeckt wurden, nicht auch für das Gehirn zutreffen. Wie in der Synergetik gezeigt wurde, werden diese Prinzipien praktisch überall in der Natur angetroffen, und es wäre sehr verwunderlich, wenn die Natur bei der Entwicklung und dem Funktionieren des Gehirns von diesen nicht auch hier Gebrauch machte. Daß es sich hierbei nicht um eine vage Vermutung, sondern direkt um einen Schlüssel zum Verständnis des Gehirns handelt, werden wir unter anderem durch die Vorstellung des bereits erwähnten synergetischen Computers demonstrieren. Dieser Computer beruht einerseits auf den Selbstorganisationsprinzipien der Synergetik, vermag aber andererseits wesentliche Wahrnehmungsleistungen des menschlichen Gehirns wiederzugeben.

An dieser Stelle sollten wir ein Wort zur Geschichte von Computermodellen sagen. Die Frage, ob sich die geistigen Leistungen des Menschen durch Maschinen nachahmen oder vielleicht sogar übertreffen lassen, hat ganz besonders durch die Entwicklung der elektronischen Computer einen ungeheuren Aufschwung genommen. Dies führte sogar zur Begründung eines eigenen Wissenschaftszweiges, der sogenannten künstlichen Intelligenz, in den fünfziger Jahren in den USA. Wie wir heute wissen, können wir selbst auf einem PC (»personal computer«, d. h. persönlichem Computer) nicht nur mit Zahlen operieren, z. B. zwei Zahlen miteinander multiplizieren. Wir können unseren PC auch als »word processor« einsetzen, d. h. Buchstaben oder Symbole aneinanderreihen, umordnen usw. Die Entdeckung, daß Computer nicht nur Zahlen, sondern auch Symbole verarbeiten können, bedeutete aber damals eine echte Revolution: Denn was waren Denkvorgänge? Doch nichts anderes (so glaubte man) als eine Verknüpfung von Symbolen aufgrund bestimmter Gesetze. Es wird wohl heute kaum jemand behaupten, daß ein »word processor« denken könne, und in der Tat hat man auf diesem Wege bis heute nicht dem Computer das Denken beibringen können. Vielmehr hat man den jeweiligen Programmierern Achtung für deren Leistung zu zollen. Diese Symbolverarbeitungen erfolgen auf sogenannten seriellen Computern, wobei ein Verarbeitungsschritt nach dem anderen erfolgt.

Hier tat sich bald eine weitere Schwierigkeit auf: Selbst unsere schnellsten Computer sind immer noch zu langsam, um ganz einfach erscheinende Leistungen des menschlichen Gehirns zu vollbringen, etwa bei der Erkennung von Bildern. Dies ist um so erstaunlicher, als die die Information verarbeitenden Einheiten des Gehirns, eben die Neuronen, viel langsamer sind, als die Schaltelemente heutiger Computer. Den einzigen Ausweg aus dieser Misere bietet die Idee, daß die Bildverarbeitung im Gehirn nicht sequentiell, d. h. nacheinander, sondern parallel erfolgt. Bereits 1943 stellten die amerikanischen Forscher W. S. McCulloch und W. H. Pitts ein mathematisches Modell von Neuronen mit ganz einfachen Eigenschaften vor, die zu einem Netzwerk verbunden werden konnten, so daß das Netzwerk bestimmte logische Operationen ausführen konnte. Nach einem gewissen Anfangserfolg wurde dieser Ansatz aber fast völlig vergessen und erlebte erst in den achtziger Jahren eine Renaissance. Dies ist das große, momentan in stürmischer Bearbeitung befindliche Gebiet der Neurocomputer, auf das wir später zu sprechen kommen werden. Wie wir sehen werden, treten hier aber eine Reihe grundsätzlicher Schwierigkeiten auf, die zu der Frage führen, ob es nicht auch noch andere Ansätze zum Verständnis der kognitiven Fähigkeiten des menschlichen Gehirns gibt. Die Antwort hierauf ist wiederum das Konzept des synergetischen Computers.

Angelpunkt unserer Überlegungen ist die Idee, daß auch das Hervorbringen geistiger Leistungen als ein Prozeß der Selbstorganisation allgemeinen Strukturgesetzen genügt, Strukturgesetzen, denen sowohl das Gehirn als auch der synergetische Computer unterworfen sind. Dies ist heute vielleicht noch eine kühne Hypothese, deren Nachprüfung wir uns nur schrittweise nähern können. Bei einem solchen Programm ist es natürlich wichtig, sich an möglichst konkreten Leistungen zu orientieren, d. h. Leistungen, die gut erforscht sind und leicht nachgeprüft werden können. Andererseits sollten diese Leistungen komplex genug sein, um die Reichweite unseres Konzepts zu testen.

Als eine solche geistige Leistung erscheint uns die visuelle Wahrnehmung, d. h. unsere Seh-Eindrücke, besonders geeignet. Wir wollen daher in diesem Buch auf diesen Problemkreis eingehen, wie dies bereits im Buchtitel zum Ausdruck kommt, und zum einen von der Struktur des visuellen Systems des Menschen ausgehen, das sich von den Augen bis hin zur Gehirnrinde mit ihren speziellen, für die optische Signalverarbeitung entscheidenden Bereichen erstreckt. Zum anderen werden wir uns mit Ergebnissen der Psychologie und Psychophysik befassen und zeigen, wie sich diese nahtlos in die allgemeinen Konzepte der Synergetik einfügen. Und schließlich werden wir zeigen, wie der synergetische Computer im Sinne der Selbstorganisation eine Brücke zwischen der mikroskopischen Welt der Neuronen und der makroskopischen der Wahrnehmung schlägt.

2. Grundideen der Synergetik

In diesem Buch beschäftigen wir uns also mit dem menschlichen Gehirn und einigen der von ihm erbrachten Leistungen. Es mag daher auf den ersten Blick befremdlich erscheinen, wenn wir in diesem Abschnitt die Grundideen der Synergetik anhand von Modellbeispielen aus der Physik, d. h. aus der unbelebten Materie, darlegen. Wir werden aber im Laufe dieses Kapitels und im Kapitel 5 über den Gestaltbegriff erkennen, daß hier enge Strukturverwandtschaften bestehen. Es ist also nicht so, daß wir hier in vordergründiger Weise Konzepte der Physik auf solche des Gehirns übertragen, sondern es handelt sich darum, allgemeine Beziehungen, die eigentlich recht abstrakter Natur sind, zu erkennen. Diese Beziehungen wurden im Rahmen der Synergetik mathematisch streng formuliert, was aber nicht das Ziel dieses Buches sein soll. Vielmehr wenden wir einen Kunstgriff an, indem wir diese allgemeinen Gesetzmäßigkeiten anhand noch relativ einfach überschauberer physikalischer Systeme beispielhaft erläutern. Der Leser oder die Leserin, die tiefer in diese Problematik eindringen wollen, seien auf Hermann Haken: »Erfolgsgeheimnisse der Natur« und auf Hermann Haken und Arne Wunderlin: »Die Selbststrukturierung der Materie« verwiesen. Das erste stellt die Synergetik ohne Mathematik dar, das zweite benutzt diese im Rahmen des Oberschulwissens.

Betrachten wir aber nun die beiden Standardbeispiele der Synergetik aus der Physik, nämlich eine von unten erhitzte Flüssigkeit und die Lichtquelle Laser. Wird eine Flüssigkeit, z. B. Silikonöl, in einem Behälter, der rechteckig sein kann, von unten her erhitzt, so erkennen wir bei nur schwacher Erhitzung keine Änderung mit bloßem Auge. Die von unten zugeführte Wärme wird in der Flüssigkeit durch Wärmeleitung nach oben transportiert und dann an die oben angrenzende kalte Luftschicht abgegeben. Erreicht aber die Temperaturdifferenz zwischen unterer und oberer Oberfläche einen kritischen Wert, so setzt ganz spontan eine makroskopische Bewegung der Flüssigkeit ein, die erstaunlicherweise keineswegs ungeordnet erfolgt, sondern nach ganz speziellen Mustern abläuft. Eine typische Struktur, die sich hierbei ergibt, ist die von Rollen, so wie sie in Abb. 2.1 angegeben sind. Die Frage, die wir etwas an-

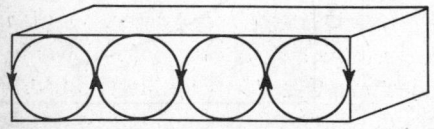

Abb. 2.1 Erhitzt man eine Flüssigkeit, z. B. Silikonöl, in einem rechteckigen Behälter von unten, so können sich von einer kritischen Temperaturdifferenz zwischen unterer und oberer Begrenzung an spontan Rollen ausbilden, bei denen die Flüssigkeit, wie angegeben, an bestimmten Stellen nach oben steigt und an anderen Stellen nach unten sinkt.

thropomorph formuliert stellen können, ist: Woher wissen es denn die einzelnen Moleküle der Flüssigkeit, die ja mikroskopisch klein sind, viel kleiner als die Dimensionen einer Rolle, daß sie sich auf derart große Abstände in einer wohlgeordneten Weise bewegen müssen?

Es lohnt sich, daß wir uns mit dem Mechanismus dieser Bewegung näher auseinandersetzen. Wird die Flüssigkeit erhitzt, so dehnt sie sich aus und wird spezifisch leichter; die einzelnen Flüssigkeitselemente streben also nach oben. Ist die Temperaturdifferenz zwischen unterer und oberer Oberfläche noch zu klein, so genügt diese Auftriebskraft nicht, um die innere Reibung zu überwinden, die Flüssigkeit bleibt in Ruhe. Wird aber die Tempe-

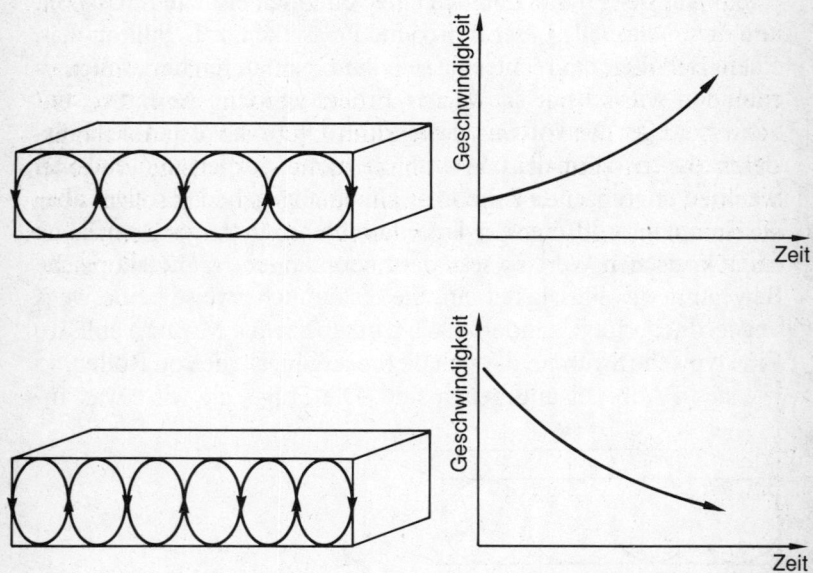

Abb. 2.2 Bei einer von unten erhitzten Flüssigkeit testet die Flüssigkeit in Form von Schwankungen mögliche Konfigurationen für die Bewegung. Das Bild zeigt auf der linken Seite zwei solcher Konfigurationen, die rechte Seite zeigt, wie die Vertikalgeschwindigkeit einer solchen Rollenfiguration im Laufe der Zeit anwächst bzw. absinkt.

raturdifferenz genügend groß, so überwiegen nun die Auftriebs-
kräfte. Wir haben hier ein sogenanntes instabiles Gleichgewicht
vor uns. Von unten her streben die einzelnen erwärmten Flüssig-
keitsteile nach oben, von oben her drücken die noch kalten Flüs-
sigkeitsteile nach unten. Es ist so, als wären zwei Menschenmen-
gen an einer breiten Teppe; die eine will von unten nach oben, die
andere von oben nach unten. Wir alle wissen, was hierbei oft geschieht: Es gibt ein heilloses Durcheinander, und die Menschen
behindern sich gegenseitig sehr. Die Flüssigkeit macht es, wieder
anthropomorph ausgedrückt, intelligenter. Sie probiert immer
wieder neue Konfigurationen aus, wie sie am besten die Wärme
von unten nach oben transportieren kann. Wie sich im Detail mathematisch zeigen läßt, sind die jeweils auszuprobierenden Konfigurationen sehr einfach, nämlich gerade solche Rollensysteme,
wie sie in Abb. 2.2. angegeben sind.

Hierbei zeigt sich, daß bei einer bestimmten Rollenkonfigura-
tion die Wärme besser abtransportiert werden kann. Die Geschwindigkeit dieser Rollen wächst im Laufe der Zeit an. Bei anderen Rollen sind die Verhältnisse nicht so günstig; entweder
wachsen diese Rollen langsamer an, oder sie sterben, selbst wenn
sie einmal ins Leben gerufen worden sind, nach kurzer Zeit wieder
ab. Zwischen den anwachsenden Rollen findet ein Konkurrenz-

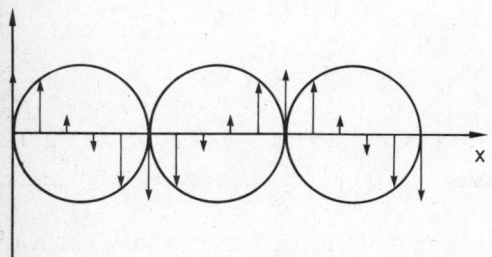

Abb. 2.3 Längs eines Querschnittes entlang der Mittelebene zwischen
oberer und unterer Begrenzung sind die jeweiligen lokalen Geschwindigkeiten der Flüssigkeit nach oben aufgetragen.

kampf statt, den diejenige Rolle, die am schnellsten wächst, gewinnt, und die anderen werden unterdrückt. Es findet hier also so eine Art Darwinismus schon in der unbelebten Natur statt.

Die anwachsende Rolle können wir durch zwei Größen kennzeichnen, was besonders deutlich wird, wenn wir einen horizontalen Schnitt durch die Flüssigkeit legen. Schreiten wir längs dieses Schrittes in x-Richtung fort (Abb. 2.3), so variiert die Geschwindigkeit nach oben in Form einer Welle, einer sogenannten Sinusfunktion, mit einer Wellenhöhe q (Abb. 2.4). Diese Wellenhöhe stellt, wie ein Vergleich von Abb. 2.4 mit Abb. 2.3 zeigt, zugleich die Maximalgeschwindigkeit der Flüssigkeitsbewegung dar. Ist die Temperaturdifferenz kleiner als die »kritische« Temperaturdifferenz, wo also die Rollenbewegung einsetzt, so ist die Flüssigkeit in Ruhe und q ist gleich Null. Überschreitet die Temperaturdifferenz ihren kritischen Wert, so wird q postiv und die Rollen bilden sich aus; q ist also ein Maß für den sich ausbildenden Ordnungszustand in der Flüssigkeit und heißt daher Ordnungsparameter. Mit einem von Null verschiedenen Ordnungsparameter wird also der Flüssigkeit eine bestimmte Bewegungsform aufgeprägt. Wir sagen auch, daß der Ordnungsparameter die Flüssigkeitselemente versklavt.

Das Verhalten des Ordnungsparameters bei Erhöhung der Temperaturdifferenz läßt sich modellmäßig in einer sehr einfa-

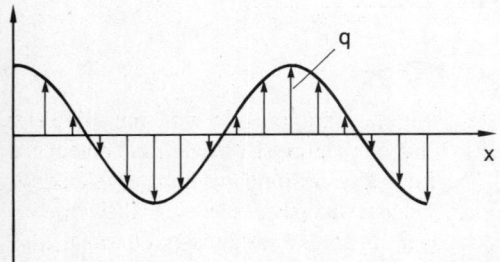

Abb. 2.4 In dieser Abbildung sind die Pfeilspitzen von Abb. 2.3 miteinander verbunden und ergeben eine sinusförmige Welle mit der Wellenhöhe q. x ist die Koordinate, gegenüber der die Sinuswelle aufgetragen ist.

chen Weise wiedergeben, in einer Weise übrigens, die sich auch streng mathematisch begründen läßt. Hierzu benutzen wir eine (rein formale!) Analogie zwischen dem Verhalten des Ordnungsparameters und dem eines Balles oder einer Kugel. Wir interpretieren nämlich die Größe des Ordnungsparameters als die Koordinate eines Balls, der sich unter dem Einfluß der Schwerkraft der Erde in einer Hügellandschaft bewegt. Ist die Temperaturdifferenz noch unterhalb der kritischen Temperaturdifferenz, so besitzt diese Hügellandschaft nur ein Minimum (Abb. 2.5). Da wir durch die vorgegebene Temperaturdifferenz den Zustand des Systems, z. B. in Ruhe oder in Rollenbewegung, kontrollieren können, heißt die Temperaturdifferenz Kontrollparameter. Selbst wenn anfänglich eine Auslenkung, d. h. ein Stoß nach oben, erfolgt, rutscht der Ball wieder auf die Talsohle bei q = 0 zurück. Der Ball befindet

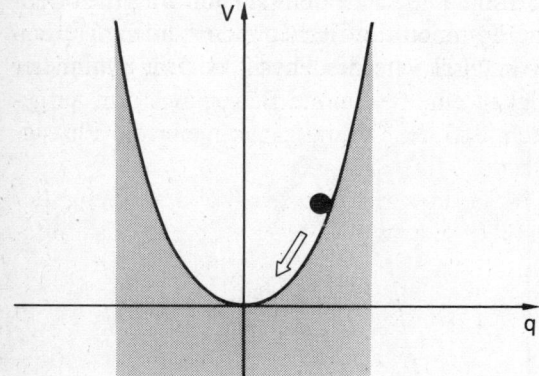

Abb. 2.5 Das Verhalten des Ordnungsparameters q wird mit Hilfe der Koordinate eines Balls, der sich in einer Gebirgslandschaft mit einem Tal bewegt, veranschaulicht. Wird durch eine Störung der Ball ausgelenkt, so rollt er wieder auf die unterste Gleichgewichtslage zurück. Dabei wird angenommen, daß der Ball sich jeweils in einer Graslandschaft bewegt, also stark gebremst wird. Hier und bei den folgenden Abb. 2.6 und 2.7 bezeichnet V die Höhe eines sogenannten Potentials. Für uns genügt es hier, einfach die Höhe über Grund an einem jeweiligen Punkt im Gebirge zu denken.

sich dort im stabilen Gleichgewicht, und das gleiche gilt aufgrund unserer Analogie auch für den Ordnungsparameter, der auch bei Störungen immer wieder auf seinen Gleichgewichtswert $q = 0$ zurückkehrt und damit die Flüssigkeit makroskopisch in Ruhe beläßt.

Erhöhen wir die Temperaturdifferenz weiter, so wird die Talsohle immer flacher (vgl. Abb. 2.6) und nimmt schließlich die Form von zwei Tälern mit einem Hügel in der Mitte an (Abb. 2.7). Dies bedeutet, daß die Lage $q = 0$ für den Ball und damit auch für den Ordnungsparameter instabil geworden ist – ein kleiner Stoß genügt, und der Ball läuft von diesem Punkt weg. Anstelle des vorherigen einen Minimums (Abb. 2.5) treten nun zwei Minima, also zwei stabile Lagen, in die der Ball (oder der Ordnungsparameter) laufen kann. Dies hat eine sehr wichtige Konsequenz. Der Ordnungsparameter und mit ihm die Flüssigkeit müssen sich ja nun für eines der beiden Minima »entscheiden«. Damit wird die offensichtlich vorhandene Symmetrie zwischen den beiden Minima verletzt, oder in der Fachsprache des Physikers: Die Symmetrie

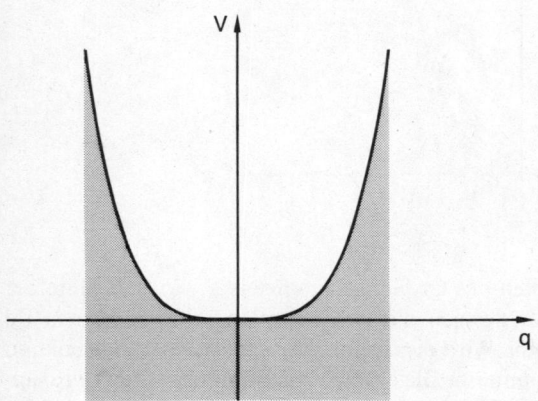

Abb. 2.6 Wird die Temperaturdifferenz zwischen unterer und oberer Begrenzung der Flüssigkeit erhöht, so kommt es zu einer Deformation der Gebirgslandschaft, die das Verhalten des Ordnungsparameters q beschreibt. Nahe dem Übergangspunkt wird das Tal sehr flach.

wird gebrochen. Hierbei entscheidet eine kleine anfängliche Schwankung in der Geschwindigkeitsverteilung der einzelnen Moleküle der Flüssigkeit, die gewissermaßen den Ball anstößt, in welche Richtung er zu laufen hat. Ein geringfügiger Anstoß kann also eine makroskopische Folge haben. Das rechte Tal bedeutet dabei für den Ordnungsparameter einen positiven Wert. Dies entspricht einer Rollenbewegung, wie sie in Abb. 2.8 angegeben ist. Umgekehrt entspricht das linke Tal einer Rollenbewegung von Abb. 2.9, d. h. einer Bewegung, die der von Abb. 2.8 gerade entgegengesetzt ist. Der Symmetriebruch hat also eine makroskopisch meßbare Konsequenz.

Da das Gebirge von Abb. 2.7 zwei Täler, also zwei stabile Minima für den Ordnungsparameter besitzt, spricht man hier von Bistabilität. Ein solches Phänomen treffen wir auch bei der Wahrnehmung durch uns Menschen an. Beim Betrachten von Abb. 2.10 wird ein Physiker wohl an einen Ferromagneten in einer mikroskopischen Aufnahme denken, bei dem die schwarzen Teile von Elementarmagnetchen herrühren, deren Nordpole nach oben zei-

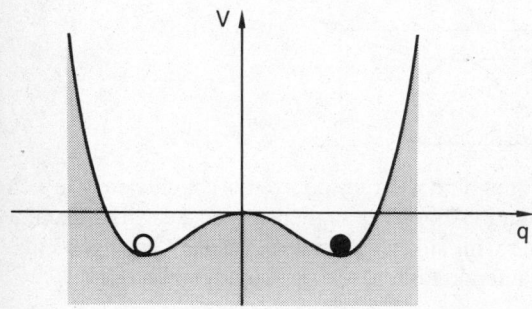

Abb. 2.7 Wird die kritische Temperaturdifferenz zwischen unterer und oberer Begrenzung überschritten, so bilden sich spontan zwei Täler aus. Dies bedeutet, daß der Ordnungsparameter q nun bei q = 0, am Koordinatenursprung also, eine instabile Lage einnimmt und nun entweder nach rechts oder links eine neue Gleichgewichtslage einnehmen kann. Dabei muß sich das System zwischen dem linken und dem rechten Tal entscheiden; es kommt zum sogenannten Symmetriebruch.

gen, während die weißen Teile von Elementarmagnetchen stammen, deren Nordpole nach unten zeigen. Ein Börsenmakler würde hier hingegen an Gruppen von Maklern in der Börse denken. Das gleiche Bild (System), aber zwei ganz verschiedene Interpretationen! Dies ist nichts anderes als Bistabilität. Welches Tal von Abb. 2.7 dabei angenommen wird, hängt von der Vorbildung bzw. Voreingenommenheit des Betrachters ab. Die hiermit verknüpfte Symmetriebrechung wird übrigens von Psychologen schon lange benutzt, um etwas über den »Seelenzustand« einer Person zu erfahren. So gibt es ein Bild, auf dem eine junge und eine alte Frau dargestellt sind, wobei die junge zur Seite blickt, während die alte Frau die junge ansieht. Die alte und die junge Frau sind ziemlich ausdruckslos dargestellt; ein Betrachter wird aber infolge seiner inneren Voreingenommenheit sagen: Die alte Frau sieht sorgenvoll drein, oder ein anderer wird sagen, sie sieht mißtrauisch drein; einem dritten fällt dazu wieder etwas anderes ein (s. Abb. 29.1).

Aufgrund der mikroskopischen Schwankungen durch die Wärmebewegung innerhalb der Flüssigkeit ist der Ordnungsparame-

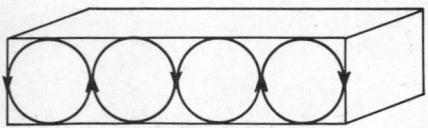

Abb. 2.8 Diese Abbildung und die folgende veranschaulichen, wie sich der Symmetriebruch, der in Abb. 2.7 beschrieben wird, auswirkt. Kommt der Ordnungsparameter q im linken Tal zu seiner neuen Gleichgewichtslage, so entstehen umlaufende Rollen, wie sie hier angegeben sind.

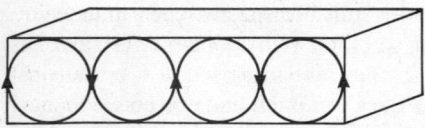

Abb. 2.9 Jetzt hat der Ordnungsparameter das rechts in Abb. 2.7 auftretende Tal eingenommen.

ter, den wir hier durch die Lage eines Balls charakterisieren, stets mikroskopischen Stößen ausgesetzt, etwa so, als würden Fußballer, wie das ja bei Fußballspielen häufig ist, völlig ungeordnet auf den Ball eintreten. Ist die Stärke dieser Stöße immer gleich, was in der Flüssigkeit tatsächlich der Fall ist, so machen die Stöße in den Abb. 2.5 und Abb. 2.7 wenig aus, der Ball kommt ja sehr rasch wieder die Wände des Gebirges heruntergerollt. Im Falle von Abb. 2.6 hingegen ist die Steigung in der Umgebung von q = 0 sehr gering, d. h., die rücktreibende Kraft ist klein, und die Stöße wirken sich hier sehr stark aus. Man spricht deshalb von *kritischen Schwankungen*. Zugleich rollt der Ball sehr langsam, wenn überhaupt, in seine Gleichgewichtslage zurück; man spricht hier vom *kritischen Langsamerwerden*.

Es gibt nun Fälle, wo im Prinzip verschiedene Ordnungsparameter – und damit verschiedene Konfigurationen – möglich sind. Betrachten wir hierzu eine Flüssigkeit, die sich in einem kreisrunden Gefäß befindet, und betrachten wir diese von oben (Abb. 2.11). Dann ist natürlich bezüglich der Rollen keine Richtung vor

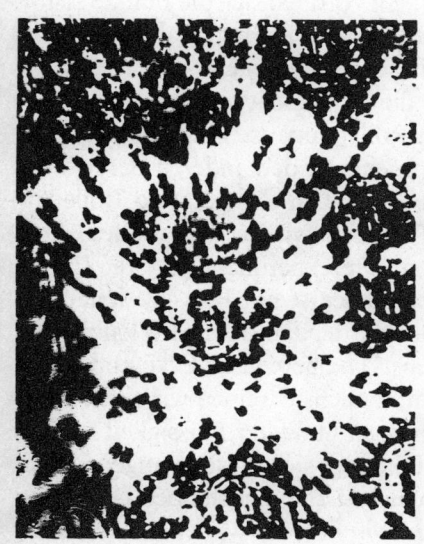

Abb. 2.10 Beispiel für Bistabilität in der Wahrnehmung. Ein Physiker wird in diesem Bild das mikroskopische Abbild eines Ferromagneten sehen, wobei die Elementarmagnetchen nach oben (schwarz) oder nach unten (weiß) zeigen. Ein anderer Beobachter würde hier vielleicht eine Börse von oben sehen, wo sich kleine Gruppen von Börsenmaklern zusammengefunden haben.

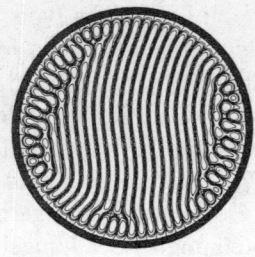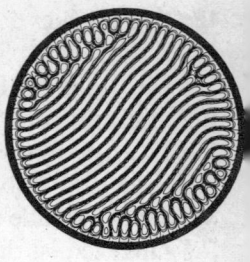

Abb. 2.11 Beispiel für Multistabilität in der Flüssigkeitsbewegung. Im vorliegenden Falle wird eine Flüssigkeit in einer kreisrunden Schale von unten her erwärmt. Hierbei können sich nun Rollensysteme ausbilden, die in ganz verschiedenen Richtungen orientiert sind; wenn sie sich ausgebildet haben, können sie stabil bleiben.

einer anderen ausgezeichnet, und es kann zu verschiedenen Konfigurationen kommen, so wie sie beispielhaft in Abb. 2.10 angegeben sind. Alle hier angegebenen Konfigurationen sind stabil. Da es mehrere solcher stabiler Konfigurationen gibt, spricht man von *Multistabilität*. Auch bei der Wahrnehmung gibt es Multistabilität. Schauen wir uns Abb. 2.12. an: Hier ordnen sich die Punkte zu immer neuen Kreisen an, die wir jeweils eine Zeitlang wahrnehmen.

Was passiert nun, wenn wir ein Rollensystem stören, etwa indem wir in einem Teilbereich die Flüssigkeit umrühren? Solange ein anderer Bereich mit seinen Rollen unversehrt bleibt, gelingt es diesem, seinen Einfluß immer mehr auf den anderen Bereich der Flüssigkeit auszudehnen und schließlich das gesamte Rollensystem in der ursprünglichen Richtung wieder herzustellen. Dies wird besonders deutlich an Computerexperimenten, deren Ergebnisse in Abb. 2.13 dargestellt sind. Hier ist eine Flüssigkeit nachgeahmt worden, die so weit erhitzt wurde, daß sie zur Rollenbildung fähig ist. Betrachten wir zunächst die obere linke Ecke und gehen dann von oben nach unten. Anfänglich schreiben wir einen Streifen (oder eine Rolle) mit nach oben bewegter Flüssigkeit vor, im übrigen Bereich der Flüssigkeit bewegt sich diese in ungeordneter Weise von oben nach unten oder von unten nach oben. Aufgrund der inneren Wechselwirkungen zwischen den Molekülen der Flüs-

28

Abb. 2.12 Multistabilität in der Wahrnehmung. Die einzelnen Punkte werden von unserem Gehirn zu immer neuen Kreisen zusammengesetzt.

sigkeit kommt es aber nun zur Ausbildung des gesamten Rollensystems. Wir können diesen Prozeß folgendermaßen beschreiben: Die ursprünglich vorhandene einzelne Rolle schafft sich ihren Ordnungsparameter. Dieser Ordnungsparameter tritt in einen Wettbewerb mit anderen Ordnungsparametern, die andere Rollenrichtungen beherrschen. Der Ordnungsparameter der hier anfänglich vorgegebenen Rolle gewinnt diesen Wettbewerb und schreibt dann nach dem Versklavungsprinzip der Gesamtflüssigkeit die Bewegung vor.

Beginnen wir, wie dies in der mittleren Spalte gezeigt ist, mit einer anderen Orientierung des Streifens, so gewinnt diese und prägt wieder – mit Hilfe ihres Ordnungsparameters – dem Gesamtsystem »Flüssigkeit« den Ordnungszustand in der neuen Richtung auf. In der letzten Spalte zeigen wir die Resultate eines Computerexperiments, bei dem die Flüssigkeit gewissermaßen vor eine Konfliktsituation gestellt wurde, indem ihr anfänglich zwei verschiedene Rollenrichtungen vorgegeben wurden, wobei die eine Rolle etwa zehn Prozent stärker als die andere ausgeprägt war. Nach einer Zwischenphase, wo die Flüssigkeit noch einen Kompromiß sucht, gewinnt aber die stärkere Rolle, d. h. ihr zugeordneter Ordnungsparameter, und prägt schließlich wieder der gesamten Flüssigkeit die Vorzugsrichtung auf.

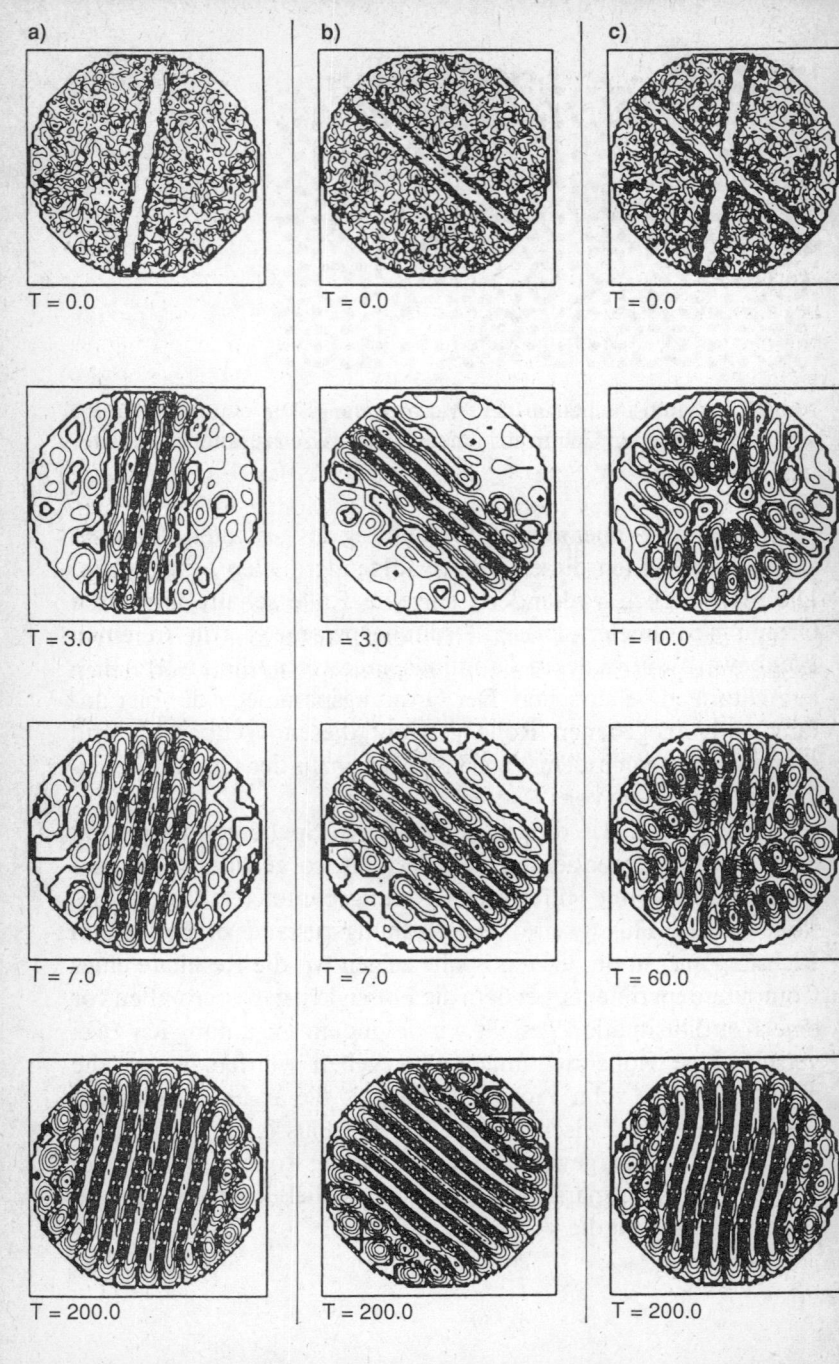

a)   T = 0.0   b)   T = 0.0   c)   T = 0.0

T = 3.0   T = 3.0   T = 10.0

T = 7.0   T = 7.0   T = 60.0

T = 200.0   T = 200.0   T = 200.0

Fassen wir unsere Ergebnisse zusammen, so können wir an diesem Modellbeispiel folgende Gesetzmäßigkeiten erkennen: Wir haben zunächst unter bestimmten äußeren Kontrollbedingungen ein System in einem bestimmten Zustand vor uns, z. B. die Flüssigkeit in Ruhe. Ändern wir den Wert des Kontrollparameters (d. h. die Temperaturdifferenz), so kann dieser alte Zustand instabil werden und muß dann einem neuen Zustand Platz machen. Dieser Zustand besitzt einen höheren Grad an Ordnung, oder, allgemeiner gesagt, er ist stärker strukturiert als der vorangegangene. Bei dem Übergang von einem Zustand des Systems in den anderen treten charakteristische Phänomene auf. Das System testet verschiedene Bewegungsformen, die in einen Wettbewerb treten, wobei im vorliegenden Falle der Flüssigkeit eine Bewegungsform am schnellsten anwächst, den Wettbewerb gewinnt und somit einen Ordnungsparameter ausbildet. Dieser Ordnungsparameter versklavt dann umgekehrt die gesamte Flüssigkeit, zieht sie also in seinen Bann, und gewährleistet somit die entstehende Struktur.

Im Hinblick auf die weitreichenden Analogien, die sich zwischen synergetischen Systemen der unbelebten Natur und denen

Abb. 2.13 Modellrechnung zur zeitlichen Entwicklung von Rollensystemen in von unten erhitzten Flüssigkeiten.

Linke Spalte von oben nach unten: Hier wird angenommen, daß jenseits der kritischen Temperaturdifferenz eine von unten erhitzte Flüssigkeit so präpariert wird, daß sie längs einer Linie eine nach oben strömende Bewegung aufweist, sonst aber statisch verteilt nach unten und oben gerichtete Bewegungen. Im Lauf der Zeit gelingt es der Flüssigkeit, ein ganzes Rollensystem, das entlang der ursprünglich vorgegebenen Richtung orientiert ist, aufzubauen.

Mittlere Spalte: Das gleiche wie in der linken Spalte, nur wurde hier eine andere Orientierung vorgegeben.

Rechte Spalte: Die Flüssigkeit wird vor eine Konfliktsituation gestellt, da hier zwei Rollenrichtungen vorgegeben werden, wobei die eine allerdings um etwa 10 Prozent stärker ausgeprägt war als die andere. In der zweiten Zeile sieht man, wie die Flüssigkeit gewissermaßen einen Kompromiß aus den beiden Rollensystemen anstrebt. Dann aber gewinnt die Vorzugsrichtung und bestimmt schließlich unten rechts das gesamte sich ausbildende Rollensystem.

der belebten Natur ergeben, führen wir noch das Phänomen der Hysterese an. Dies ist vom Magnetismus her gut bekannt. Stellen wir uns dazu einen Eisenmagneten vor, der in einer bestimmten Richtung magnetisiert ist, dessen Nordpol also nach oben zeigt (Abb. 2.14). Wir bringen nun diesen Eisenmagneten in ein Magnetfeld. Ist dieses schwach, so bleibt die Nord-Süd-Richtung der Magnetisierung erhalten. Erst bei einer bestimmten Magnetfeldstärke schlägt die Magnetisierung um (Abb. 2.14, 2.15).

Verringert man nun die Stärke des von außen angelegten Magnetfeldes, so bleibt die Süd-Nord-Ausrichtung erhalten (gestrichelte Linie) und schlägt bei einem ganz anderen Wert $F_2 \neq F_1$ wieder in die Nord-Süd-Richtung um. Bei welcher Feldstärke der Umschlag erfolgt, hängt also von der Vorgeschichte ab! Dieser Hysterese-Effekt läßt sich auch in einer etwas abstrakteren Form mit Hilfe des Gebirgsmodells von Abb. 2.5 bis 2.7, das wir aber nun in Abb. 2.15 etwas abgewandelt haben, beschreiben. Durch die Änderung eines Kontrollparameters, etwa der Temperaturdifferenz, werden die Gebirgslandschaften, gemäß der Abb. 2.16 deformiert. Hierbei gibt es ein Minimum oder auch deren zwei, die folgendes bedeuten können: Das Minimum 1 entspricht einem Zustand, in dem eine Flüssigkeit Rollen ausgebildet hat, das Minimum 2 einer Flüssigkeit, deren Bewegung in Form von Bienenwaben (Hexagonen) erfolgt (Abb. 2.17). In der Mitte jeder Bienenwabe steigt die Flüssigkeit nach oben, kühlt sich an der Oberfläche ab und sinkt dann an den Rändern nach unten. Wieder benutzen

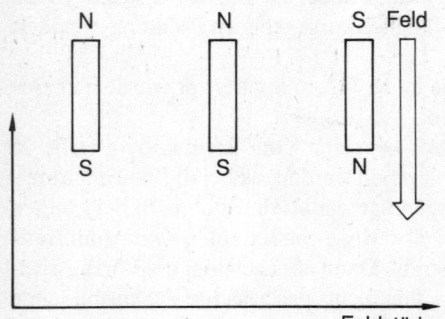

Abb. 2.14 Oben links: Ein Eisenmagnet mit seinem Nordpol (N) und Südpol (S). Wird ein Magnetfeld angelegt, so gibt es zwei Stellungen des Magneten, bei denen seine Energie maximal (links) oder minimal (rechts) wird.

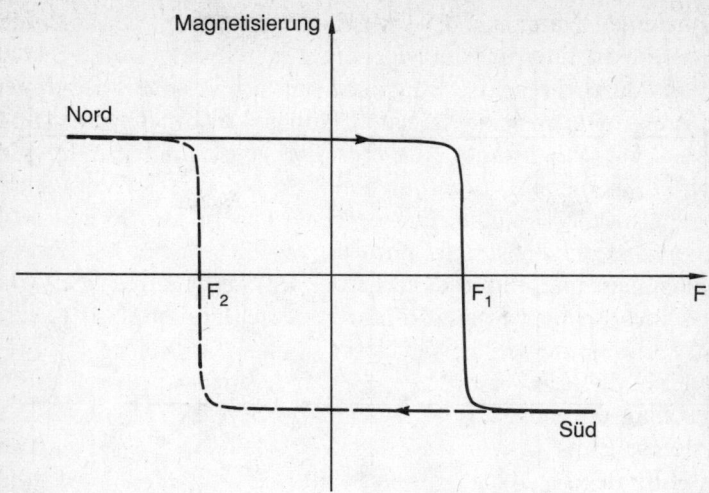

Abb. 2.15 In einem angelegten Magnetfeld kann ein Magnet seine Magnetisierung umkehren. Die Richtung der Magnetisierung hängt dabei von der Vorgeschichte ab. Das angelegte Feld F ist hierbei von links nach rechts aufgetragen. Im linken Bereich zeigt es von oben nach unten, im rechten von unten nach oben. Beginnen wir mit der ausgezogenen Kurve oben links, so zeigen Magnetfeld und Magnetisierung in die gleiche Richtung. Bauen wir nun das Magnetfeld ab, so daß sich schließlich seine Richtung ändert, und wächst es in der umgekehrten Richtung wieder an, so behält die Magnetisierung ihre ursprüngliche Richtung bei, obwohl nun Magnetisierung und Feld entgegengerichtet sind. Erst bei einer sogenannten kritischen Feldstärke F_1 kehrt sich die Magnetisierung um und richtet sich nun in die Richtung des Feldes F aus. Bauen wir aber das Feld wieder ab, so daß es immer kleiner wird und schließlich seine Richtung umkehrt, so bleibt die Magnetisierung erhalten, auch wenn das Feld sich schon umgekehrt hat, und erst bei einer Feldstärke F_2 kommt es zu einem Umschlag der Magnetisierung. Die Richtung der Magnetisierung hängt also von der Vorgeschichte ab; es handelt sich hier um den Effekt der Hysterese.

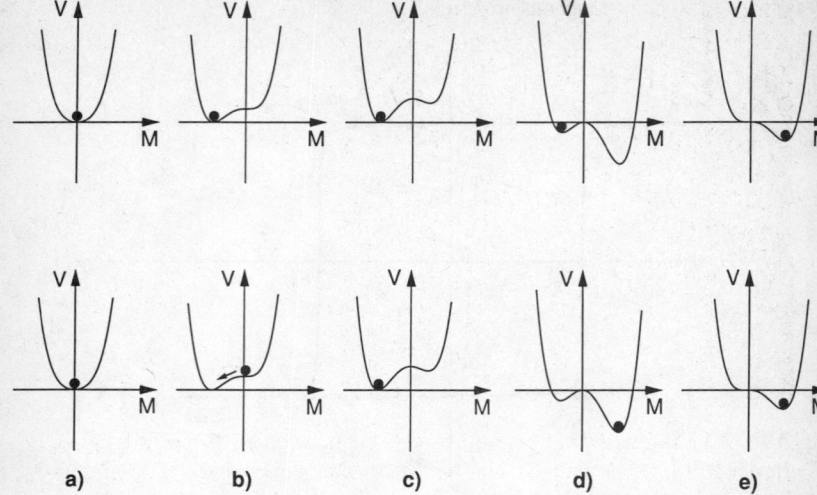

Abb. 2.16 Der Hysterese-Effekt am Beispiel eines Balls in einer Gebirgslandschaft. In der Horizontalen ist die Lage des Balls aufgetragen, nach oben seine Lage in einer Gebirgslandschaft, in der er immer zum nächstbenachbarten Tal hinunterrutscht. Wir stellen uns vor, daß die Gebirgslandschaft in der Reihenfolge von a, b, c, d, e durch eine äußere Einwirkung, z. B. beim Ferromagneten durch ein äußeres Feld, verändert wird, und zwar in der in den Abbildungen a) bis e) angegebenen Weise. Ersichtlich bleibt der Ball bis d) in der Lage bei dem Punkt 1 und fällt erst bei e) in den Punkt 2 hinunter. Durchlaufen wir nun die Gebirgslandschaft in der umgekehrten Reihenfolge, so bleibt der Ball zunächst in der Lage 2; er bleibt aber auch noch bis zum Punkt c) in dieser Lage 2 und fällt erst bei d) in die ursprüngliche Lage 1 zurück. Die eingenommenen Lagen 1 und 2 hängen also von der Vorgeschichte ab.

Abb. 2.17 Bienenwabenstruktur in einer von unten erhitzten Flüssigkeit. In der Mitte jeder Wabe steigen die Flüssigkeitsteilchen nach oben, kühlen sich dort ab und sinken an den Rändern nach unten.

wir das Bild des Balles, der sich in einer solchen Gebirgslandschaft bewegen kann. Er befindet sich in Abb. 2.16a im Minimum, d. h., hier ist das Rollensystem realisiert. Deformieren wir nun die Landschaft, so kann der Ball erst in Abb. 2.16e die jetzt noch tiefere Lage einnehmen; d. h., es entsteht das hexagonale Muster. Ändern wir nun den Kontrollparameter in der umgekehrten Richtung, so durchlaufen wir natürlich die Bildfolge auch in der umgekehrten Richtung. Hierbei stellen wir aber etwas Merkwürdiges fest: Der Ball bleibt natürlich in dem Minimum 2 gefangen, auch wenn dieses nun schon oberhalb des Minimums 1 liegt. Erst bei der Lage des Gebirges von Abb. 2.16b rollt er in das Minimum 1 zurück. Der Übergang von 1 nach 2 auf dem Hinweg des Kontrollparameters, bzw. von 2 nach 1 auf dem Rückweg des Kontrollparameters, erfolgt bei verschiedenen Größen des Kontrollparameters. Das ist gerade ein Beispiel für Hysterese.

   Genau dieses Phänomen passiert aber auch bei der Wahrnehmung, wobei wir hier zwei Fälle vorführen. Betrachten wir in Abb. 2.18 die Bildfolge von links oben nach rechts unten, so sehen wir

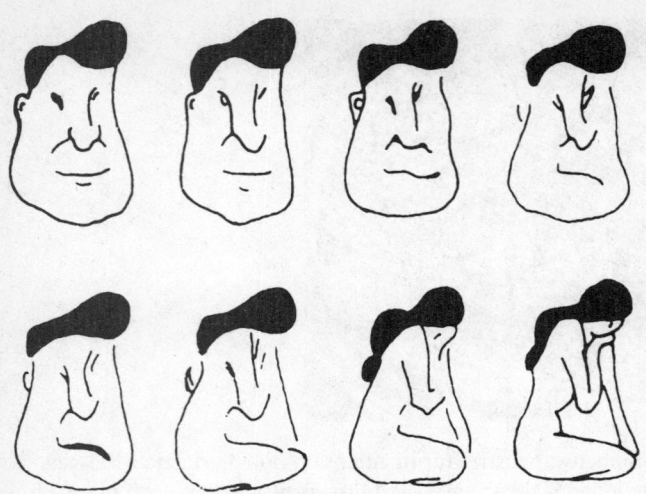

Abb. 2.18 Hysterese bei der visuellen Wahrnehmung. Fangen wir oben links an, so erkennen wir ein Männergesicht, das auch in der zweiten Zeile noch gesehen wird und erst am Schluß in die Wahrnehmung eines Mädchens umschlägt. Beginnen wir umgekehrt unten rechts und gehen dann in der gleichen Zeile nach links, so erkennen wir ein Mädchen, das auch noch in der oberen Zeile erkannt wird und erst am Schluß wieder in ein Männergesicht umschlägt.

zunächst ein Gesicht, das schließlich in der zweiten Zeile erst in einen Mädchenkörper umschlägt. Beginnen wir umgekehrt mit der Wahrnehmung des Mädchenkörpers unten rechts, gehen dann in den Bildern nach links, dann weiter in die obere Zeile von rechts nach links, so schlägt die Wahrnehmung in die eines Gesichts erst relativ spät um, bei manchen Männern soll jetzt sogar überhaupt kein Umschlag mehr erfolgen!

Genau das gleiche passiert, wenn wir in Abb. 2.19 die Wörter *Chaos* von oben her lesen und erst ganz unten das Wort *Order* erkennen, in umgekehrter Richtung sehen wir lange das Wort *Order* und erst am Schluß das Wort *Chaos*.

Sind das Auftreten von Bistabilität, Multistabilität und Hysterese nun lediglich oberflächliche Analogien zwischen dem Verhal-

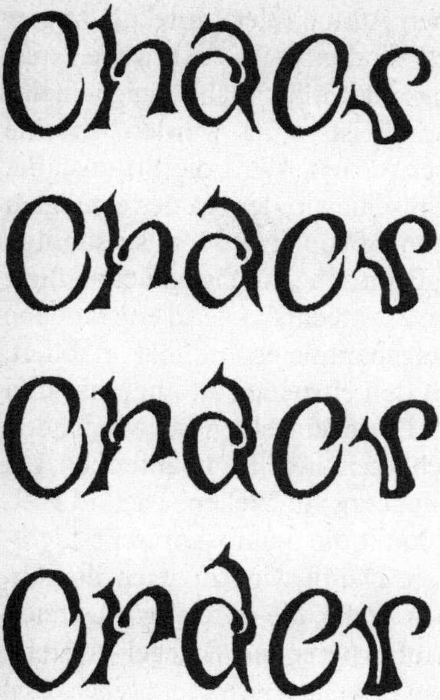

Chaos
Chaos
Order
Order

Abb. 2.19 Ein weiteres Beispiel für Hysterese bei der Wahrnehmung. Beginnen wir die Wörter von oben nach unten zu lesen, so erkennen wir dreimal »Chaos«, und erst beim letzten Wort schlägt unsere Wahrnehmung in die von »Order« (Ordnung) um. Beginnen wir hingegen von unten und lesen nach oben, so erkennen wir dreimal »Order«, und erst beim letzten Wort nehmen wir wieder das Wort »Chaos« wahr.

ten von Flüssigkeiten und unserer Wahrnehmung, oder steckt hier weit mehr dahinter? Damit wollen wir uns in den nächsten Kapiteln befassen, wobei wir im übernächsten Kapitel das Konzept der Gestalt erläutern. Für den Leser, der Modelle für neuronale Vorgänge sucht, bringen wir aber noch ein weiteres Beispiel aus der Synergetik, nämlich den Laser.

Die Lichtquelle Laser ist im Prinzip äußerst einfach aufgebaut. An den Enden einer Glasröhre werden zwei Spiegel montiert. Im Inneren der Glasröhre befinden sich die Atome oder Moleküle eines Gases. Durch einen Strom, der durch die Glasröhre geschickt wird, werden die einzelnen Atome oder Moleküle immer wieder energetisch angeregt und senden dann Lichtwellen aus, wobei die einzelnen Ausstrahlungsakte völlig unabhängig voneinander erfolgen (Abb. 2.20 links). Es ist so, als würden wir eine Handvoll Kieselsteine ins Wasser werfen. Wird die Stromstärke immer mehr erhöht, so tritt ein Umschlag in der Art des erzeugten Lichts ein. Die einzelnen, unabhängig voneinander ausgesandten Wellenzüge werden durch eine gigantische, höchst gleichmäßige, kohärente Welle ersetzt (vgl. Abb. 2.20 rechts). Die so entstandene Welle wirkt wieder als Ordnungsparameter. Einmal etabliert, zwingt sie den Elektronen, die in den einzelnen Atomen hin und her schwingen, ihren Takt auf. Diese einzelnen schwingenden Elektronen wirken nun wie gleichgeschaltete Radioantennen, bei deren ausgestrahlten Wellen Wellenberg auf Wellenberg und Wellental auf Wellental treffen und damit die makroskopische Lichtwelle »phasengerecht« verstärken. Damit wird zugleich die Abschwächung der makroskopischen Welle, die durch ihr Austreten durch einen der nur teilweise reflektierenden Spiegel entsteht,

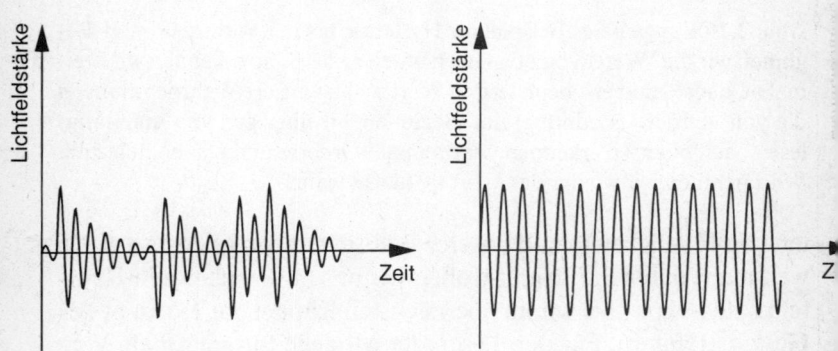

Abb. 2.20 Der grundlegende Unterschied zwischen der Lichtabstrahlung einer Lampe (links) und der eines Lasers (rechts). Bei der Lampe werden im Lauf der Zeit einzelne kurze Lichtwellenzüge, die völlig unkorreliert sind, ausgesandt. Man spricht hier auch vom mikroskopischen Chaos. Beim Laser hingegen wird eine hochgeordnete, gleichmäßige, kohärente Lichtwelle ausgesandt.

kompensiert. Hierbei kommt es zu einer eigentümlichen Zirkularität. Einerseits zwingt nämlich die Welle (der Ordnungsparameter) den Elektronen den Takt der Bewegung auf, umgekehrt kann die Welle, d. h. der Ordnungsparameter, nur durch die Ausstrahlungsakte der einzelnen Elektronen aufrechterhalten werden. Insofern sind die Verhältnisse ganz analog wie bei der Flüssigkeit. Warum wir aber das Laserbeispiel hier nochmals bringen, hat einen anderen Grund. Erhöht man nämlich die Stromstärke immer mehr, so kann die gleichmäßig ausgestrahlte Welle in andere Arten von Licht umschlagen, z. B. in Form regelmäßiger, kurzer und sehr intensiver Lichtblitze (Abb. 2.21), oder in eine äußerst unregelmäßige Bewegung, die man heutzutage als deterministisches Chaos bezeichnet (Abb. 2.22). Auch viele andere Verhaltensweisen des Lasers sind beobachtet worden.

Festhalten wollen wir aber hier folgendes: Durch die Änderung eines zunächst ganz unspezifischen Kontrollparameters, etwa hier der zugeführten Stromstärke, kann ein und dasselbe System qualitativ völlig verschiedene Verhaltensweisen zeigen. Dies steht so

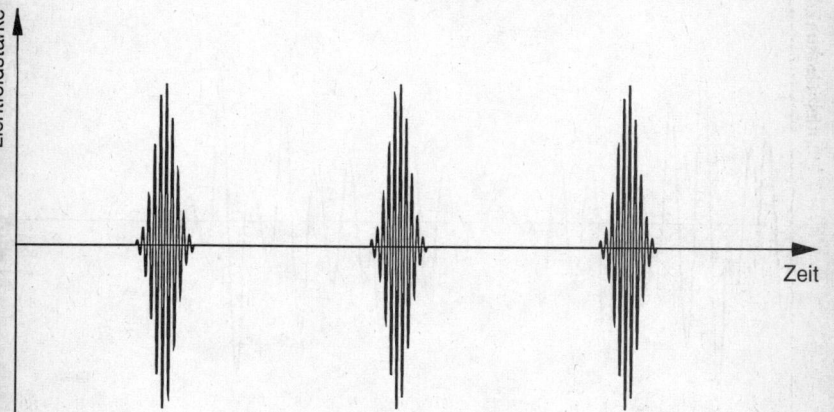

Abb. 2.21 Wird dem Laser mehr Leistung zugeführt, so kann von einer kritischen Leistungszufuhr an die kohärente Lichtausstrahlung umschlagen und der Erzeugung ultrakurzer, regelmäßiger Lichtblitze Platz machen.

ganz im Widerspruch zu unserem von der Newtonschen Mechanik geprägten Verständnis: Wenn wir die auf einen Körper einwirkende Kraft verdoppeln, so verdoppelt sich dessen Beschleunigung. Wenn wir aber beim Laser die Stromzufuhr verdoppeln, so ändert sich das Laserverhalten unter Umständen völlig. Diese schlagartigen Änderungen sind typisch für das Verhalten von nichtlinearen Systemen. Die bei diesen Änderungen auftretenden allgemeinen Gesetzmäßigkeiten hat die Synergetik aufgedeckt, und dies ist eben einer der Gründe, warum dieses Gebiet wichtig für unser Verständnis des Gehirns ist.

Hier sind – auf allen Ebenen – derartige Umschwünge gang und gäbe. Bei der Seeschnecke Aplysia wurden z. B. Neuronen gefunden, die genau das gleiche Verhalten wie hier das Laserlicht zeigen: Aussendung mikroskopisch ungeordneter elektrischer Pulse, entsprechend dem Licht einer Lampe, Aussendung gleichmäßiger Pulse, entsprechend dem Laserlicht, Aussendung regelmäßiger gebündelter Pulse, entsprechend den Lichtblitzen, und Aussendung

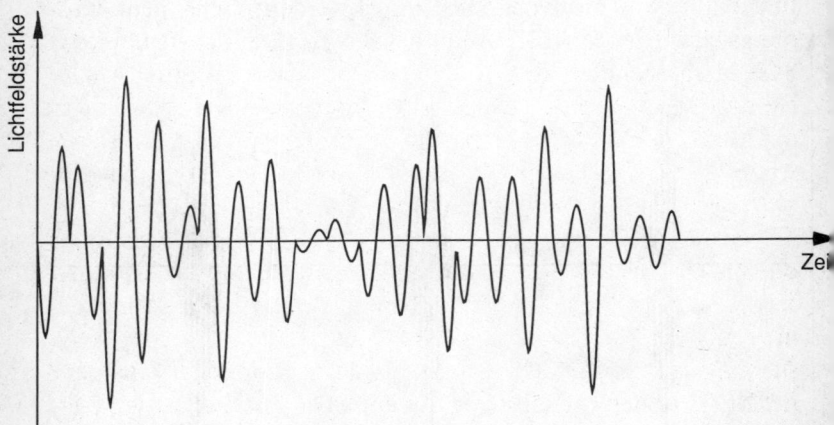

Abb. 2.22 Unter anderen Anregungs- und Spiegelbedingungen kann die Lichtausstrahlung auch völlig unregelmäßig werden. Es handelt sich hierbei um das deterministische Chaos im Gegensatz zum mikroskopischen Chaos von Abb. 2.20, links.

chaotischer Pulse, entsprechend dem chaotischen Laserlicht. Dies hat eine sehr interessante Konsequenz, nämlich: Wir können vermuten, daß die jeweiligen Neuronen völlig gleichartig aufgebaut sind und sich lediglich quantitativ, etwa durch die Zahl von Rezeptoren oder Kanälen, unterscheiden.

Auch Verhaltensänderungen des Menschen erscheinen nun verständlicher. Zwei Beispiele mögen dies belegen: Wenn wir Kaffee trinken, so werden wir angeregt, ändern also unser Verhalten. Dabei ändern wir nur einen einzigen Kontrollparameter in unserem Gehirn, nämlich die Koffeinkonzentration. Für den mit den Neuronen und deren Botenstoffen schon vertrauten Leser sei hinzugefügt, daß Koffein die Empfangskanäle (Rezeptoren) für den Botenstoff Serotonin blockiert. Auch die Zahl der Empfangskanäle ist ein unspezifischer Kontrollparameter. Bei Schizophrenen wird oft das Medikament Haldol verabreicht, das drastische Verhaltensänderungen hervorruft: Es blockiert die sogenannten Dopamin-2-Rezeptoren. Die Analogie mit dem Laserlicht erklärt zwar nicht die jeweilige Verhaltensänderung, sie gibt uns aber ein Gefühl dafür, was hier vor sich geht, es werden immer neue Ordnungsparameter geschaffen, die jeweils die Herrschaft über das System übernehmen. Eine wichtige Lehre läßt sich aus der Analogie mit dem Laser ziehen: wie ungeheuer wichtig die Dosierung der Medikamente ist. Nehmen wir diese Analogie ernst, so müssen wir erwarten, daß das gleiche Medikament bei verschiedener Dosierung ganz unterschiedliche Wirkungen haben kann.

Mit den hier dargestellten Beispielen haben wir natürlich nur die Spitze eines Eisbergs, genannt Synergetik, berührt. Was ist der Kern dieses Eisberges? Nun, die Synergetik befaßt sich ganz allgemein mit der Entstehung neuer Eigenschaften in komplexen Systemen oder – in der Fachsprache ausgedrückt – mit der Emergenz neuer Qualitäten in derartigen Systemen. Dafür, daß es sich hierbei um hochkomplexe Systeme handeln kann, haben wir soeben ein erstes Gefühl bekommen, und wir werden dieses »Gefühl« im folgenden bestätigt finden.

3. Synergetik in der belebten Natur

Wie wir schon zu Anfang des letzten Kapitels sagten, bedeutet die Anwendung der Synergetik auf Phänomene der Biologie nicht, daß wir hier einem Physikalismus das Wort reden, daß wir also alle Erscheinungen in der Biologie auf physikalische Grundphänomene zurückführen wollen. Ganz im Gegenteil ist es ja der Sinn der Synergetik, die Emergenz neuer Eigenschaften herauszuarbeiten. Es gibt somit Phänomene, die, etwa in der Biologie, sicher mit den Grundgesetzen der Physik und Chemie vereinbar sind, die aber auch nicht in eindeutiger Weise aus ihnen hergeleitet werden können. Es geht also vielmehr um die Aufdeckung allgemeiner Strukturgesetze, die nicht an die Physik gebunden sind. Bevor wir aber nun die Synergetik auf das Gehirn anwenden, sollten wir doch wenigstens anhand einiger einfacher Beispiele zeigen, wie die Synergetik Eingang in die Fragestellungen der Biologie gefunden hat.

Einige Beispiele hierfür hatten wir schon früher in »Erfolgsgeheimnisse der Natur« dargelegt. Eine wichtige Frage in der Biologie ist die nach der Art und Weise, wie Pflanzen und Tiere ihre Gestalt annehmen und wie die einzelnen Zellen es wissen, welche Organe sie zu bilden haben. Ein sehr gutes Beispiel ist dabei schon die Frage, wie es zur Bildung von Zebrastreifen kommt (Abb. 3.1).

Dazu griffen wir eine Idee auf, die auf den englischen Mathematiker Alan Turing zurückgeht, der annahm, daß die einzelnen, zunächst noch nicht differenzierten Zellen, bestimmte chemische Stoffe produzieren, die miteinander in Wechselwirkung treten können. Dort, wo eine bestimmte Stoffkonzentration hoch ist, können dann Gene angeschaltet werden, die eine Zelle zu einer bestimmten speziellen Zelle, etwa einer Augenzelle oder Nierenzelle, differenzieren. Wie wir nun zeigten, werden diese chemischen Muster, die auch morphogenetische Felder heißen, durch die Ordnungsparameter bestimmt. Mit diesem Konzept können übrigens nicht nur Streifenmuster, sondern auch andere periodische Strukturen erklärt werden, z. B. eine Wirbelsäule, deren praktisch periodischer Aufbau dann noch in einer genaueren Weise verfeinert wird.

Abb. 3.1 Zebrastreifen als Beispiel für Musterbildung in der Biologie.

Hier wollen wir aber ein Beispiel besprechen, das unseren neueren Forschungen entstammt und das ein bezeichnendes Licht auf ein fundamentales Problem der Biologie wirft. Wie wir wissen, besteht unser Körper aus Milliarden von einzelnen Zellen, etwa Knochenzellen, Gewebezellen, Nervenzellen, Muskelzellen usw. Alle diese Zellen wirken in einer hochkomplizierten Weise zusammen und erzeugen so gerade die für höhere Organismen charakteristischen Lebensvorgänge, wie Fortbewegung, Atmung, Kreislauf usw. Nehmen wir das Beispiel der Fortbewegung. Hier müssen sich Beine und Arme in bestimmter Weise in ganz speziellen Mustern bewegen. Diese »Bewegungsmuster« sind ganz typisch, etwa beim Menschen Gehen und Laufen oder beim Pferd Gehen, Traben, Galoppieren und noch andere Fortbewegungsarten. Wie lassen sich derartige Koordinationserscheinungen erfassen? Hierbei kommt gerade wieder die Synergetik ins Spiel, nämlich dann, wenn wir uns mit qualitativen Änderungen befassen. Ein sehr schönes, einfaches Beispiel hierfür hat der amerikanische Physiologe Scott Kelso gefunden. Er machte mit Testpersonen den folgenden Versuch, den auch der Leser leicht wiederholen kann.

Kelso sagte: »Bewegen Sie Ihre beiden Zeigefinger parallel hin und her.« Sodann forderte er von den Personen, daß sie ihre Finger immer schneller bewegen sollten. Zur Überraschung der Beteiligten wechselten diese aber plötzlich – und zwar ganz unwillentlich – die Art der Fingerbewegungen von der parallelen Bewegung (Abb. 3.2) zur antiparallelen, also zur symmetrischen (Abb. 3.3).

Nachdem Scott Kelso von unseren Arbeiten zur Synergetik, die sich auch mit Phasenübergängen befassen, gehört hatte, kam er vor einer Reihe von Jahren zu uns nach Sindelfingen, um uns zu fragen, wie man dieses Phänomen erklären könnte. Für uns (H. H.) war der Weg durch die Synergetik vorgezeichnet. Da war als erstes die Frage zu beantworten: Was ist denn hier überhaupt der maßgebende Ordnungsparameter? Dies mußte eine makroskopisch beobachtbare Größe sein, und es lag nahe, die relative

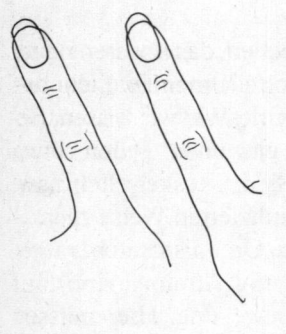

Abb. 3.2 Parallele Fingerstellung.

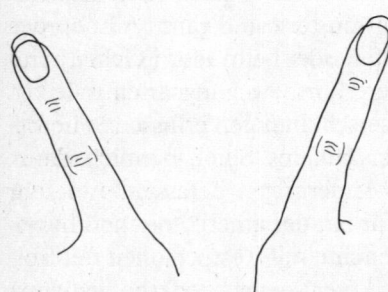

Abb. 3.3 Antiparallele, d. h. symmetrische Fingerstellung.

44

Lage der Finger zueinander, oder genauer und im Fachjargon ausgedrückt, die relative Phase zwischen den Fingern, als Ordnungsparameter anzusehen.

Dies war, wie wir heute aus Gesprächen mit dem holländischen
Physiologen Onno Meijer wissen, eine Überraschung für die Physiologen, denn der Ordnungsparameter, der ja dann nach dem
Versklavungsprinzip die Muskelzellen steuert, war eine völlig abstrakte Größe, die man zwar im Winkelmaß messen kann, die aber
nichts Materielles bedeutet. Vielleicht ist das vom Standpunkt der
Synergetik aus nicht so überraschend, denn die Rollenbewegung
bei der von unten erhitzten Flüssigkeit ist eigentlich auch eine abstrakte Größe: eine Bewegungsform der Materie, aber nicht die
Materie selbst.

Wie wir schon bei der Flüssigkeitsbewegung sahen, können wir
das Verhalten des Ordnungsparameters – wenigstens in einfachen
Fällen – durch die Bewegung eines Balls in einer Gebirgslandschaft beschreiben. Was war aber nun die Gebirgslandschaft, die
für den Ordnungsparameter »relative Phase« zuständig ist? Dazu
brauchten wir nur ein klein wenig die Symmetrieprinzipien zu bemühen. Die Gebirgslandschaft mußte symmetrisch sein, genauso
wie die von Abb. 2.7, bei einer Spiegelung an der senkrechten
Achse mußte sie in sich übergehen, da der linke und rechte Finger
völlig gleichberechtigt auftraten. Ferner mußte die Gebirgslandschaft in dem Phasenwinkel periodisch sein. Der einfachste Ansatz führte uns (H. H.) bereits zum Ziel.

Die Folge der Gebirgslandschaften ist in Abb. 3.4 angegeben. In
jedem Bildausschnitt ist nach rechts die Phase aufgetragen, nach
oben jeweils das »Gebirge«, in dem der Ball, der die Größe der
Phase angibt, rollt. Betrachten wir die einzelnen Bildausschnitte
Zeile für Zeile, jeweils von links nach rechts. Jeder Bildausschnitt
unterscheidet sich vom vorangehenden dadurch, daß hier eine Erhöhung der Geschwindigkeit der Fingerbewegung angenommen
wurde. Die zunächst verwirklichte langsamere Fingerbewegung
von Abb. 3.2 entspricht der Lage des Balls in Abb. 3.4 rechts oben;
die Phase hat den Wert π. Wird nun die Geschwindigkeit der Fingerbewegung erhöht, so deformiert sich das obere Tal und wird

immer flacher, bis es schließlich der Kugel keinen Halt mehr geben kann und diese herunterfällt. Sie bleibt dann bei noch höherer Geschwindigkeit in dem unteren Tal liegen, das nun gerade der symmetrischen Fingerbewegung von Abb. 3.3 mit der Phase Null entspricht.

Mit dieser einfachen Vorstellung konnten wir Kelso aber eine Reihe von Voraussagen machen, die er dann bald an seinen Versuchspersonen testen konnte. Durchläuft man nämlich die Ge-

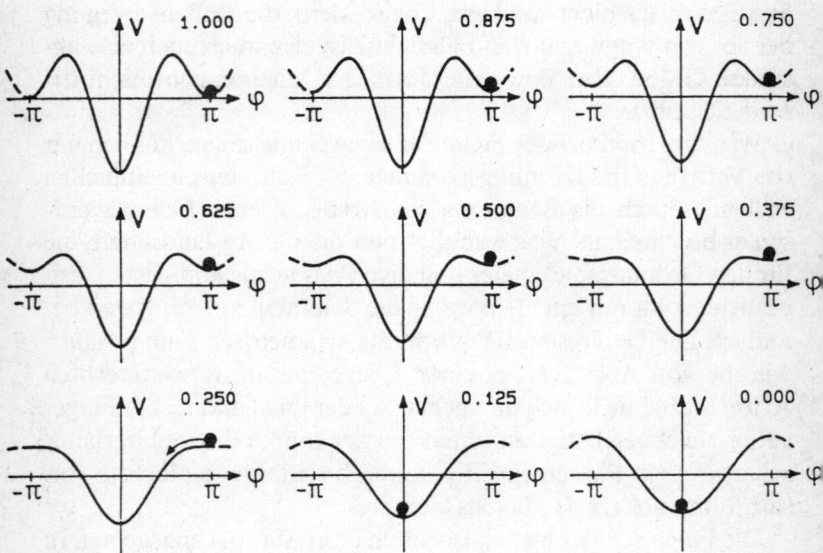

Abb. 3.4 Das Verhalten des Ordnungsparameters »relative Phase« wird mit Hilfe einer Gebirgslandschaft veranschaulicht. In jedem Teilbild ist die Gebirgslandschaft gegenüber der Phase Φ aufgetragen. Wird die Fingergeschwindigkeit größer, so wird die Gebirgslandschaft, wie in dem Modell angegeben, deformiert, wobei die einzelnen Bilder von links nach rechts und jeweils Zeile für Zeile zu betrachten sind. Ersichtlich ist oben links ein ausgeprägtes Tal, in dem die Kugel stabil liegenbleibt. Dies entspricht der parallelen Fingerbewegung. Rechts unten schließlich ist das Tal ganz verschwunden, die Kugel ist jetzt im tiefsten Minimum; dieses entspricht der symmetrischen Fingerbewegung.

birgslandschaft in der umgekehrten Reihenfolge, so wird die Kugel natürlich nie mehr spontan von dem tiefergelegenen ins höhergelegene Tal springen, sondern dort verharren. Dies bedeutet aber: Bewegt eine Versuchsperon anfänglich schnell ihre Finger in der symmetrischen Weise und wird ihr gesagt, die Finger langsamer zu bewegen, so wird die Person weiterhin in der symmetrischen Fingerbewegung verharren und nicht in die andere parallele Fingerbewegung verfallen. Dies ist der Hystereseeffekt, der von Kelso auch beobachtet wurde. Ferner treten in der Synergetik bei den Ordnungsaparametern bei Übergängen zwischen verschiedenen Zuständen immer die sogenannten kritischen Fluktuationen auf. Diese erwarten wir, wenn das Tal, das die Kugel hält, flach wird. Wir schlugen also Kelso vor, diese Phasenschwankungen zu messen, indem er immer wieder die Testpersonen den Übergang von der parallelen in die symmetrische Fingerbewegung ausführen ließ, was natürlich ganz unwillkürlich jeweils bei einer entsprechenden Fingergeschwindigkeit erfolgte. Kelso konnte so

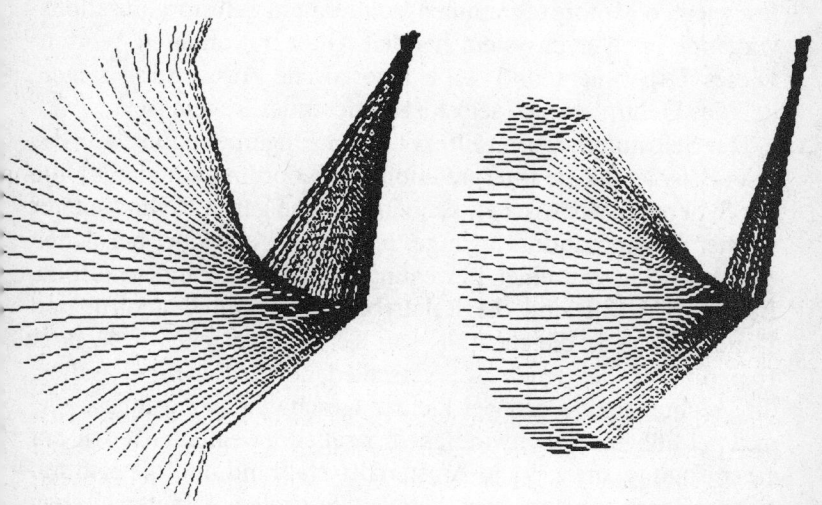

Abb. 3.5 Zwei verschiedene relative Koordinationen von Hand, Unterarm und Oberarm, die jeweils durch Striche angedeutet sind.

finden, daß tatsächlich die kritischen Schwankungen auftreten. Diese sind aber, wie wir schon von unserem Beispiel aus der Physik her kennen und wie sich allgemein aus den Ergebnissen der Synergetik folgern läßt, typische Phänomene bei Selbstorganisation.

Dies hat aber eine sehr weitreichende Konsequenz für unsere Vorstellungen, wie denn die Fingerbewegung gesteuert wird und wie insbesondere der Umschlag von der einen Art der Fingerbewegung in die andere vor sich geht. Ein heutzutage ja sehr propagiertes Modell für die Gehirnfunktion ist, daß das Gehirn wie ein elektronischer Computer arbeitet. In diesem sind dann »Motorprogramme«, die die Bewegungen der einzelnen Gliedmaßen steuern sollen, eingespeichert. Geht die Testperson von einer Fingerbewegung zur anderen über, so müßte also in deren Gehirn ein Motorprogramm auf ein anderes umschalten. Hierbei tritt natürlich bei einem elektronischen Computer keinerlei Schwankung auf. Das Auftreten der kritischen Schwankungen ist ein deutlicher Hinweis darauf, daß es sich hier nicht um das »Abspulen« von festgelegten Motorprogrammen, sondern um Selbstorganisationsvorgänge im Nervensystem handelt. Oder mit anderen Worten: Dieses Experiment und seine theoretische Auswertung zeigen, daß das Gehirn ein sich selbstorganisierendes System ist.

Der Selbstorganisationseffekt bei der Fingerbewegung war das erste Beispiel für die Interpretation von Koordinationen mit Hilfe der Synergetik. Inzwischen kennen wir eine ganze Reihe weiterer solcher Koordinationsvorgänge, insbesondere solche, bei denen ein Umschlag von einer Bewegungsform in eine andere erfolgt. Beispiele hierfür sind die Relativbewegung von Unterarm und Hand (Abb. 3.5), die ebenfalls von Kelso untersucht wurde, oder Experimente, bei denen zwei verschiedene Menschen, die saßen, ihre rechten Beine erst bei kleiner Geschwindigkeit antiparallel und bei höherer Geschwindigkeit parallel bewegten. Wie wir auf einer Tagung, die 1991 in Amsterdam stattfand und die sich mit menschlichen Bewegungen befaßte, feststellen konnten, haben das Kelso-Experiment und unsere theoretische Deutung im Rahmen der Synergetik eine Lawine weiterer Arbeiten losgetreten.

Natürlich entsteht bei dem mechanistisch geprägten Weltbild, das uns immer noch stark beherrscht, die Frage, wie denn nun ein solcher immaterieller Ordnungsparameter die Muskelzellen, Gewebezellen usw. steuert. Dies ist aber – im Sinne der Synergetik – eine Scheinfrage. Der Ordnungsparameter »relative Phase« ist Ausdruck der Kooperation aller beteiligten Zellen, die sich einerseits diesen Parameter schaffen, andererseits als jeweils einzelne Zelle seinem Wirken unterworfen sind. Dieses Wirken geschieht dabei über die einzelnen Zellen, also keineswegs – wie etwa beim Laser – über eine materielle Größe, sondern so wie bei den Flüssigkeitsrollen über den immateriellen Zustand. Dies ist durchaus eine Hürde für unser Denken und zeigt, in welch einschneidender Weise die Synergetik hier zu neuen Begriffsbildungen und Konzepten führt.

4. Gehirnströme

Sehen wir noch an einem weiteren Beispiel, das uns einerseits zeigt, wie adäquat die Konzepte der Synergetik für die Gehirnforschung sind, und das uns gleichzeitig auch noch näher an das Gehirn heranführt. Es handelt sich hier um die Analyse von EEGs, d. h. von Elektroencephalogrammen. Hierbei werden auf der Schädeldecke der Versuchsperson Elektroden angebracht, mit deren Hilfe sich die jeweilige elektrische Spannung (gegenüber einer Referenzelektrode) messen läßt (Abb. 4.1). Von jeder Elektrode kann so im Laufe der Zeit eine Spannungskurve abgenommen werden, die auf einem Bildschirm sichtbar gemacht werden kann. EEG-Forscher und Ärzte hatten schon lange gefunden, daß es zweckmäßig ist, nicht die einzelnen Kurven in ihrer genauen Feinstruktur aufzuzeichnen, sondern sogenannte Frequenzbänder herauszufiltern. Dies bedeutet, daß die Kurven in bestimmter Weise geglättet werden. Je nach Art der Glättung (d. h. der Frequenzfilterung) spricht man von bestimmten Wellen, etwa den Alpha-Wellen, die wir auch bei unserer Analyse der experimentellen Daten von Dietrich Lehmann, Zürich, verwendeten. Jeder Stelle auf der

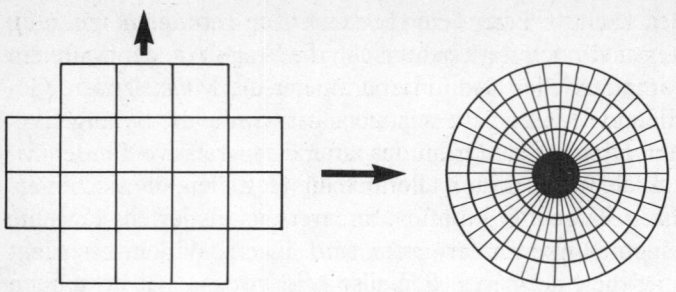

Abb. 4.1 Schematische Darstellung der an der Schädeldecke angebrachten Elektroden mit Blick von oben auf die Schädeldecke.

Schädeldecke können wir ein Kästchen auf einem Bildschirm zuordnen, das die Lage dieser Elektrode wiedergibt und in dem also die Alpha-Wellen der Gehirnströme sichtbar werden. Schauen wir uns alle diese kleinen Kästchen an, so ergibt sich eine Figur, wie sie in Abb. 4.2 dargestellt ist. In jedem der Kästchen ist also nach rechts die Zeit und nach oben die elektrische Spannung aufgetragen. Die einzelnen Kurven und auch deren Gesamtheit besagen für unsere Anschauung noch wenig. Wir können aber die Spannungsverteilungen im Gehirn zu jedem Zeitpunkt aus diesen gemessenen Kurven rekonstruieren und finden dann Bilder, wie sie in Abb. 4.3 wiedergegeben sind. Hierbei ergeben sich also umlaufende Wellen von elektrischer Aktivität, die aber in ihrer Umlaufrichtung unregelmäßig hin und her schwanken und zum Teil auch stehenbleiben können. Es gibt also ein ständiges Hin und Her von solchen Wellen.

Wie kann nun die Synergetik Ordnung in dieses Chaos bringen? Dazu führten wir eine zunächst recht kühne Hypothese ein. Die EEGs, die wir analysierten und die von dem Physiologen Dietrich Lehmann in Zürich aufgenommen worden waren, stammten von Personen, die mit geschlossenen Augen im Ruhezustand waren, die zwar nicht schliefen, sich aber ausruhten. Unsere Annahme bestand nun darin, daß das »System« Gehirn an einem Instabilitätspunkt ist, von dem aus es dann sehr rasch spontan agieren kann.

Was aber, auch bei komplexen Systemen, an Instabilitätspunkten passiert, hat die Synergetik sehr genau untersucht. Es entstehen Muster, ganz ähnlich wie in der Flüssigkeitsdynamik, und jedes vorkommende Muster läßt sich aus ganz wenigen Grundmustern aufbauen. Dies führte uns zu der Überzeugung, daß die Gehirnwellen, auch wenn sie von komplexer Natur zu sein schienen, doch aus wenigen Grundmustern aufgebaut werden könnten. Diese Hypothese konnten wir dann im einzelnen nachweisen, sowohl bei den sogenannten α-Wellen, die unseren Betrachtungen hier zugrunde lagen, als auch bei epileptischen Anfällen.

Jedes dieser Grundmuster wird wieder von einem Ordnungsparameter regiert. Das Zusammenspiel der Ordnungsparameter liefert uns dann das gesamte beobachtete Muster. Was bestimmt aber die Dynamik der Ordnungsparameter? Hier hatte schon Agnes Babloyantz in Brüssel eine überraschende Entdeckung gemacht.

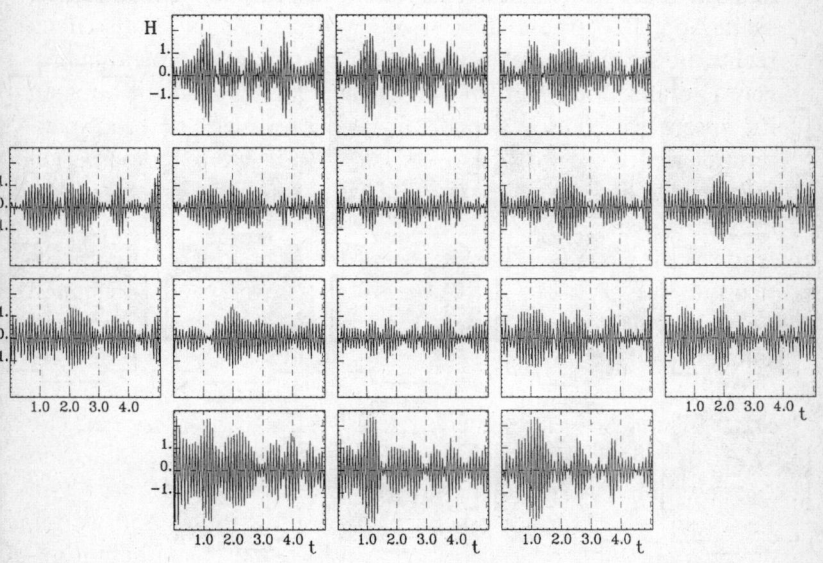

Abb. 4.2 Jeder der Elektroden von Abb. 4.1 entspricht eine Zeitserie, die in dem entsprechenden Kästchen dargestellt ist.

Sie wandte die Chaos-Theorie auf die Analyse epileptischer Anfälle an und fand, daß hier, auf die Sprechweise der Synergetik übertragen, nur drei Ordnungsparameter am Werke sind. Deren Dynamik konnte inzwischen von Rudolf Friedrich, Armin Fuchs und uns (H. H.) genau angegeben werden. Es handelt sich um das sogenannte deterministische Chaos, also einen rein deterministischen Vorgang ohne Zufälle. Dies könnte ein Vorgang sein, wie ihn auch ein elektronischer Computer wiedergeben kann. An den α-Wellen hingegen haben wir uns die Zähne ausgebissen, um hier den Determinismus, wie er in einem elektronischen Computer ja vorliegt, zu erhalten. Vieles deutet darauf hin, daß die Änderungen des Richtungssinns der Wellen zufällig sind. Es handelt sich also um Schwankungen, wenn man so will, die wieder als Manifestation von Selbstorganisationsvorgängen auftreten.

Warum sollte aber gerade das Gehirn ruhender Personen nahe einem Instabilitätspunkt sein? Sollte nicht in einem solchen Ruhezustand unser Körper besonders stabil sein? In den letzten Jahren

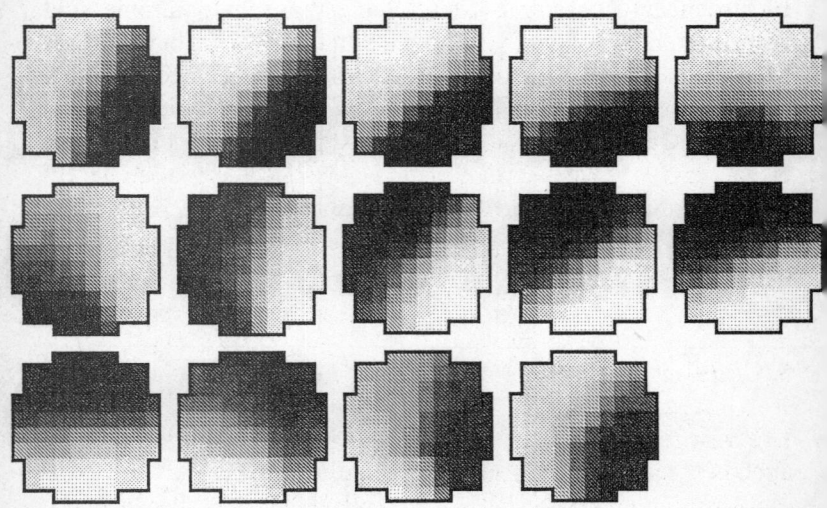

Abb. 4.3 Rekonstruktion des raum-zeitlichen Musters, das der Abb. 4.2 entspricht.

haben wir viele Diskussionen mit Physiologen wie Hans-Peter Koepchen und Holger Schmid-Schönbein gehabt. Wie deren Messungen zeigen, schwanken auch andere Meßgrößen wie Blutdruck, Herzrhythmus, Atemrhythmus gerade im Ruhezustand besonders. Damit ein System rasch adaptieren kann, muß es an Instabilitätspunkten gehalten werden. Es entwickelt sich so ein völlig neues Bild auch von der Physiologie her. Nur wenn spezielle Aufgaben an den Körper herangetragen werden, reagiert er in einer spezifischen, stabilen Weise. Dies unterstreichen auch eindrücklich neue Experimente von Scott Kelso in den USA, der nun Magnetfelder des Gehirns aufnahm und im Sinne der Synergetik fand, daß hier bei bestimmten Aufgaben nur ganz wenige »Moden« der Gehirnfunktion angeregt werden und dies in spezifischer Weise. Hier sind also die Schwankungen verschwunden und machen einer eindeutigen Tätigkeit des Gehirns Platz, die sich dann in dem vom Gehirn erzeugten Magnetfeld äußert.

Soweit bezog sich die Anwendung der Synergetik auf die Beobachtung von Testpersonen von außen her. Fingerbewegungen, Elektroencephalogramme oder Magnetoencephalogramme sind von außen her beobachtbar und meßbar. Daneben gibt es für uns Menschen eine zweite, von der ersten völlig verschiedene Welt, nämlich die, die wir von innen heraus wahrnehmen, die mit unserem Bewußtsein gekoppelt ist. Diese Welt ist uns allen aus unserer eigenen Erfahrung bekannt, trotzdem aber nicht von außen her direkt nachprüfbar. Mit ihr wollen wir uns im nächsten Kapitel befassen und sehen, wie eng Konzepte der Gestaltpsychologie mit denen der Synergetik zusammenhängen.

5. Gestaltpsychologie

Das Konzept der Gestalt hat eine lange Geschichte, und es ist auch heute noch reizvoll, Goethe hierzu zu hören:

»*Morphologie*« ruht auf der Überzeugung, daß alles, was sei, sich auch andeuten und zeigen müsse. Von den ersten physischen und chemischen Elementen an bis zur geistigen Äußerung des

Abb. 5.1 Gemälde von Giuseppe Arcimboldo: Gesicht oder Früchte und Gemüse?

Menschen lassen wir diesen Grundsatz gelten. Wir wenden uns gleich zu dem, was Gestalt hat. Das Unorganische, das Vegetative, das Animale, das Menschliche deutet sich alles selbst an, es erscheint als was es ist unserem äußern, unserem inneren Sinn. *Die Gestalt ist ein Bewegliches, ein Werdendes, ein Vergehendes, Gestaltenlehre ist Verwandlungslehre.* Die Lehre der Metamorphose ist der Schlüssel zu allen Zeichen der Natur.«

(Hervorhebungen von den Autoren)

In naturwissenschaftlicher Form begegnet uns das Konzept der Gestalt besonders in der Gestaltpsychologie, die auf Max Wertheimer und Wolfgang Köhler zurückgeht. Schon 1912 sprach Max Wertheimer von Bewegungsgestalten, und 1920 veröffentlichte Köhler seine Abhandlung über »Die physischen Gestalten in Ruhe und im stationären Zustand«. Nachdem diese Wissenschaftler 1933 emigrieren mußten, geriet das Gebiet ziemlich in Vergessenheit und wurde erst vor kurzem wieder neu entdeckt, wozu die Bremer Psychologen Peter Kruse und Michael Stadler wichtige Beiträge lieferten. Sie wiesen, ebenso wie auch einer der Autoren dieses Buches (H. H.) auf wichtige Analogien zwischen der Gestaltpsychologie und der Synergetik hin. Ebenso wie die Synergetik kann man die Gestaltpsychologie mit einem Schlagwort kennzeichnen: »Das Ganze ist mehr als die Summe seiner Teile.« Mit diesem Aspekt setzten sich Wertheimer und Köhler in Gegensatz zu dem damals – und wahrscheinlich heute noch – verbreiteten Strukturalismus, der das Gesamte aus seinen einzelnen Teilen heraus zu verstehen versucht. Der Satz: »Das Ganze ist mehr als die Summe seiner Teile« kann auch so interpretiert werden, daß es durch das Zusammenwirken der Teile zum Heraustreten, zur Emergenz, neuer Qualitäten kommt. Wie recht Wertheimer und Köhler mit ihrer Anschauung haben, wird deutlich, wenn wir ein Bild von dem mittelalterlichen Maler Arcimboldo betrachten (Abb. 5.1). Auf den ersten Blick sieht man natürlich hier ein Gesicht. Schaut man aber näher hin, betrachtet man also die einzelnen Teile, so sieht man, daß diese nichts anderes als Obst und Gemüse sind.

Zum Konzept der Gestalt gehört insbesondere der Begriff der Prägnanz. Hiernach richtet sich unsere Wahrnehmung nach verhältnismäßig einfachen Regeln, wie dies in Abb. 5.2 und Abb. 5.3 erläutert ist. Wir streben offenbar danach, komplexe Figuren in solche mit einfacheren Eigenschaften zu zerlegen. Ein weiteres Merkmal des Gestaltkonzeptes ist das der Stabilität, oder, wie man auch sagen könnte, der Unabhängigkeit gegenüber verschiedenen Störungen. So erkennen wir, um mit einfachen Fällen zu beginnen, ein Gesicht unabhängig von seiner Lage im Raum, von seiner Größe, von seiner Orientierung oder unabhängig von seiner Beleuchtung. Wir erkennen Gesichter auch dann, wenn sie verrauscht sind (Abb. 5.4), wenn sie bestimmten räumlichen Frequenzfilterungen unterworfen sind (Abb. 5.5 und 5.6) oder wenn sie verzerrt (Abb. 5.7) sind. Maler und Zeichner bedienen sich gerne dieser Transformationen als Stilmittel (vgl. Abb. 5.8).

Weitere frappierende Beispiele zur Gestalt erkennen wir in den von G. Kanizsa entdeckten Bildern, wo wir – wie hier – Dreiecke erkennen, obwohl diese gar nicht in der Figur eingezeichnet sind (Abb. 5.9). Unser Gehirn ergänzt bei der Wahrnehmung also Teile, die »in Wirklichkeit« gar nicht da sind. Aber hatte die Flüssigkeit,

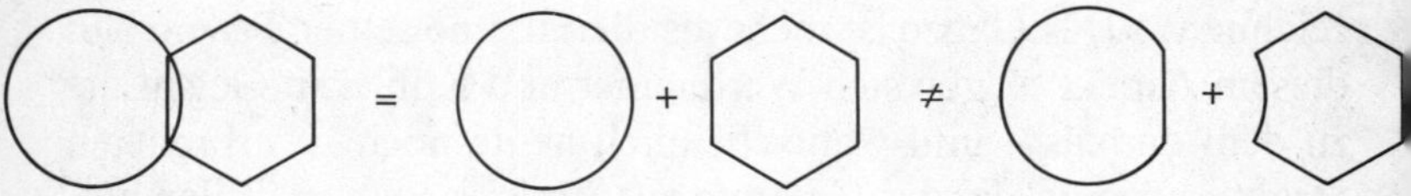

Abb. 5.2 Ein Beispiel für Prägnanz. Die Figuren werden von unserem Wahrnehmungssystem so ergänzt, daß die linke Figur zu einem Kreis und die rechte Figur zu einem konvexen Körper ergänzt werden.

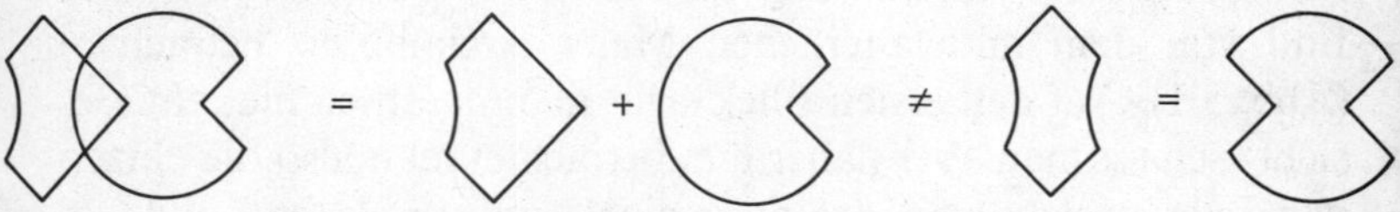

Abb. 5.3 Ein weiteres Beispiel für Prägnanz.

über die wir in Kapitel 2 sprachen, nicht auch eine Rolle zu einem ganzen System ergänzt?

Ein weiteres Gebiet, welches das Interesse der Gestaltpsychologen, aber auch anderer Psychologen wachgerufen hat, ist das der Kipp-Figuren oder ambivalenten Bilder, von denen wir in Abb. 5.10 und 5.11 einige Beispiele zeigen. Bei dem berühmten Necker-Würfel erkennen wir die eine Wand einmal als Rückseite, dann

Abb. 5.4 Ein Gesicht, dessen Grauwerte verrauscht wurden.

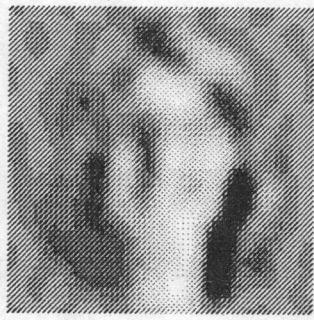

Abb. 5.5 Tief-pass-gefiltertes Gesicht.

Abb. 5.6 Hoch-pass-gefiltertes Gesicht. Diese Filterung erinnert stark an skizzenhafte Zeichnungen oder Karikaturen.

Abb. 5.7 Ein verzerrtes Gesicht.

Abb. 5.8 Frequenzfilterung in der Kunst:
Claude Monets Gemälde der Kathedrale von Rouen.

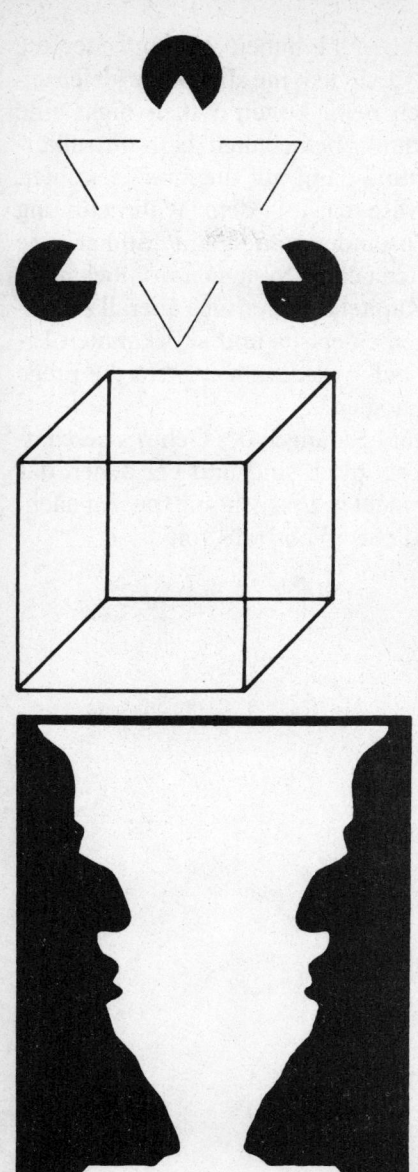

Abb. 5.9 Kanizsa-Figur: Unser Wahrnehmungssystem ergänzt Figuren, die in der Zeichnung nicht vorhanden sind.

Abb. 5.10 Ein berühmtes Beispiel für eine Kipp-Figur: der Necker-Würfel. Die eine senkrechte Fläche erscheint zum einen als Vorderfront des Würfels, dann aber auch als seine Rückseite.

Abb. 5.11 Eine weitere Kipp-Figur: Vase oder zwei Gesichter.

wieder als Vorderseite, bei Abb. 5.11 haben wir entweder die Wahrnehmung Vase oder zwei Gesichter, nie aber beide gleichzeitig. Übrigens können wir auch beim besten Willen nicht eine Wahrnehmung, wie die Vase, ständig beibehalten; ganz unwillkürlich springt unsere Wahrnehmung dann auf die zwei Gesichter, von diesen wieder auf die Vase usw. Unsere Wahrnehmung schwingt also zwischen zwei Zuständen ständig hin und her, eine von vielen in der Synergetik untersuchten Systemen wohlbekannte Erscheinung. Auch in diesem Kapitel leuchten also überall Analogien zwischen Gehirnfunktionen einerseits und altbekannten Erscheinungen in der Synergetik auf – wiederum entsteht die Frage nach der Reichweite dieser Analogien.

Bislang hatten wir uns hier mit Leistungen des Gehirns beschäftigt, die gewissermaßen makroskopisch sind und bei denen das materielle »Substrat« noch gar nicht in Erscheinung trat. Im nächsten Teil nehmen wir uns also dieses »Substrat« vor.

Teil II

Ein(-) Blick ins Gehirn

Das materielle Substrat –
vom Makroskopischen zum Mikroskopischen

Es gehört wohl zum Wesen der abendländischen Wissenschaft, das Verständnis der unseren Sinnen direkt zugänglichen, makroskopischen Erscheinungen dieser Welt auf mikroskopische Teile und Ereignisse zurückzuführen. Der Weg hierzu ist beispielhaft von der Physik vorgezeichnet. Das makroskopische Phänomen des elektrischen Stromes wird auf die Bewegung kleinster elektrischer Teilchen, der Elektronen, zurückgeführt, der Magnetismus auf das Zusammenwirken kleinster Elementarmagnete, wiederum im wesentlichen auf die Elektronen mit ihrem magnetischen Moment. Fast immer wurden für die makroskopischen Erscheinungen zuerst phänomenologische Gesetze gefunden, so z. B. das Ohmsche Gesetz, demzufolge der elektrische Strom proportional zur angelegten Spannung ist. Später konnte dann dieses Gesetz aus den Bewegungen der Elektronen in Metallen abgeleitet werden. Bei dem »Hinabtauchen« in die mikroskopische »Unterwelt« gab es sensationelle Entdeckungen. So können sich Elektronen nicht nur wie Teilchen, sondern auch wie Wellen verhalten. Wie sich umgekehrt zeigte, stellt das Aufsteigen von der »Unterwelt« zur makroskopischen Welt oft eine enorme gedankliche Leistung dar – doch davon später.

Bleiben wir erst einmal bei der analytischen Methode, die auch bei der Gehirnforschung eine ganz fundamentale Rolle spielt. Wir begeben uns also auf die Suche nach den Elementarbausteinen des Gehirns. Dabei wollen wir immer, soweit möglich, die Verknüpfung zwischen Bausteinen und ihrer Funktion im Auge behalten. Als Beispiel wählen wir den Sehvorgang aus zwei Gründen: Er ist wohl der auf allen Ebenen am besten untersuchte

Gehirnvorgang überhaupt. Darüber hinaus glauben wir, daß er als Modell für höhere, abstraktere Denkvorgänge dienen kann, oder noch konkreter ausgedrückt, daß sich das Gehirn beim Denken oft gleicher Prinzipien wie bei der visuellen Wahrnehmung bedient. Manches in der Umgangssprache deutet darauf hin, wie »etwas einsehen«, »Einsicht haben«, »etwas klar sehen« (anstelle von »etwas gut verstehen«). Der Mathematiker sagt: »Wie man leicht sieht«, anstelle von »Wie man leicht beweisen kann«, wobei der Fachmann übrigens weiß, daß dann der Beweis keineswegs so einfach ist.

Natürlich ist die Umgangssprache kein Beweis für unsere These, vielleicht aber ein Anhaltspunkt, da sprachliche Ausdrücke oft gedankenvoller sind, als wir es uns bewußtmachen.

Werfen wir als erstes einen Blick auf das Gehirn und seine Teile, besonders auf die Neuronen.

6. Das Gehirn und seine Teile, die Neuronen

a) Gehirnforschung gestern und heute

Das menschliche Gehirn ist wohl die faszinierendste Struktur, die die Natur hervorgebracht hat. Mit einem Gewicht von etwa 1,5 kg enthält es die unvorstellbare Anzahl von rund 100 Milliarden Nervenzellen, die Neuronen, genauso viele, wie es Sonnen in unserer Milchstraße gibt. Um ein Gefühl für diese Zahl zu bekommen, denken wir uns einmal unser Gehirn aufgeblasen, so daß in einen Fingerhut 100 Neuronen passen. Dann brauchen wir ein Mehrfamilienhaus von 10 m Länge, 10 m Breite und 10 m Höhe, lückenlos vollgestopft mit diesen Fingerhüten, um gerade 100 Milliarden Neuronen unterzubringen. Unser Gehirn ist natürlich viel kleiner, und damit die Neuronen in ihm Platz haben, müssen diese selbst winzig klein sein. Neben ihnen muß das Gehirn auch noch andere Zellen, die sogenannten Gliazellen, sowie die Blutgefäße zur Versorgung aller Zellen mit Nährstoffen, Sauerstoff, Hormonen usw. beherbergen. Hinzu kommen noch die zahlreichen Verbindungen zwischen den Neuronen, die, Telefondrähten ähnlich, unser Gehirn durchziehen und den Informationsaustausch zwischen den Neuronen bewerkstelligen. Wenn man bedenkt, daß ein Neuron mit bis zu zehntausend anderen direkt verknüpft sein kann, so erhält man ein Gefühl dafür, was für ein dichtes Netzwerk hier vorliegt. Wir haben es beim Gehirn also mit einem schier unglaublichen Meisterwerk der Miniaturisierung zu tun. Die genannten Zahlen lassen erahnen, welch komplexes Gebilde unser Gehirn ist und wie schwierig es ist, dieses zu erforschen, geschweige denn eine Maschine mit auch nur annähernd seinen Fähigkeiten zu konstruieren. Nennen wir nur einige davon: Im Bruchteil von Sekunden verwandelt unser Gehirn Informationen von der Außenwelt in »lebendige« Wahrnehmungen, wie farbenfrohe Bilder, mitreißende Melodien, angenehme Düfte usw. Blitzschnell kann es Entscheidungen treffen. Es vermag im Gedächtnis eine Informationsmenge von etwa 10^{10} Bits (Ja-Nein-Entscheidungen) zu speichern.

Für die Menschen war es jedoch nicht immer selbstverständlich, daß das Gehirn zum Denken da ist. In der Antike schrieb man diese Aufgabe dem Herzen zu. Diese Auffassung klingt auch heute noch in verschiedenen Redewendungen an, wie z. B. »etwas von Herzen tun« oder »im Innersten seines Herzens«, oder »mit Groll im Herzen«. Es dauerte recht lange, bis sich die Meinung durchsetzte, daß das Gehirn zum Denken, Fühlen und für die Wahrnehmung da ist. Die Geschichte der Gehirnforschung in der Antike zeigt recht anschaulich, wie schwierig es in der Forschung manchmal ist, bis sich eine richtige Theorie durchsetzen kann.

Der berühmte griechische Arzt Hippokrates (460–370 v.Chr.), der medizinisches Wissen naturwissenschaftlich zu ergründen suchte, kam zwar bereits zu dieser Ansicht, seine Meinung konnte sich jedoch nicht durchsetzen, da der große griechische Philosoph Aristoteles (384–322 v.Chr.) weiterhin lehrte, daß das Herz zum Denken da sei. Nach dessen Tod trafen sich um 300 v. Chr. an der Akademie in Alexandria verschiedene Gelehrte und Ärzte, um über das Gehirn und die Nerven zu sprechen. Zwei antike Wissenschaftler, Herophilos (335–? v.Chr.) und Erasistratos (300 bis 240 v.Chr.) hatten hier bahnbrechende Erkenntnisse. Sie brachen das

Tabu, Leichen zu sezieren, und konnten so genauere anatomische Erkenntnisse gewinnen. Es wurde auch spekuliert, daß sie sogar an zum Tode verurteilten Menschen experimentierten. So sollen sie herausgefunden haben, daß ein Mensch nicht mehr sehen kann, wenn seine Nervenbahnen von den Augen zum Gehirn durchtrennt werden. Die beiden Wissenschaftler entwickelten bereits die Vorstellung, daß es ein zusammenhängendes Nervensystem gibt, das das Gehirn zum Zentrum hat. Sie nahmen an, daß das Gehirn zum Denken und als Sitz der Seele dient. Damit wäre eigentlich der Grundstein für eine moderne Hirntheorie gelegt gewesen. Doch man hielt weiterhin an Aristoteles' Meinung fest, einfach aufgrund der großen Autorität, die er hatte.

So vergingen Jahrhunderte, bis endlich der griechisch-römische Arzt Claudius Galenus im 2. Jahrhundert n.Chr. endgültig der richtigen Meinung zum Durchbruch verhelfen konnte. Galenus sammelte auch Erfahrungen an verletzten Gladiatoren und sezierten Tieren. Doch zur modernen Hirnforschung war es noch ein weiter Weg. Über tausend Jahre lang lag dann die experimentelle Medizin still. Es wurde also nur theoretisch spekuliert, oder man hielt sich an die alten römischen und griechischen Gelehrten, wie eben den Arzt Galenus.

Erst in der Renaissance brachen wiederum die Wissenschaftler das Seziertabu und konnten nun genaue anatomische Angaben machen. Man sah also, wie das Gehirn mit bloßem Auge betrachtet aussieht: eine weißlich-graue Masse mit walnußartigen Windungen. Feinere Strukturen konnte man erst sehen, nachdem der Holländer Antoni van Leeuwenhoek 1677 mit dem von ihm konstruierten Mikroskop Nervenzellen betrachtete. Feinheiten ließen sich noch besser erkennen, nachdem die Forscher Gehirnschnitte anfärbten. So fand der italienische Neurologe Camillo Golgi eine Färbemethode, die einzelne Nervenzellen sichtbar machte. Auf diese Weise konnten nach und nach immer mehr anatomische Details enthüllt werden, wie z. B. der genaue Bau einer Nervenzelle. Parallel dazu wurden etwa ab Mitte des 19. Jahrhunderts die Methoden der Elektrophysiologie, also die elektrischen Messungen an Nervenzellen, entwickelt. Mit diesen Arbeiten war die Grundlage für die Erforschung der Bausteine des Gehirns – der Neuronen – gelegt, wobei der Fortschritt oft eng an Fortschritte bei der Entwicklung von Untersuchungsmethoden aus Physik und Chemie geknüpft war.

Die moderne Gehirnforschung verfolgt verschiedene Ziele. Sie dient zum einen und vor allem medizinischen Zwecken, also der Erforschung von Erkrankungen des Gehirns, wie etwa der Geisteskrankheiten Schizophrenie und des manisch-depressiven Irreseins sowie Krankheiten wie Parkinsonismus, Alzheimer, Hirntumore, Hirnblutungen und anderer. Kennt man die Ursachen dieser Erkrankungen, so lassen sich bessere Möglichkeiten zu deren Heilung oder ihrer Vorbeugung finden. Außerdem werden immer bessere Diagnosemethoden entwickelt, etwa, um einen Hirntumor oder eine Hirnblutung aufzufinden. Zum anderen wird die Gehirnforschung aber auch als Grundlagenforschung betrieben, d. h., man nöchte einfach aus menschlichem Wissensdrang heraus verstehen, wie das Gehirn tatsächlich funktioniert, denn es vollbringt ja schier unglaubliche Leistungen und dieses für uns eigentlich unmerkbar und scheinbar spielend leicht. Wie entsteht ein Seheindruck oder ein Geruchseindruck? Wie verarbeitet das Gehirn also die Sinneseindrücke? Oder nach welchem Mechanismus funktionieren das Lernen und das Gedächtnis? Sicher noch wesentlich schwieriger zu verstehen sind Empfindungen wie Wut, Trauer oder Freude, gar planendes Denken, also das Entwickeln von Handlungsentwürfen und schließlich deren Ausführung. Diese Liste der Fähigkeiten des Gehirns läßt sich natürlich noch weiter fortsetzen. Hier haben die Forscher also ein riesiges, schier unübersehbares Betätigungsfeld. Schließlich gibt es noch einen weiteren Forschungszweig, der die Prinzipien, nach denen das Gehirn arbeitet, aufdecken möchte, um diese möglicherweise in den Computerwissenschaften anzuwenden. Es gibt ja bereits Computer, die nach dem Modell von neuronalen Netzwerken arbeiten sollen (vgl. Kapitel 31). Hier versucht man also sozusagen für die Technik etwas von der Natur abzuschauen.

Natürlich können diese drei Zielsetzungen nicht unabhängig voneinander verfolgt werden. Die medizinische Forschung braucht Grundlagenforschung, um Krankheiten zu verstehen, und die Computertechnik kann ihrerseits zum Verständnis des Gehirns beitragen. So sind also die verschiedenen Forschungsrichtungen auf diesem Gebiet eng miteinander verflochten, wobei wir uns in diesem Buch den Grundlagenfragen widmen wollen. Dabei verfolgen wir zunächst die Idee, inwieweit wir aus den Elementen, den Neuronen, das Ganze, das Gehirn, verstehen können. Beginnen wir also mit dem Bau und den Eigenschaften eines Neurons.

b) Das Neuron – Grundbaustein des Nervensystems

Die Neuronen bilden die Grundbausteine des Nervensystems, das aus dem Zentralnervensystem mit Gehirn und Rückenmark und dem peripheren (äußerlichen) Nervensystem besteht. Letzteres enthält die Nerven, die das Gehirn mit Sinnesorganen oder den Muskeln verbinden.

Die Neuronen lassen sich gut unter dem Mikroskop beobachten, wenn man mit einer feinen Glaskapillare einen Farbstoff einspritzt. Abb. 6.1 zeigt die Fotografie einer so angefärbten Nervenzelle. Wie die Untersuchung sehr vieler verschiedener Nervenzellen zeigt, wiesen diese alle einen gemeinsamen Grundbauplan auf. Das heißt nicht, daß alle Nervenzellen genau gleich aussehen. Man kann dies etwa mit der Gestalt von Blütenpflanzen vergleichen. Es gibt die verschiedensten Pflanzen: kleine kriechende, hoch aufwachsende, gelb, rot, blau blühende. Dennoch findet man immer die gleichen Grundbestandteile, nämlich Wurzeln, Stiel, Blätter und zu einer bestimmten Jahreszeit auch Blüten. Ähnlich ist es mit der Ausgestaltung der Nervenzellen. Abb. 6.2 zeigt uns diese Grundgestalt. Im Zentrum liegt der Zellkörper (a), in dem alle wichtigen Stoffwechselvorgänge stattfinden. Dieser weist zahlreiche kurze, verzweigte Fortsätze, die Dendriten (b), auf, welche die von anderen Nervenzellen eintreffende Information empfangen. Ein sehr langer Fortsatz, der sich am Ende aufzweigt, ist die Nervenfaser (Axon) (c), über die das Neuron seine Information weiterleitet. Die Verknüpfungsstelle zwischen zwei Nervenzellen ist die Synapse (d). Die Abb. 6.2 zeigt auch die Größenverhältnisse bei einer Nervenzelle, wobei allerdings die Nervenfaser verkürzt dargestellt ist. Der Bau einer Nervenzelle ist also relativ einfach. Abb. 6.3 gibt Beispiele für verschiedene Ausgestaltungen von Nervenzellen. Wie wir noch sehen werden, weisen gerade die Zellen in der Netzhaut des Auges recht exotische Formen auf.

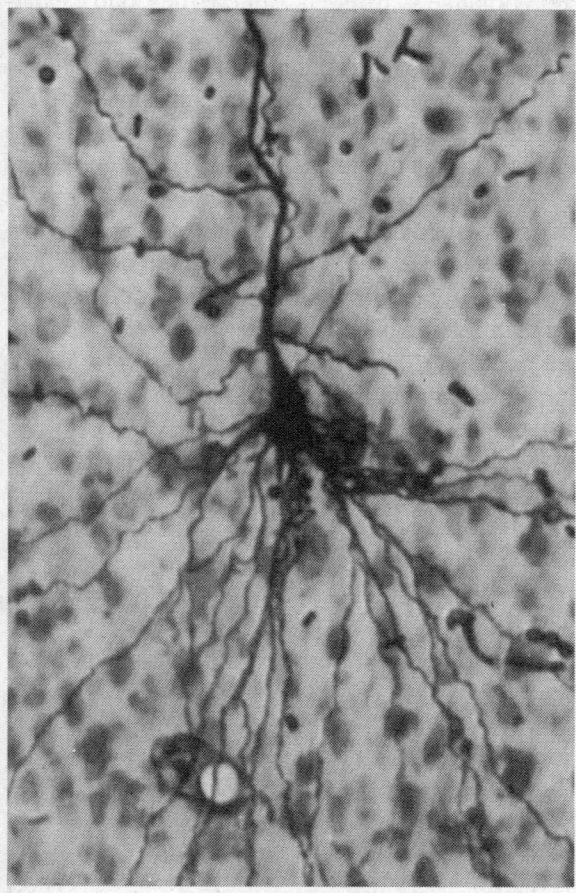

Abb. 6.1 Angefärbte Nervenzelle aus der Sehrinde der Katze, stark vergrößert. In der Mitte ist der Zellkörper erkennbar.

Nachdem wir den Aufbau kennengelernt haben, stellt sich uns die entscheidende Frage: In welcher Form wird im Nervensystem Information weitergeleitet? Aus dem täglichen Leben ist uns die Informationsübertragung über eine Telefonleitung durch elektrische Impulse geläufig. Tatsächlich konnte der italienische Arzt und Naturforscher Luigi Galvani bereits 1791 zeigen, daß auch in Nerven elektrische Vorgänge stattfinden. Auf die Idee, daß elektrische Vorgänge bei Nerv und Muskel eine Rolle spielen, kam er rein zufällig. Er hängte Froschschenkel am Gitter seines Balkons auf, und zu seiner Überraschung zuckten diese jedesmal, sobald sie das Metallgitter berührten. Das Gitter bestand aus zwei verschiedenen Metallen, die so ein galvanisches Element (eine Art Batterie) bildeten, das den Muskel bei Berührung elektrisch reizte und so die Zuckung auslöste. Weitere Untersuchungen führten ihn schließlich zu den elektrischen Vorgängen in Nerven. Allerdings arbeiteten die damals verwendeten Spannungsmeßgeräte noch zu langsam, um schnelle Spannungsänderungen in Nerven erkennen zu können. Heute sind die Meßmethoden hierzu sehr ausgereift. Es lassen sich sowohl in isolierten Nervenpräparaten als auch an lebenden Organismen Messungen durchführen. Die Abb. 6.4 zeigt das Prinzip einer solchen Messung. Eine sehr feine Glaselektrode

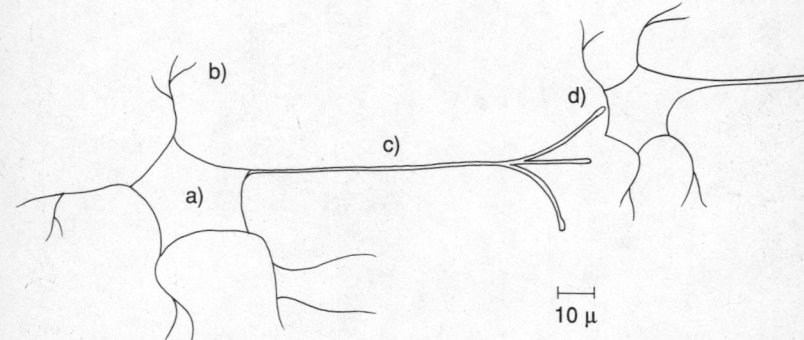

Abb. 6.2 Schematische Darstellung einer Nervenzelle (1 μm = 1/1000 mm). a) Zellkörper, b) Dendrit, c) Nervenfaser, d) Synapse. Die Nervenfaser ist verkürzt dargestellt.

wird vorsichtig in die Nervenfaser eingestochen. Die feinsten Glaselektroden haben an der Spitze einen Durchmesser von 0,5 Mikrometern (1 Mikrometer = 1 Tausendstelmillimeter; ein Menschenhaar ist 40 bis 100 Mikrometer dick!) Eine zweite Elektrode, die Vergleichselektrode, bleibt mit ihrer Spitze außerhalb der Nervenfaser in der umgebenden Flüssigkeit. Ein Spannungsmeßgerät zeigt die elektrische Spannung zwischen den beiden Elektroden an. Dieses kann auch noch an einen Schreiber angeschlossen sein, der jeweils die Spannung mit fortlaufender Zeit aufzeichnet.

Inzwischen wurden Nervenfasern an den verschiedensten Tieren untersucht. Dabei hat sich herausgestellt, daß im gesamten Nervensystem eines Lebewesens nur eine Art von »Sprache« oder, wie man auch sagt, Kodierung verwendet wird, gleichgültig, ob es sich um einen Nerv handelt, der etwa einen Schmerz aus dem großen Zehen ans Gehirn meldet, oder um einen Nerv, der vom Gehirn den Befehl übermittelt, daß sich ein bestimmter Muskel zusammenziehen soll. Es ist also innerhalb des gesamten Nervensystems eine einheitliche Verständigung möglich. Interessanterweise erfolgt diese Informationsübertragung bei den verschie-

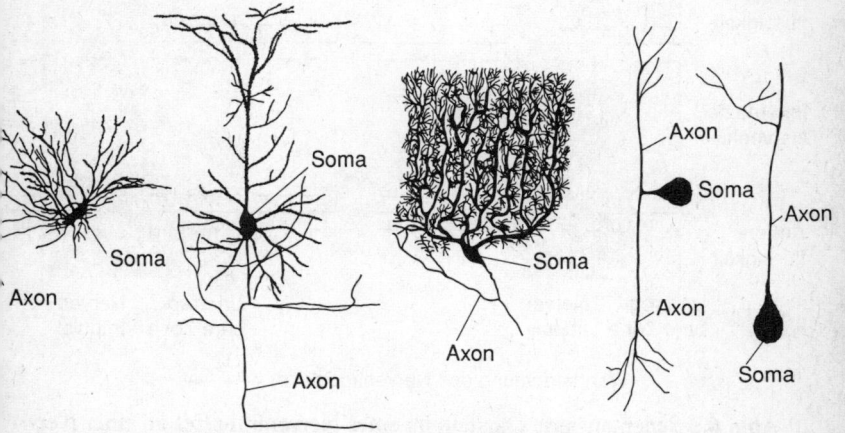

Abb. 6.3 Verschiedene Typen von Nervenzellen (Soma = Zellkörper, Axon = Nervenfaser).

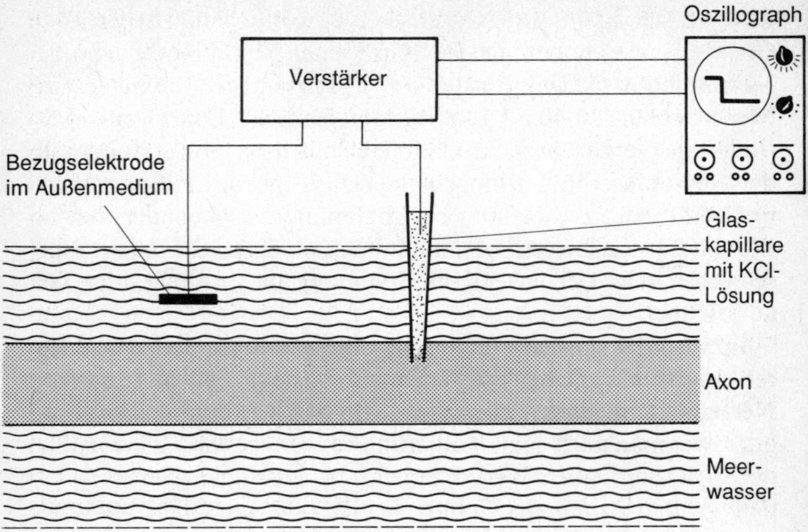

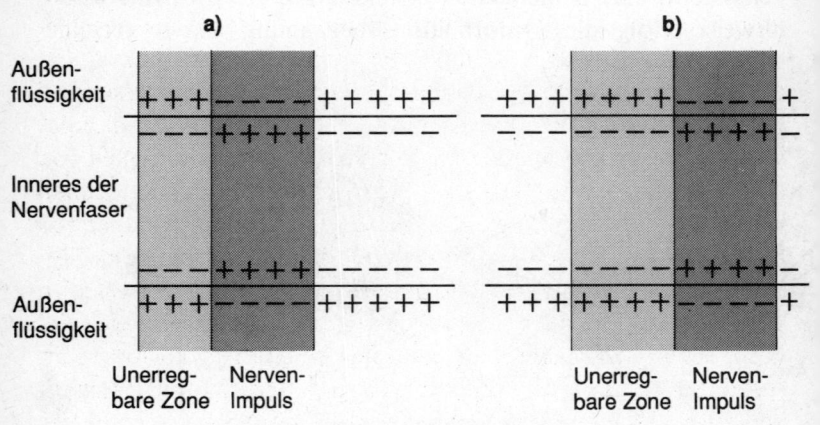

Abb. 6.4 Spannungsmessung an einer isolierten Nervenfaser (Axon = Nervenfaser).

a)

b)

Außenflüssigkeit

Inneres der Nervenfaser

Außenflüssigkeit

Unerregbare Zone   Nerven-Impuls

Unerregbare Zone   Nerven-Impuls

Wanderrichtung des Nervenimpulses ⟶

Abb. 6.5 Schematisierte Darstellung eines Nervenimpulses an einer Nervenfaser. In b) ist der Nervenimpuls im Vergleich zu a) ein Stück weiter gewandert. Hinter dem Nervenimpuls befindet sich eine unerregbare Zone.

denartigsten Tieren und dem Menschen nach dem gleichen Prinzip.

Bereits in einer ruhenden Nervenfaser, die gerade keine Information überträgt, ist eine elektrische Spannung vorhanden. Das Innere der Nervenfaser ist negativ geladen im Vergleich zur Außenflüssigkeit. Diese Spannung ist allerdings winzig klein, sie beträgt etwa 70 tausendstel Volt (mV). Bei einer erregten Nervenfaser kommt es nun zu einer kurzfristigen Ladungsumkehr in einem kleinen Bereich; d. h., kurzzeitig wird nun die Außenseite im Vergleich zur Innenseite negativ (Abb. 6.5). Diese kurzzeitige Spannungsumkehr bezeichnet man als Nervenimpuls. Er kommt zustande durch die Wanderung von geladenen Teilchen (Ionen) durch die Wand der Nervenfaser. Die Dauer eines solchen Nervenimpulses beträgt ca. 1 Millisekunde, also nur ein Tausendstel einer Sekunde! Es ist also ein blitzschneller Vorgang. Von einem einfachen Schreiber aufgezeichnet, erscheint so ein Nervenimpuls meist nur als kleiner, senkrechter Strich. Der Nervenimpuls wandert über die Nervenfaser in Richtung zur Synapse weiter.

Alle Nervenimpulse bei einer bestimmten Nervenfaser haben immer die gleiche Intensität und Dauer, sie werden mit der gleichen Geschwindigkeit weitergeleitet. Die Geschwindigkeit, mit der diese Nervenimpulse wandern, hängt vom Durchmesser und der Beschaffenheit der Nervenfaser ab. So wandern die Impulse bei einer langsam leitenden Faser mit einer Geschwindigkeit von etwa einem Meter pro Sekunde (= 3,6 km pro Stunde). Bei schnell leitenden Nervenfasern werden Geschwindigkeiten von über 100 Metern pro Sekunde (= 360 km pro Stunde) erreicht! Ein Nervenimpuls einer schnell leitenden Nervenfaser würde vom Gehirn zur Zehenspitze also ca. $^1/_{50}$ Sekunde benötigen. Der Bereich der Faser direkt hinter dem Nervenimpuls ist unerregbar (Abb. 6.5). Auf diese Weise wird verhindert, daß zwei Nervenimpulse miteinander verschmelzen. Ein Nervenimpuls ist nun in der Sprache des Nervensystems ein Zeichen. Da Dauer und Intensität immer gleich sind, gibt es also nur eine Art von Zeichen. Dies erscheint verwunderlich. Wie kann mit einem einzigen Zeichen Information übertragen werden? Immerhin hat unser Alphabet 26 verschie-

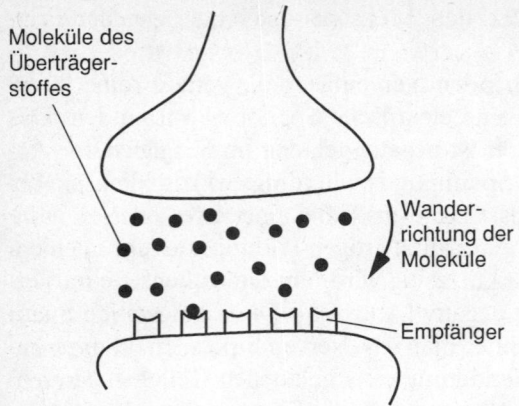

Moleküle des
Überträger-
stoffes

Wander-
richtung der
Moleküle

Empfänger

Abb. 6.6 Vereinfachte Darstellung der Vorgänge an der Synapse. Die vor der Synapse befindliche Nervenzelle schüttet an ihrer synaptischen Endigung Moleküle des Überträgerstoffes aus. Diese wandern durch einen schmalen Spalt (hier verbreitert dargestellt) zur nächsten Nervenzelle. Dort werden sie von Empfängermolekülen gebunden. Dadurch werden die elektrischen Eigenschaften der Membran der Nervenzelle verändert (weitere Erklärungen s. Text).

dene Zeichen (Buchstaben). Auch das Morsealphabet hat wenigstens noch drei Zeichen: Punkt, Strich und Pause, und ein Computer braucht immerhin noch zwei Zeichen, nämlich 0 und 1 (binärer Code).

Die Untersuchungen mit Elektroden an Nervenfasern ergaben nun, daß die Nervenimpulse, also die »Zeichen«, in unterschiedlichem zeitlichem Abstand aufeinander folgen können. Die Frequenz der Nervenimpulse ist also variabel. Je stärker erregt eine Nervenfaser ist, um so dichter folgen die Impulse aufeinander; desto höher ist also die Frequenz. Mit einer Nervenfaser kann damit die *Intensität* einer Erregung übermittelt werden.

Ein Nervenimpuls wandert vom Beginn der Nervenfaser am Zellkörper über die gesamte Nervenfaser bis zur Synapse, also zur Verbindungsstelle zwischen dieser und einer nachfolgenden Nervenzelle (Abb. 6.5). An der Synapse wird die Information in der

Regel durch chemische Substanzen, sogenannte Überträgerstoffe, weitergegeben. Diese werden am Ende der Nervenfaser freigesetzt, wandern durch einen schmalen flüssigkeitsgefüllten Spalt auf die andere Seite und lösen dort Vorgänge aus, die eine elektrische Erregung der nächsten Nervenzelle verursachen (Abb. 6.6).

Es ist nun besonders interessant, daß nicht alle Synapsen eine erregende Wirkung haben, sondern daß es auch hemmende Synapsen gibt. Es kann also eine aktivierte Nervenzelle, die Nervenimpulse aussendet, über eine solche hemmende Synapse die Aktivität einer anderen Nervenzelle hemmen. Die Bedeutung dieser hemmenden Synapsen werden wir bei der Netzhaut noch kennenlernen. In manchen Fällen ist tatsächlich eine einzelne Nervenzelle nur mit einer weiteren Nervenzelle verbunden. In den meisten Fällen jedoch werden hier komplizertere Netze geknüpft, und es können so Tausende von Nervenzellen über Synapsen mit einer einzigen Nervenzelle verbunden sein (Abb. 6.7). Die von den verschiedenen Nervenzellen bei einer Zelle einlaufenden Erregungen bzw. Hemmungen werden dann in dieser miteinander verrechnet, worauf die Zelle in bestimmter Weise reagiert: Erst wenn die elektrische Erregung im Zellkörper einen bestimmten Schwellenwert erreicht, werden an der Nervenfaser Impulse gebildet. Dieser Schwellenwert stellt für die Informationsübermittlung eine wichtige Sicherheit dar, denn er verhindert, daß kleine zufällige Spannungsschwankungen am Zellkörper bereits zu einer Informationsübermittlung durch Nervenimpulse führen.

Sinneszellen sind nun spezialisierte Nervenzellen, die Außenreize wie z. B. Licht, Temperaturschwankungen, Druck in elektrische Erregung umwandeln. Die Sinneszellen sind also die Vermittler zwischen den Außenreizen und dem Nervensystem und sorgen dafür, daß die Information von außen in das Nervensystem gelangt. Sinneszellen reagieren jedoch ganz spezifisch nur auf bestimmte Reize: die Sinneszellen im Auge auf Licht, die Tastsinneszellen der Haut auf Druck oder die Temperatursinneszellen auf Schwankungen der Temperatur. In bestimmten Fällen können jedoch Sinnesorgane auch durch einen sehr starken falschen Reiz erregt werden, wie wir dies vom Schlag auf das Auge kennen, bei

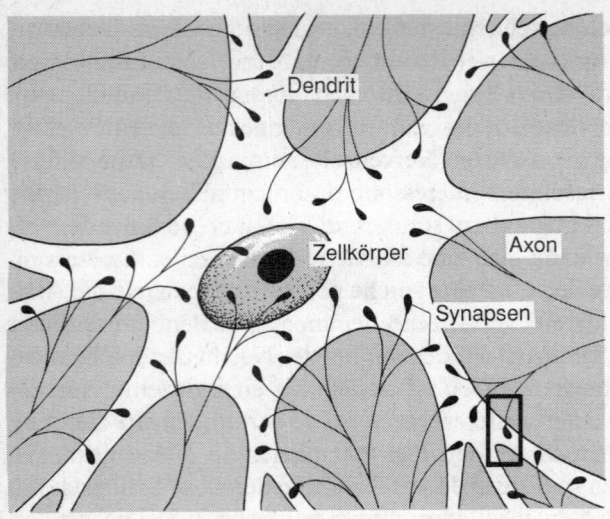

Abb. 6.7 Nervenzelle mit vielen Synapsen (Axon = Nervenfaser).

dem wir »Sternchen« sehen. Auch wenn man einen sehr kalten Gegenstand anfaßt, kann sich dieser kurzfristig heiß anfühlen. Die Tatsache, daß eine Sinneszelle nur auf einen bestimmten Reiz, den sogenannten adäquaten Reiz, reagiert, ist sehr wichtig. Wir wir sahen, kann durch die Nervenimpulse selbst nur die Intensität eines Reizes übermittelt werden. Um welche Art von Reiz es sich handelt, wird durch die jeweilige Nervenfaser, also durch den Übertragungskanal, angegeben. Die von der Netzhaut zum Gehirn ziehenden Nervenfasern melden dem Gehirn Lichtreize. Mit den Lichtsinneszellen werden wir uns noch aufführlich beschäftigen.

Nachdem wir nun die Bauteile des Gehirns, die Neuronen, betrachtet haben, wenden wir uns wieder dem Gehirn in seiner Gesamtheit zu.

c) Bau und Aufgaben des Gehirns
Mit den Neuronen haben wir die mikroskopische Struktur des Gehirns kennengelernt. Sehen wir uns nun einige wichtige und grundlegende Erkenntnisse der Hirnforschung auf der makrosko-

pischen Ebene an. Relativ einfach zu erforschen war die grobe Anatomie des Gehirns. Hier lassen sich bereits verschiedene Untereinheiten des Gehirns erkennen, etwa aufgrund der Art der vorhandenen Nervenzellen in dem entsprechenden Gebiet. Welche Bedeutung haben aber die einzelnen Bereiche des Gehirns? Hier gab es zu Beginn des 19. Jahrhunderts eine recht kuriose Theorie. Der Arzt und Hirnforscher Hans-Josef Gall hatte festgestellt, daß z. B. die Hirnrinde an verschiedenen Stellen unterschiedlich dick ist. Daraus leitete er ab, daß auch außen am Schädel sichtbare Wölbungen Aufschluß auf den Charakter der entsprechenden Person geben können. Er pries also den Leuten an, auf diese Weise den Charakter einer anderen Person zu beurteilen. So lächerlich dies auf uns auch wirken mag, so lag doch darin ein Körnchen Wahrheit, denn tatsächlich lassen sich verschiedenen Hirnbereichen unterschiedliche Funktionen zuordnen.

Das Gehirn läßt sich nach anatomischen und funktionellen Gesichtspunkten in größere Einheiten unterteilen, so wie es die Abb. 6.8 zeigt. Man unterscheidet also das Nachhirn, das Kleinhirn, das Mittelhirn, das Zwischenhirn und das Vorder- oder Großhirn. Vergleicht man die Gehirne verschiedener Lebewesen miteinander, so stellt man fest, daß beim Menschen das Großhirn wesentlich vergrößert ist; außerdem weist die Oberfläche viele Windungen auf, was zu einer zusätzlichen Vergrößerung der Zahl der Nervenzellen führt. Das Großhirn spielt nun tatsächlich eine besondere Rolle. In ihm findet die bewußte Wahrnehmung statt, also das Sehen, Hören oder Riechen. Auch das bewußte Denken ist hier lokalisiert. Rein anatomisch läßt sich die Großhirnrinde in verschiedene Lappen unterteilen: den Stirnlappen, zwei Schläfenlappen, zwei Scheitellappen und den Hinterhauptslappen (Abb. 6.9). Außerdem unterschiedet man eine rechte von einer linken Hirnhälfte. Diese beiden Hirnhälften sind über eine Verbindung, den sogenannten Balken, miteinander verbunden.

Lassen sich nun verschiedenen Bereichen der Großhirnrinde verschiedene Aufgaben zuordnen? Wir wissen sicherlich, daß ein Schlaganfall die verschiedensten Schäden hervorrufen kann, je

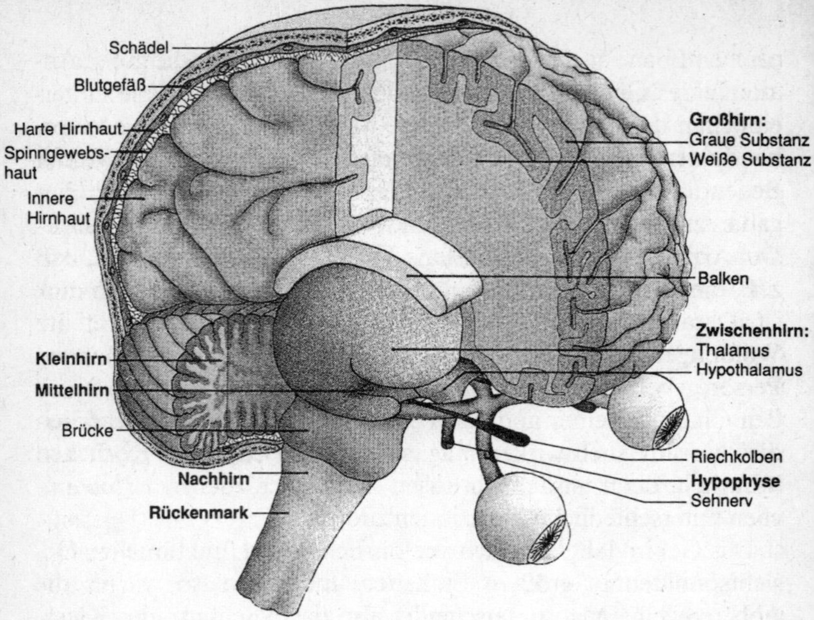

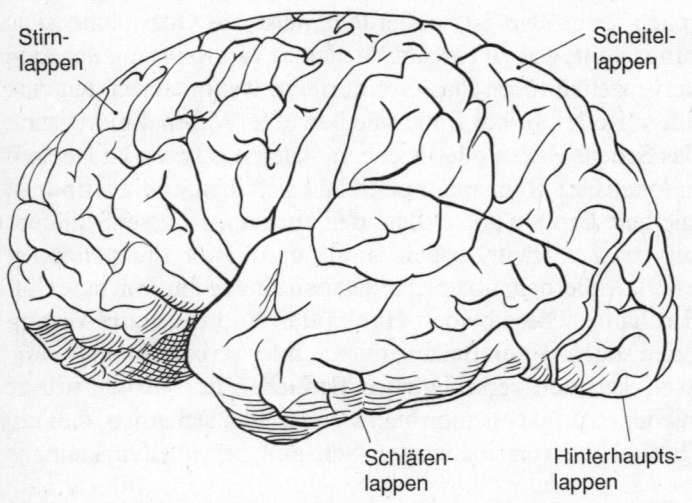

Abb. 6.8 Gliederung des Gehirns.

Schädel
Blutgefäß
Harte Hirnhaut
Spinngewebs-
haut
Innere
Hirnhaut
Kleinhirn
Mittelhirn
Brücke
Nachhirn
Rückenmark

Großhirn:
Graue Substanz
Weiße Substanz
Balken
Zwischenhirn:
Thalamus
Hypothalamus
Riechkolben
Hypophyse
Sehnerv

Stirn-
lappen
Scheitel-
lappen
Schläfen-
lappen
Hinterhaupts-
lappen

Abb. 6.9 Anatomische Gliederung der Großhirnrinde.

nachdem, in welchem Gebiet des Gehirns eine Schädigung auftritt. Ein Patient leidet so unter einer Lähmung eines bestimmten Körperbereichs, ein anderer kann nicht mehr sprechen, ein anderer wiederum erkennt seine Umgebung nicht mehr. Tatsächlich gibt es verschiedene Methoden, mit denen man herausfinden kann, welche Funktionen die verschiedenen Gebiete des Großhirns haben. Die älteste Methode ist wohl, anhand von Verletzungen festzustellen, welche Ausfallserscheinungen vorliegen. So untersuchte im Jahre 1861 der französische Arzt Paul Broca die Gehirne von zwei Verstorbenen, die während ihrer Lebenszeit unter Sprachstörungen gelitten hatten. Tatsächlich fand er, daß das Gewebe an einer bestimmten Stelle der linken Hirnhälfte stark geschädigt war. Er konnte daraus den Schluß ziehen, daß in diesem Bereich das Sprachzentrum liegt. Damals konnte man also erst nach dem Tod des Patienten durch die anatomische Untersuchung des Gehirns feststellen, welche Gebiete des Gehirns verletzt waren. Heute ist dies anders; wenn etwa aufgrund eines Gehirntumors eine Operation durchgeführt wird, weiß man gleich, an welcher Stelle des Gehirns eine Verletzung vorliegt. Im Tierversuch hat man sogar ganz gezielt bestimmte Hirnbereiche zerstört und die daraus resultierenden Ausfallserscheinungen untersucht. Die genannten Methoden sind natürlich relativ grob.

Wenden wir uns den modernen, gezielteren und feineren Methoden zu. So lassen sich durch die Schädeldecke, für die Versuchsperson schmerzfrei, Elektroden einführen, durch die elektrische Erregungen beim Einlaufen bestimmter Sinnesreize gemessen werden können. Die Elektrode wird also an eine bestimmte Stelle des Gehirns eingeführt, und man testet verschiedene Sinnesreize aus, bis die Elektrode eine Erhöhung der elektrischen Erregung in diesem Bereich anzeigt. Reagiert die Elektrode also z. B. wenn der Patient Musik hört, so schließt man daraus, daß in diesem Bereich das Hörzentrum ist. Bei Versuchstieren wird nun auch das Gegenteil gemacht, nämlich über diese Elektrode wird das Gehirn elektrisch gereizt. Es wird also direkt in das Gehirn eine elektrische Erregung eingegeben, und es wird festgehalten, wie das Versuchstier reagiert. So können Hühner zu laufen anfangen oder aufflattern. Am Menschen sollen in den vierziger und fünfziger Jahren unseres Jahrhunderts solche Versuche durchgeführt worden sein, und zwar an Patienten, bei denen während einer Operation die Schädeldecke freigelegt war und die bei Bewußtsein waren. So wurden hier ebenfalls bestimmte Stellen des Gehirns gereizt und die Patienten nach ihren Empfindungen gefragt. Teilten diese ein Kribbeln der rechten Hand mit, so schloß man daraus, daß in diesem Bereich der Tastsinn für die Hand ausgewertet wird.

Eine völlig andere Methode ist es, durch Computerbilder die Durchblutung der verschiedenen Hirnregionen bei bestimmten Tätigkeiten zu untersuchen (Abb. 6.10). Hierzu wird den Versuchspersonen eine kleine Dosis einer schwach radioaktiven Substanz eingespritzt, die in dieser Konzentration nach Angaben der Erfinder unschädlich sein soll. Man geht nun davon aus, daß die Bereiche der Hirnrinde, die tätig sind, besser durchblutet sind als andere. Einen ersten Hinweis auf diese Beziehung erhielt man bereits 1890, als man feststellte, daß das Gehirn vor einem epileptischen Anfall anschwillt. Das ließ darauf schließen, daß die Blutversorgung verstärkt wurde. Je besser ein bestimmter Hirnbereich durchblutet wird, um so mehr Radioaktivität befindet sich auch in ihm. Außen angebrachte Detektoren registrieren die Radioaktivität in verschiedenen Bereichen, und der Computer konstruiert daraus farbige Bilder, die auf diese Weise die Intensität der Durchblutung wiedergeben. Die Beobachtungen, die bei einer solchen Untersuchung gemacht werden können, sind nun wirklich faszinierend, denn jetzt wird bei jeder Tätigkeit oder bei jedem Sinnesreiz die gesamte Gehirnrinde betrachtet und nicht – wie bei den Elektroden – immer nur ein kleiner Ausschnitt. Man kann auch sehr gut den Übergang von einem Zustand des Gehirns in einen anderen verfolgen. Die Versuchspersonen liegen zunächst völlig ruhig mit geschlossenen Augen, und es treten keinerlei Sinnesreize auf. Interessanterweise ist hierbei der vordere Bereich der Hirnrinde, der Stirnlappen, zu 20 bis 30 Prozent stärker durchblutet als der Durchschnittswert des gesamten Gehirns. Tatsächlich wußte man auch von den anderen Methoden, daß diesem Bereich keine

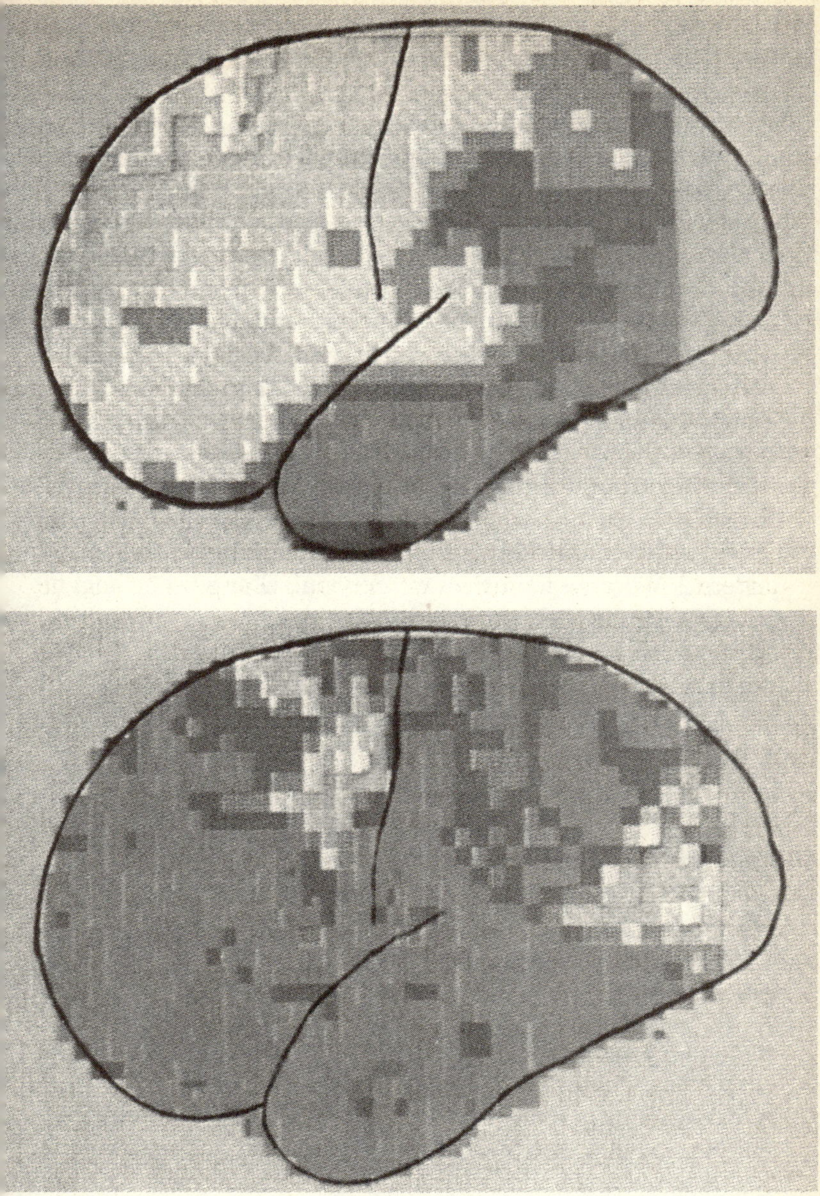

Abb. 6.10 Computerbilder der Hirndurchblutung. Oben: im Ruhestand; unten: Versuchsperson verfolgt mit den Augen einen bewegten Gegenstand. Je kräftiger der Grauwert, um so mehr unterscheidet sich die Durchblutung vom Durchschnittswert.

spezifischen Aufgaben zukommen, er hat vielmehr höhere Funktionen. So stellte man fest, daß ein Schlaganfall in diesem Bereich zu einer Veränderung der Persönlichkeitsstruktur führen kann. In diesem Areal werden Handlungen geplant oder Gedanken über die eigene Situation gemacht. Solche Bereiche ohne spezielle Funktion bezeichnet man allgemein als Assoziationsfelder.

Soll nun die Versuchsperson mit den Augen einen bewegten Gegenstand verfolgen, so findet man ein vollkommen anderes Durchblutungsmuster. Besonders intensiv durchblutet sind nun – wie zu erwarten – das Sehfeld im Hinterhauptsbereich, zusätzlich noch das frontale Augenfeld und das motorische Feld. Die beiden letztgenannten dienen der willkürlichen Bewegung der Augen. Es gibt auch Felder mit höheren Leistungen, wie etwa ein Lesezentrum oder ein sensorisches Sprachzentrum sowie ein motorisches Sprachzentrum.

Stellen wir uns also vor, welche Zentren beteiligt sind, wenn ein gelesenes Wort ausgeprochen werden muß. Zunächst gelangt die Information zum Sehfeld. Es wird also zunächst einfach nur das Muster des Buchstabens erkannt. Welcher Buchstabe diesem Muster zugeordnet werden muß, gibt dann das Lesezentrum an, und das Aussprechen erfolgt durch das sensorische und das motorische Sprachzentrum. Wie sehen also an diesem Beispiel, daß für viele Vorgänge nicht nur ein solches Feld, sondern das Zusammenwirken vieler Felder nötig ist. Mit den beschriebenen Methoden läßt sich tatsächlich geradezu eine Landkarte der Großhirnrinde aufstellen. Man kann sie so in verschiedene Felder unterteilen, denen bestimmte Aufgaben zugeordnet werden können (Abb. 6.11). Wir finden also am Hinterhauptslappen das Sehfeld, das uns später noch ausführlicher interessieren wird; wir finden ein Riechzentrum, ein sensorisches Rindenfeld, das für die Körperempfindungen zuständig ist, und ein motorisches Rindenfeld, das die Muskulatur steuert.

Wie wir schon gesehen haben, besteht das Großhirn aus zwei Hälften, die über den Balken miteinander verbunden sind. Sind die beiden Hälften aber wirklich spiegelbildlich? Haben sie also genau die gleichen Aufgaben und die gleichen Zentren? Hierüber geben die Versuche Auskunft, die mit Menschen durchgeführt wurden, bei denen die Verbindung zwischen den beiden Hirnhälften, der Balken, operativ durchtrennt worden war. Solche Operationen werden gelegentlich bei Epileptikern durchgeführt, da dies die Anfälle vermindert. Projiziert man einem solchen Patienten in die rechte Hälfte seines Gesichstfeldes bestimmte Gegenstände, wie etwa Radiergummi, Lineal, Schere oder ähnliches, so kann der Patient die Namen dieser Dinge angeben oder auch mit der rechten Hand den entsprechenden Gegenstand aus einer Auswahl verschiedener Gegenstände heraussuchen (Abb. 6.12). Werden in die rechte Gesichtshälfte Worte projiziert, so kann er diese laut vorlesen und aufschreiben und ebenso mit der rechten Hand den Gegenstand heraussuchen. Um das Experiment richtig zu verstehen, muß man wissen, daß die von der rechten Gesichtshälfte stammenden Reize in der linken Hirnhälfte verarbeitet werden, ebenso die Reize, die von der rechten Hand kommen. Umgekehrt werden

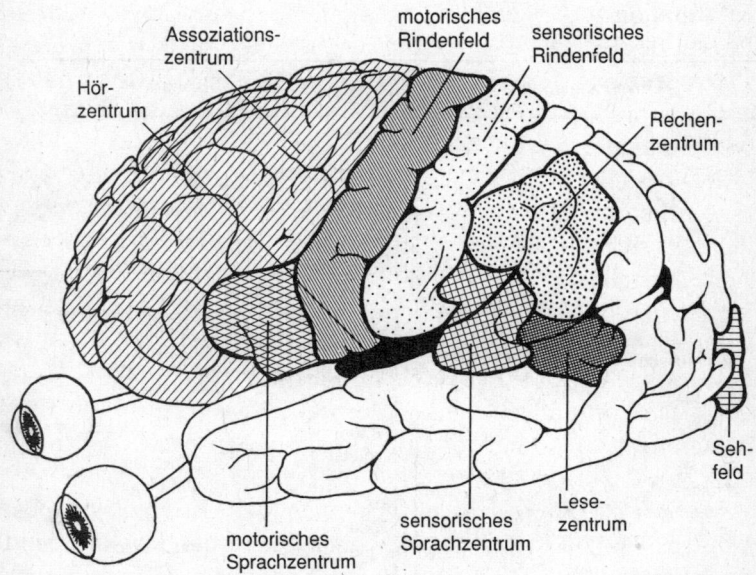

Abb. 6.11 Rindenfelder des Großhirns.

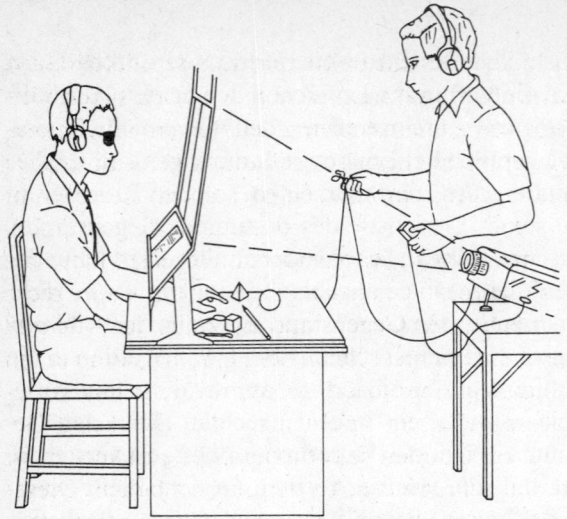

Abb. 6.12 Versuchsanordnung zur Untersuchung der Leistungen der beiden Gehirnhälften an Patienten mit durchtrenntem Balken.

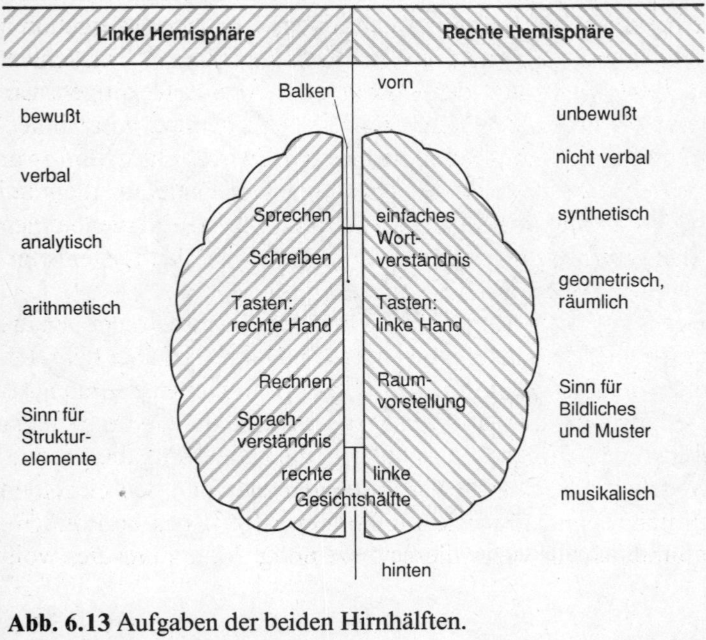

Linke Hemisphäre			Rechte Hemisphäre
	Balken	vorn	
bewußt			unbewußt
verbal			nicht verbal
analytisch	Sprechen	einfaches Wortverständnis	synthetisch
arithmetisch	Schreiben		geometrisch, räumlich
	Tasten: rechte Hand	Tasten: linke Hand	
Sinn für Strukturelemente	Rechnen	Raumvorstellung	Sinn für Bildliches und Muster
	Sprachverständnis		
	rechte	linke	musikalisch
	Gesichtshälfte		
		hinten	

Abb. 6.13 Aufgaben der beiden Hirnhälften.

die Reize von der linken Gesichtshälfte und von der linken Hand in der rechten Gehirnhälfte verarbeitet. Wie wir noch sehen werden, findet im Gehirn eine Überkreuzung der Nervenbahnen statt. Das Experiment zeigt bis hierher also, daß die linke Gehirnhälfte auch allein alles leistet, was ein Mensch normalerweise vollbringen kann.

Interessant wird das Experiment aber, wenn Gegenstände in die linke Gesichtshälfte projiziert werden. Der Patient kann diese nicht benennen. Er kann den Gegenstand zwar aus der Auswahl heraussuchen, aber selbst wenn er ihn in der Hand hat, kann er ihn weiterhin nicht benennen. Ebenso kann er Worte in der linken Gesichtshälfte nicht lesen. Daraus ersieht man, daß die rechte Gehirnhälfte nicht alle Funktionen selbständig erfüllen kann, es ist ihr eben verbales und schriftliches Äußern nicht möglich. Dieser Versuch zeigt deutlich, daß die beiden Gehirnhälften nicht identisch sind (Abb. 6.13).

Verlassen wir nun das Großhirn und werfen noch einen kurzen Blick auf einige andere Gehirnteile. Vergleicht man die Gehirne verschiedener Tierarten miteinander, so stellt man fest, daß Tiere, die eine komplizierte Fortbewegungsweise haben, dazu gehören die Vögel, ein besonders großes Kleinhirn haben. Tatsächlich dient dieser Gehirnteil der Koordination von Bewegungen. Ein weiterer Gehirnteil, der auch für die Verarbeitung von Sinneswahrnehmungen eine Rolle spielt, ist das Zwischenhirn, und zwar im speziellen der Bereich des Thalamus. Der Thalamus dient bei Säugetieren unter anderem als Umschaltstelle der Nervenbahnen von den Sinnesorganen zur Großhirnrinde. Beim Sehsystem werden wir Genaueres darüber erfahren.

So lassen sich heute zu allen Teilen des Gehirns recht genaue Angaben über deren Aufgaben machen. Dabei darf aber beim Leser nicht der falsche Eindruck entstehen, daß hier eine strenge Arbeitsteilung herrscht, daß sozusagen jedes Teil des Gehirns ein abgeschlossenes Ganzes ist, das für sich allein eine Aufgabe erledigt. In Wahrheit gibt es viele Verbindungen zwischen den einzelnen Gehirnteilen, und für viele Funktionen ist erst das koordinierte Zusammenwirken vieler dieser Teile nötig. Man kann dies wohl vergleichen mit Sachbearbeitern, die zwar in verschiedenen Zimmern sitzen, aber doch ständig Informationen austauschen und so zusammen an einer Arbeit tätig sind.

Um das Gehirn zu verstehen, ist es sicher eine wichtige Voraussetzung zu wissen, welche Aufgaben einzelnen Gehirnteilen zukommen. Doch dies allein erklärt noch nichts. Um wirklich herauszufinden, wie das Gehirn funktioniert, ist die Zusammenarbeit vieler verschiedener Wissenschaftszweige unbedingt erforderlich. So kann man die Leistungen des Gehirns einerseits sozusagen makroskopisch beurteilen durch die nach außen hin erkennbaren Leistungen dieses Systems, also etwa die Fähigkeit, bestimmte Wahrnehmungen zu machen, z. B. einen bestimmten Ton zu hören oder eine bestimmte Farbe zu sehen, oder man prüft das Lernvermögen z. B. unter verschiedenen Bedingungen. Hier ist auch die Untersuchung von kranken Personen aufschlußreich, bei denen bestimmte Fähigkeiten verändert oder nicht mehr vorhanden sind. Andererseits lassen sich auch im Verhaltensexperiment an Tieren Untersuchungen zu den Leistungen des Gehirns anstellen. So kann man eine Ratte darauf dressieren, richtig durch ein bestimmtes Labyrinth zu gehen, um an das Futter zu gelangen.

Der zweite Weg ist die Untersuchung auf einer mikroskopischen Ebene, d. h., das Gehirn wird immer mehr in seine Einzelteile zerlegt und immer feiner untersucht. Das heißt also, man versucht, die einzelnen Nervenzellen aufzufinden, ihre Verschaltungen zu untersuchen. Biochemiker können feststellen, welche Überträgersubstanzen an den Synapsen erforderlich sind. So führt man heute z. B. verschiedene Gehirnerkrankungen auf einen Mangel an bestimmten Überträgersubstanzen zurück. Umgekehrt kann man auch die Wirkung von bestimmten Medikamenten und Drogen auf das Gehirn untersuchen. Interessant sind besonders solche Medikamente und Drogen, die mit körpereigenen Substanzen Ähnlichkeiten aufweisen und hier Wechselwirkungen verursachen.

Da das Gehirn so überaus komplex ist und so viele verschiedene Funktionen erfüllt, wie Wahrnehmungen, Lernen und Gedächtnis, selbständiges Denken und Handeln, ist es in einem solchen Buch unmöglich, dies alles vollständig abzuhandeln. Wir haben deshalb das Sehsystem als Beispiel gewählt. Wir wir schon weiter oben erwähnten, handelt es sich hier um ein besonders gut untersuchtes System, und es lassen sich hieran sehr gut die Methoden der modernen Gehirnforschung zeigen. Wir wollen dieses System wirklich in seiner Gesamtheit darstellen, wir werden also auch Mechanismen, die nicht zum Gehirn gehören, vorstellen, wie den optischen Apparat, denn nur durch das Zusammenwirken aller Teile kommt es letztlich zu der erfolgten Wahrnehmung. Fehler auf allen Ebenen des Wahrnehmungssystems können zu ganz erheblichen Störungen führen. Dem Leser mag es vielleicht auch zunächst verwunderlich erscheinen, daß die Netzhaut bereits bei unserer Darstellung in Kapitel 10 einen so breiten Raum einnehmen wird, obwohl doch eigentlich die Gehirnforschung das Thema sein soll. Tatsächlich ergibt sich aber aus der Embryonalentwicklung, daß die Netzhaut in Wirklichkeit auch ein Teil des Gehirns ist, denn der Augapfel entsteht bei der Entwicklung aus einem Hirnbläschen.

Die Netzhaut hat aber nun im Vergleich zum eigentlichen Gehirn den Vorteil, daß sie relativ dünn ist, also nur aus wenigen Zellschichten besteht. Diese Zellschichten sind sehr gut anatomisch untersucht, so daß sich hier die Schaltprinzipien zwischen den einzelnen Zellen noch relativ gut erkennen lassen. Andererseits findet man aber auch schon bestimmte Phänomene, die im Sehzentrum der Großhirnrinde auftreten, bereits in der Netzhaut. Diese Phänomene lassen sich hier aber leichter erklären als später im Gehirn. Wir können also die Netzhaut schon als Minigehirn ansehen, das uns wichtige Erkenntnisse liefert. Es soll dann auch noch kurz der Weg der Information von der Netzhaut zum Gehirn beschrieben werden, bevor schließlich die eigentlichen Vorgänge im Sehzentrum des Gehirns betrachtet werden. Das Farbensehen haben wir im Kapitel 13 hinzugefügt, da das Farbensehen vermutlich unabhängig vom Formensehen auftritt und so eine eigene Leistung des Sehsystems darstellt. Schließlich soll versucht werden, aus den experimentellen Daten eine Gesamtschau zum visuellen System zu entwickeln. Das Erkennen von Gegenständen, wie etwa einer

Geige oder einem Bleistift, erfordert natürlich die Kenntnis des entsprechenden Gegenstandes, d. h., man muß den Gegenstand früher schon einmal gesehen und verstanden haben, worum es sich handelt. Ein Erkennen erfordert also ein Gedächtnis und damit auch einen Lernvorgang. Deshalb möchten wir uns, noch bevor wir uns mit dem Sehsystem befassen, kurz über Lernen und Gedächtnis informieren.

7. Lernen und Gedächtnis – was wissen wir wirklich?

Treffen wir einen Bekannten, so nimmt unser Sehsystem sein Gesicht wahr, und wir erkennen das Gesicht. Wir können das Gesicht dann eindeutig von dem einer anderen Person unterscheiden – sofern es sich nicht gerade um eineiige Zwillinge handelt. Wahrnehmung ist im allgemeinen also mit dem Erkennen von bestimmten Mustern, Gegenständen, Personen usw. verbunden. Erkennen setzt voraus, daß ein Lernvorgang stattgefunden hat, d. h., wir hatten das Gesicht oder einen bestimmten Gegenstand schon früher kennengelernt. Für das Erkennen von visuellen Wahrnehmungen spielt also auch Lernen und Gedächtnis eine Rolle, weshalb wir uns kurz mit diesen Vorgängen bei Mensch und Tier befassen wollen.

Die Erforschung der Funktion des Gedächtnisses und der Lernvorgänge kann nun wieder auf zwei Ebenen erfolgen: einmal auf der makroskopischen und andererseits auf der mikroskopischen. Auf der makroskopischen Ebene untersuchen Lernpsychologen die Leistungen menschlichen Lernens, wobei sich etwa Fragestellungen ergeben wie: Unter welchen Bedingungen kann ein Mensch am besten lernen? Welche Lerninhalte werden besonders gut gelernt? Auf dieser Ebene finden sich Ergebnisse wie etwa die, daß der Lernerfolg auf einem mittleren Streßniveau am besten ist, d. h. zu geringer Streß und auch zu starker Streß führen zu einem geringeren Lernerfolg als ein mittleres Niveau. Das Interesse, also die Motivation, des Lernenden an dem zu lernenden Gegenstand spielt eine große Rolle, ebenso die Aufmerksamkeit zum Zeitpunkt des Lernens. Dies sind Beschreibungen des Umfeldes, in dem Lernen besonders gut funktioniert, und das offensichtlich zu einer Situation im Gehirn führt, die für den Lernvorgang günstige Voraussetzungen schafft. Wie dem erfahrenen Pädagogen bekannt ist, festigen häufiges Wiederholen oder das Lernen mit Hilfe von Eselsbrücken, im Fachausdruck Assoziationen genannt, den Lernerfolg.

Speziellere Untersuchungen zum Lernen geben jedoch auch schon Hinweise auf bestimmte Mechanismen des Gedächtnisses. So liest man einer Gruppe von Versuchspersonen vierzig einfache, kurze Wörter mit einer gleichmäßigen Geschwindigkeit vor. Direkt danach sollen die Versuchspersonen die gemerkten Wörter aufschreiben. Die Auswertung des Versuches (Abb. 7.1) zeigt, daß jeweils die ersten, etwa drei Wörter häufiger gemerkt werden als die folgenden Wörter. Interessant ist aber, daß etwa die letzten zehn Wörter besonders gut gemerkt worden sind, d. h. besonders viele Versuchspersonen konnten sich an diese Wörter erinnern. Wandelt man den Versuch jedoch ab und läßt im Anschluß an das Vorlesen der Wörter noch eine Rechenaufgabe lösen und dann erst die gemerkten Wörter aufschreiben, so findet man, daß wie

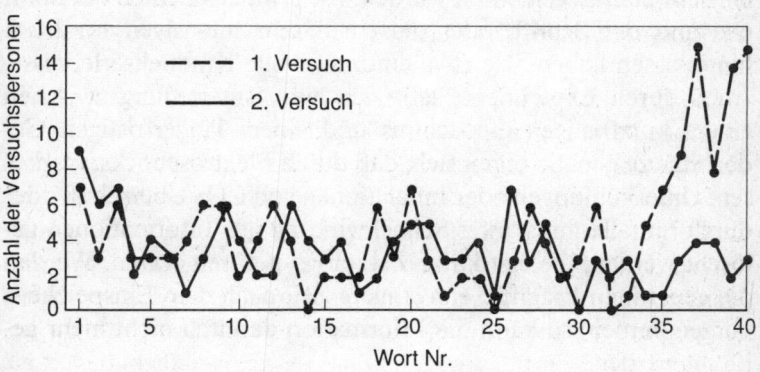

Abb. 7.1 Versuchsprotokoll zum Kurzzeitgedächtnis.
Gestrichelte Linie: Versuchspersonen schrieben Wörter unmittelbar nach dem Vorlesen der Wortreihe; durchgezogene Linie: Versuchspersonen schrieben Wörter erst nach etwa 20 Sekunden Kopfrechnen.

zuvor die allerersten Wörter gut gelernt wurden, die letzten zehn wurden aber nicht besser behalten als die vorangehenden Wörter (Abb. 7.1).

Daraus kann man den Schluß ziehen, daß es ein Kurzzeitgedächtnis gibt, in dem die Informationen etwa der letzten zehn Sekunden gespeichert werden. In diesem Kurzzeitgedächtnis befinden sich also gerade diese letzten zehn Wörter. Wird jedoch anschließend eine Rechenaufgabe durchgeführt, so ist der Zeitraum für das Kurzzeitgedächtnis bereits wieder verstrichen, und die Wörter sind aus dem Kurzzeitgedächtnis gelöscht worden. Die vorangehenden Wörter befinden sich bereits in einem sogenannten mittelfristigen Gedächtnisspeicher, der eine längere Speicherdauer, aber dafür eine geringere Kapazität hat. Es wurde ja nur ein Teil der Wörter in dieses mittelfristige Gedächtnis übernommen. Die Inhalte im mittelfristigen Gedächtnis können für einige Stunden oder auch Tage bleiben. Nur ein geringer Teil geht dann in das sogenannte Langzeitgedächtnis über und kann dort sehr lange gespeichert werden.

Inhalte des Langzeitgedächtnisses können lebenslänglich gespeichert werden. Dies sind aber natürlich nur Dinge, die entweder sehr häufig wiederholt wurden, wie etwa das Lernen der Sprache und der Schrift, oder die einen sehr intensiven Eindruck hinterlassen haben, wie etwa eindrucksvolle Kindheitserlebnisse. Auch durch Experimente läßt sich eine Unterteilung zwischen einem kurzfristigen Gedächtnis und einem längerfristigen Gedächtnis zeigen. So ergibt sich, daß durch Elektroschocks, Narkosen, Unterkühlungen oder Inhalationen von CO_2-Überschuß oder durch Unfälle mit starker Schockwirkung nur Informationen gelöscht werden, die erst kurze Zeit eingespeichert waren. Werden die genannten Eingriffe erst längere Zeit nach dem Einspeichern vorgenommen, so kann die Information dadurch nicht mehr gelöscht werden.

Fassen wir noch einmal zusammen, was mit der Information geschieht, die über unsere Sinnesorgane in unser Gehirn gelangt (Abb. 7.2). Wir müssen uns vorstellen, daß ständig über unsere Sinnesorgane eine riesige Flut von Information einläuft. Wir sehen mit unseren Augen ein kompliziertes Abbild der Umwelt, mit verschiedenen Formen, Farben, Mustern, Personen; wir hören möglicherweise Geräusche, Musik. Wenn wir dabei auf einem Stuhl sitzen, so melden unsere Tastsinneskörperchen Druckempfindung an unser Gehirn. Im Zimmer tickt vielleicht noch eine Uhr, und auf der Straße fahren Autos vorbei, die Geräusche verursachen. Von dieser riesigen Informationsmenge gelangt aber nur ein ganz geringer Teil in unser Bewußtsein. Wenn wir uns z. B. auf ein Gespräch konzentrieren, so hören wir nicht den Verkehrslärm, die tik-

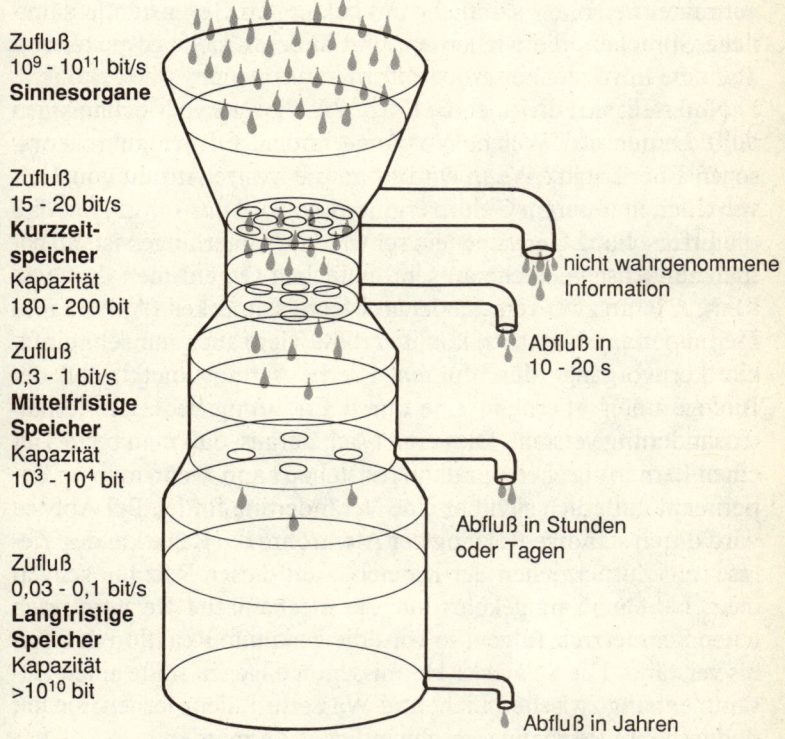

Zufluß
10^9 - 10^{11} bit/s
Sinnesorgane

Zufluß
15 - 20 bit/s
**Kurzzeit-
speicher**
Kapazität
180 - 200 bit

Zufluß
0,3 - 1 bit/s
**Mittelfristige
Speicher**
Kapazität
10^3 - 10^4 bit

Zufluß
0,03 - 0,1 bit/s
**Langfristige
Speicher**
Kapazität
>10^{10} bit

nicht wahrgenommene
Information

Abfluß in
10 - 20 s

Abfluß in Stunden
oder Tagen

Abfluß in Jahren

Abb. 7.2 Filtermodell des Gedächtnisses (nicht maßstabsgetreu). 1 bit = Informationsmenge einer Ja-Nein-Entscheidung.

kende Uhr, spüren nicht den Stuhl und konzentrieren uns auch vielleicht auf das Gesicht unseres Gesprächspartners. Die Information, die in unser Bewußtsein gelangt, dringt zunächst in den Kurzzeitspeicher des Gedächtnisses ein. Anschaulich kann man sagen: Dieser Speicher hat eine kleine Kapazität. Relativ viel von dieser Information geht wieder verloren, und nur ganz wenig Information gelangt in den mittelfristigen Speicher. Hier kann die Information Stunden oder Tage bleiben. Auch hier geht wieder ein Teil der Information verloren, und nur ein ganz geringer Teil gelangt schließlich in den langfristigen Speicher, der allerdings eine riesige Speicherkapazität besitzt, denn hier sind alle Gesichter uns vertrauter Personen, sämtliche uns bekannten Gegenstände, sämtliche Sprachen, die wir lernen, und anderes mehr gespeichert – also eine unvorstellbar große Informationsmenge.

Nun stellt sich uns aber die Frage: Nach welchen Mechanismen läuft Lernen ab? Welche Vorgänge finden auf der mikroskopischen Ebene statt? Wenn wir uns an die riesige Anzahl von Nervenzellen in unserem Gehirn erinnern, so wird uns sofort klar, daß die Erforschung hier sicher ein schwieriges Unterfangen ist. So hat man zunächst Versuche an sehr einfachen Organismen durchgeführt, z. B. an zwei verschiedenen Meeresschnecken (Aplysia und Hermissenda). Natürlich konnten diese Tiere auch nur sehr einfache Lernvorgänge durchführen. Hierbei sei angemerkt, daß der Biologe unter »Lernen« eine durch Erfahrung bedingte Verhaltensänderung versteht. Dies ergibt sich daraus, daß man beim Tier einen Lernerfolg eben nur dann feststellen kann, wenn man im Experiment äußerlich sichtbar eine Veränderung findet. Bei Aplysia wird durch ständige Reizung der Atemröhre die Reaktion des Tieres – ein Zurückziehen der Kiemen – auf diesen Reiz hin schwächer. Läßt man umgekehrt auf die mechanische Reizung noch einen Schmerzreiz folgen, so wird die genannte Reaktion des Tieres verstärkt. Die Schnecke Hermissenda dagegen sollte einen Zusammenhang zwischen Licht und Wasserturbulenz lernen; sie hat dadurch ihre Bewegungsgeschwindigkeit vermindert.

Der Vorteil dieser Versuchstiere liegt darin, daß sie ein so einfaches Nervensystem besitzen, daß man einen genauen Schaltplan der beteiligten Nervenzellen aufstellen und dann die entsprechenden Veränderungen nach dem Lernvorgang feststellen kann. Man fand bei beiden Tieren tatsächlich auf der mikroskopischen Ebene ganz spezifische Veränderungen. So fand man bei Aplysia, daß die Erregungsübertragung an den Synapsen verändert wurde. Im ersten Fall, wo sich das Tier an den Reiz gewöhnte, wurde die Erregungsübertragung vermindert; im zweiten Fall, als das Tier durch den schmerzhaften Reiz sensibilisiert wurde, hat sich die Erregungsübertragung verstärkt. Auch der biochemische Mechanismus für diese Veränderung konnte aufgeklärt werden. Dieser ist jedoch ziemlich kompliziert, so daß wir ihn hier nicht weiter diskutieren wollen. Es spielen auf jeden Fall Calcium und bestimmte chemische Substanzen und Enzyme eine Rolle. Bei Hermissenda fand man dagegen, daß einzelne Nervenzellen sensibler reagieren als vorher.

Das Gehirn von Säugetieren und Mensch ist natürlich so komplex, daß hier kein Schaltplan aufgestellt werden kann. Man muß hier also mehr prinzipielle Mechanismen für Lernen und Gedächtnis aufdecken. Aufgrund der Wirkung der obengenannten Elektroschocks und Narkosen kann man annehmen, daß dem kurzfristigen und dem längerfristigen Gedächtnis zwei verschiedene Mechanismen zugrunde liegen. Man vermutet heute, daß die kurzfristige Informationsspeicherung durch kreisende Erregungen im Nervensystem hervorgerufen werden (Abb. 7.3). Dies könnte durch kreisförmig verschaltete Neuronen zustande kommen. Eine solche kreisende Nervenerregung kann tatsächlich durch Unterkühlung oder Elektroschock gelöscht werden. Anatomisch ließen sich solche kreisförmigen Nervenschaltungen bereits nachweisen. Elektrophysiologisch wurden die selbsterregenden Kreise erst in den sechziger Jahren gefunden. Auf einer solchen Kreisbahn kann eine Erregung natürlich über einen längeren Zeitraum hinweg erhalten bleiben. Eine komplexe Wahrnehmung, etwa die Wahrnehmung eines Gesichtes, läßt sich aber sicher nicht durch einen so simplen Kreis darstellen, vielmehr muß man sich vorstellen, daß dieser Wahrnehmung ein kompliziertes Raum-Zeit-Muster an Nervenaktivität entspricht. Das heißt, es werden jeweils viele Ner-

venzellen auf einmal aktiv sein, die ihre Erregung dann in einer
zeitlichen Abfolge auf andere Neuronengruppen übertragen, wobei auch Erregungen wieder ausklingen und verlorengehen können. Dieses hypothetische Raum-Zeit-Muster bezeichnet man
auch als dynamisches Engramm oder anschaulicher als Gedächtnisspur. Man könnte sich die Nervenzellen als kleine Lämpchen
vorstellen, die in einem bestimmten Rhythmus und in einer bestimmten räumlichen Verteilung blinken, so daß sich hier ein
Lichtmuster sowohl in räumlicher als auch in zeitlicher Abfolge
ergibt.

Wie wird nun aber der Informationsgehalt dieser doch recht
rasch vergänglichen Gedächtnisspur fixiert, also ins längerfristige
Gedächtnis überführt? Experimente an einzelnen Nervenzellen
zeigen, daß viele Synapsentypen in höheren Hirnzentren bei starker Beanspruchung ihre Leistung steigern, indem sie mehr Überträgersubstanz ausschütten. Das heißt also, wenn sehr häufig Nervenimpulse an einer Synapse einlaufen, so wird die Wirkung
dieser Nervenimpulse mit der Zeit immer stärker; es wird also
mehr Überträgersubstanz abgegeben, und dadurch wird die nach-
folgende Zelle auch stärker erregt. Man fand noch eine zweite Erscheinung. Manchmal ist es auch so, daß die Zelle, die auf die Synapse folgt, bei gleicher Überträgersubstanzmenge empfindlicher
reagiert. Doch die beiden genannten Erscheinungen sind auch
noch zeitlich begrenzt. Sie können zwar so etwa zehn Stunden lang
voll erhalten bleiben, aber dies ist natürlich noch keine Erklärung
für das langfristige Gedächtnis. Man könnte sich diese Effekte lediglich als ein Übergangsstadium vom kurzfristigen zum längerfristigen Gedächtnis vorstellen.

Experimente haben eindeutig ergeben, daß für das Langzeitgedächtnis biochemische Vorgänge eine Rolle spielen. So erhöhte
sich z. B. bei Ratten nach einem kurzen Lerntraining, in dem sie
lernen mußten, durch ein Labyrinth den richtigen Weg zu ihrem
Futter zu finden, der Gehalt einer chemischen Substanz mit Namen Ribonukleinsäure in den Gehirnzellen um 60 bis 100 Prozent
im Vergleich zu anderen Ratten, die vorher keinen Lernvorgang
durchgeführt hatten. Diese Ribonukleinsäure ist eine wichtige

Substanz für die Eiweißsynthese. Sie enthält sozusagen die Information, nach der ein Eiweißmolekül aufgebaut werden soll. Spritzt man nun Ratten einen Hemmstoff der Eiweißsynthese ein, so können diese Tiere den Weg durch ein Labyrinth zunächst ebensogut wie nicht behandelte Kontrolltiere lernen. Aber sie können das Gelernte nicht behalten; sie haben es etwa drei Stunden später wieder vergessen. Spritzt man nun den Hemmstoff aber erst zwei Stunden nach dem Lernvorgang, dann bleibt der Lernerfolg genauso erhalten wie ohne Einspritzen des Hemmstoffs. Diese Versuche zeigen, daß auf jeden Fall eine Eiweißsynthese an der Einspeicherung in das Langzeitgedächtnis beteiligt ist.

Nachdem man dieses festgestellt hatte, wurde auch zugleich eine Theorie entwickelt, nach der die Gedächtnisinhalte tatsächlich in bestimmten chemischen Molekülen gespeichert sein sollen, ähnlich wie das etwa mit der Erbsubstanz ist, die die Information für den Aufbau von Eiweißen beinhaltet. Ein Forscher hatte auch behauptet, er habe einen Stoff aus Tieren isoliert, die in einem Experiment Angst vor der Dunkelheit entwickelt hatten. Er nannte diesen Stoff Skotophobin (von Skotophobie = Dunkelfurcht). In der ersten Euphorie glaubte man, so für verschiedene Gedächtnisinhalte verschiedene Substanzen isolieren zu können. Es war eine schöne Zukunftsvision, daß Kinder, anstatt in die Schule zu gehen, nur noch bestimmte Tabletten zu essen bräuchten. Doch tatsächlich erwies sich diese Theorie schließlich als unhaltbar. Man konnte die Experimente nicht reproduzieren, d. h., andere Forscher konnten nicht feststellen, daß bestimmte Substanzen be-

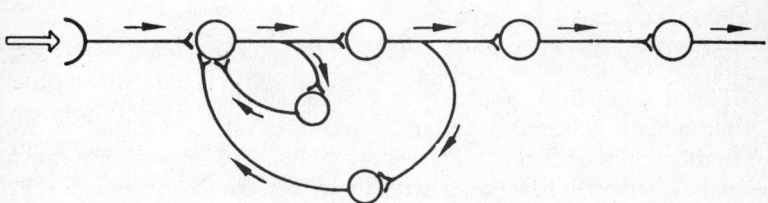

Abb. 7.3 Neuronaler Erregungskreis zur Erklärung des Kurzzeitgedächtnisses.

stimmte Lernwirkungen hätten. Die Eiweißsynthese muß also eine andere Bedeutung haben. Man nimmt heute an, daß sich Synapsen auf mikrostruktureller Ebene verändern, wenn sie oft angeregt werden. Die Synapsen können sich so etwa vergrößern oder sogar aufzweigen. Bei geringer Benutzung konnte man auch nachweisen, daß Synapsen degenerieren. Man nimmt also an, daß der erhöhte Eiweißaufbau für den Ausbau der Synapsen und möglicherweise auch für eine gesteigerte Überträgersubstanzproduktion nötig ist.

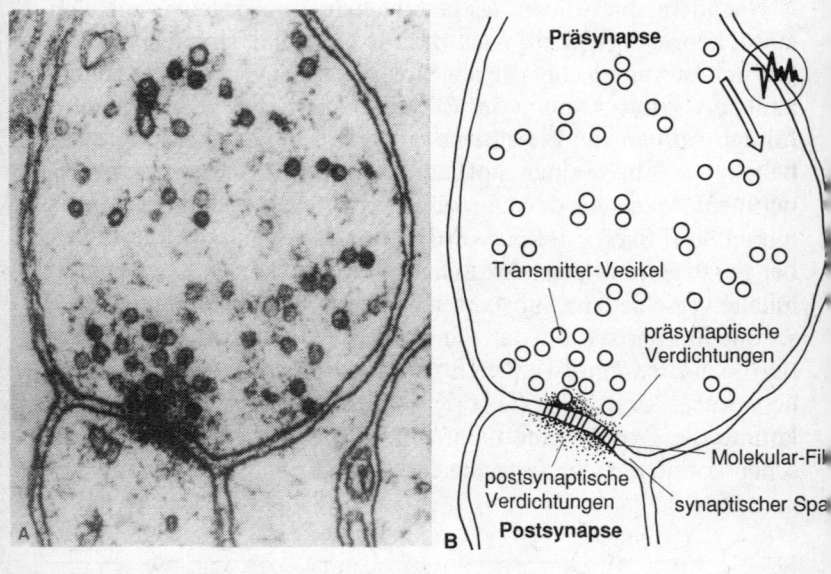

Abb. 7.4 »Molekülfilz« an Synapse.
A Elektronenmikroskopisches Foto. B Schematische Zeichnung.
Transmitter = Überträgersubstanz. Transmitter-Vesikel = Bläschen, das Überträgersubstanz enthält; Präsynapse = Teil der Synapse, der **vor** dem synaptischen Spalt liegt (an dieser Seite werden die Überträgermoleküle ausgeschüttet). Postsynapse = Teil der Synapse, der **hinter** dem synaptischen Spalt liegt (an dieser Seite werden die Überträgermoleküle gebunden).

In letzter Zeit hat man gefunden, daß sich an Synapsen, die sehr häufig benutzt werden, Moleküle zusammenlagern und einen richtiggehenden Filz bilden (Abb. 7.4). Diese Moleküle heißen Ganglioside. Je häufiger die Synapse Erregungen überträgt, um so dichter wird dieser Filz. Möglicherweise erleichtert er die Wanderung der Überträgersubstanz. Die Leistung bestimmter Synapsen wird also verbessert, und es soll nun sozusagen ein ganz bestimmtes Nervennetz jeweils besonders gut verknüpft sein. Man sagt auch, es wird eine Gedächtnisspur festgelegt.

Möglicherweise kann ein Gedächtnisinhalt durch die spezifische Verknüpfung verschiedener Neuronen kodiert werden. Ob es aber nun für jeden Gedächtnisinhalt wirklich einen ganz festen Neuronenschaltplan gibt, kann dennoch bezweifelt werden, denn wie wir schon im vorhergehenden Kapitel über Gestalt sahen, kann ein Gegenstand ja auch sehr stark abgewandelt werden: Bäume können die unterschiedlichste Größe, Form und Gestalt haben und werden dennoch als solche erkannt. Wie nun also wiederum aus dem gesamten Muster die wesentlichen Merkmale herausgefiltert werden, wie dies auch etwa der Auslösemechanismus bei Tieren tut, dies ist noch unklar. Im Sinne der Synergetik muß man hier doch eher auch Mechanismen der Selbstorganisation vermuten, d. h., sobald ein Muster wahrgenommen wird, organisiert sich im Gehirn das bereits bekannte Muster, so daß wir hier also nicht den simplen Fall einer fest eingespeicherten Schablone haben, mit der eine bestimmte Wahrnehmung verglichen wird.

Die Veränderungen der Leistungsfähigkeit der Synapsen wird auch als Lernprinzip in die Computerwissenschaft übernommen, und man spricht hier von Synapsenstärke. Darüber werden wir im dritten Teil des Buches noch Genaueres erfahren. Wenden wir uns aber nun dem schon mehrfach angekündigten Sehvorgang zu, dem zentralen Anliegen unseres Buches. Beginnen wir hierzu mit dem menschlichen Auge.

8. Ist das Auge ein Fotoapparat?

Die Augen sind die Eintrittspforte für die optische Information über unsere Umwelt in unser Nervensystem. Deswegen wollen wir uns zunächst dieses Organ ansehen. Vorweg sei allerdings gesagt, daß es sich hier um kein medizinisches Lehrbuch handelt, und wir uns deshalb nur auf die zum Verständnis wirklich wichtigen Strukturen des Auges beschränken werden.

Eine Sehwahrnehmung entsteht nur, wenn Licht in unsere Augen gelangt. Das Licht wird zunächst von einer Lichtquelle erzeugt, etwa der Sonne oder auch einer Glühbirne. Dieses Licht kann von dieser Lichtquelle aus direkt in unsere Augen gelangen, wenn wir z. B. genau in die Sonne sehen. Meistens betrachten wir jedoch Gegenstände, die selbst nicht leuchten. Hier fällt das Licht, das von einer Lichtquelle ausgeht, auf den Gegenstand und wird von diesem in alle Richtungen reflektiert. Ein Teil dieser reflektierten Lichtstrahlen gelangt dann auf die Oberfläche unserer Augen (Abb. 8.2a). Was geschieht nun mit diesem Licht? Sehen wir uns hierzu den Bau des Auges etwas genauer an. Die Abb. 8.1 zeigt einen schematisierten Längsschnitt durch das menschliche Auge, und wir wollen uns im folgenden mit der Funktion der einzelnen Teile beschäftigen.

Das Auge läßt sich sehr gut mit einem Fotoapparat vergleichen. Beide haben die Aufgabe, von der dreidimensionalen Umwelt ein verkleinertes Abbild auf eine Fläche zu projizieren. Beim Fotoapparat erfolgt diese Projektion auf den Film, beim Auge auf die Netzhaut. Es besteht allerdings der Unterschied, daß der Film im Fotoapparat eine flache Ebene bildet, während die Netzhaut im Auge das Innere einer Hohlkugel auskleidet. Die Augen sind kugelförmig, damit sie in den Augenhöhlen hin und her gedreht werden können.

Zunächst gelangt bei beiden das Licht durch eine kleine Öffnung in das Innere. Beim Fotoapparat ist dies die Blendenöffnung, beim Auge die Pupille. Fotofreunde wissen, daß eine Fotografie um so schärfer wird, je kleiner diese Blendenöffnung ist, daß aber andererseits die Blendenöffnung groß genug sein muß, damit das Bild nicht zu dunkel wird. Je nach gewählter Belichtungszeit, den herrschenden Lichtverhältnissen und der Empfindlichkeit des Films muß eine bestimmte Blendenöffung eingestellt werden oder stellt sich bei modernen Geräten automatisch ein. Auch unsere Pupille verfügt über eine solche Automatik, wovon man sich leicht selbst vor dem Spiegel überzeugen kann: Schaltet man die Beleuchtung über dem Spiegel ein, so verkleinert sich sofort die Pupille, so daß weniger Licht ins Auge gelangt, und sie vergrößert sich wieder beim Ausschalten des Lichtes. Auf diese Weise wird immer die richtige Helligkeit im Auge erreicht. Diese Regelung erfolgt beim Menschen über das Nervensystem. Die Irisblende (Regenbogenhaut) wird dabei durch feine Muskeln erweitert oder zusammengezogen. Die Regenbogenhaut ist durch verschiedene Farbstoffe gefärbt, so daß Menschen eine unterschiedliche Augenfarbe haben können.

Während beim Film die Empfindlichkeit festliegt, kann die Netzhaut ihre Empfindlichkeit ändern. Bei sehr starker Helligkeit wird also nicht nur die Pupille verkleinert, sondern es nimmt auch

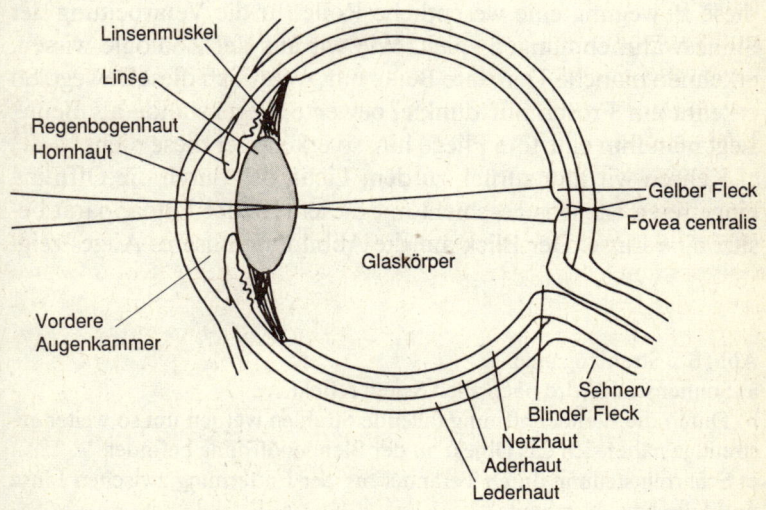

Abb. 8.1 Schnitt durch das Auge, schematisiert.

die Lichtempfindlichkeit der Netzhaut ab und umgekehrt. Wir kennen das aus der Alltagserfahrung. Wenn wir an einem sonnigen Wintertag mit Schnee in ein nicht besonders beleuchtetes Zimmer kommen, erscheint uns dieses zunächst ganz dunkel, und es dauert eine Weile, bis sich unsere Augen an die schlechtere Beleuchtung gewöhnt haben und wir wieder normal sehen. Dieser Vorgang, Adaptation genannt, dauert länger als die Veränderungen der Pupille. Eine dem Fotoapparat vergleichbare Belichtungszeit gibt es bei unserem Auge eigentlich nicht, denn es gelangt Licht in unser Auge, solange wir es offen halten. Es dauert allerdings eine gewisse Zeit, bis ein bewußter Seheindruck entsteht. Dies wird beim Kinofilm ausgenutzt, denn die kurzen Dunkelpausen zwischen zwei Bildern werden nicht wahrgenommen, so daß die schnell aufeinanderfolgenden Bilder den Eindruck einer kontinuierlichen Bewegung vermitteln.

Die Bilder auf der Netzhaut wechseln dauernd. Selbst wenn ein ruhender Gegenstand, etwa ein Bild, betrachtet wird, so bewegen sich unsere Augen ruckartig, so daß das Bild auf der Netzhaut fast dauernd in Bewegung ist. Wir werden noch sehen, daß gerade diese Bewegung eine wesentliche Rolle für die Verarbeitung der Sinneswahrnehmungen spielt. Wie wir aus der Zoologie wissen, erkennen manche Tiere ihre Beute nur, wenn sich diese bewegt. So erkennt ein Frosch nur dunkle, bewegte Gegenstände als Beute. Legt man ihm eine tote Fliege hin, so erkennt er diese nicht.

Kehren wir nun zurück zu dem Licht, das durch die Öffnung eingetreten ist. Was geschieht mit diesem? Jeder Fotoapparat besitzt eine Linse. Der Blick auf die Abbildung unseres Auges zeigt

Abb. 8.2 Strahlengänge.
a) Sonnenstrahl wird nach allen Seiten reflektiert.
b) Durch die Blendenöffnung fallende Strahlen werden um so weiter gestreut, je näher sich das Objekt an der Blendenöffnung befindet.
c) Scharfeinstellung durch Veränderung der Entfernung zwischen Linse und Film bzw. Netzhaut.
d) Scharfeinstellung durch Veränderung der Brechkraft der Linse.

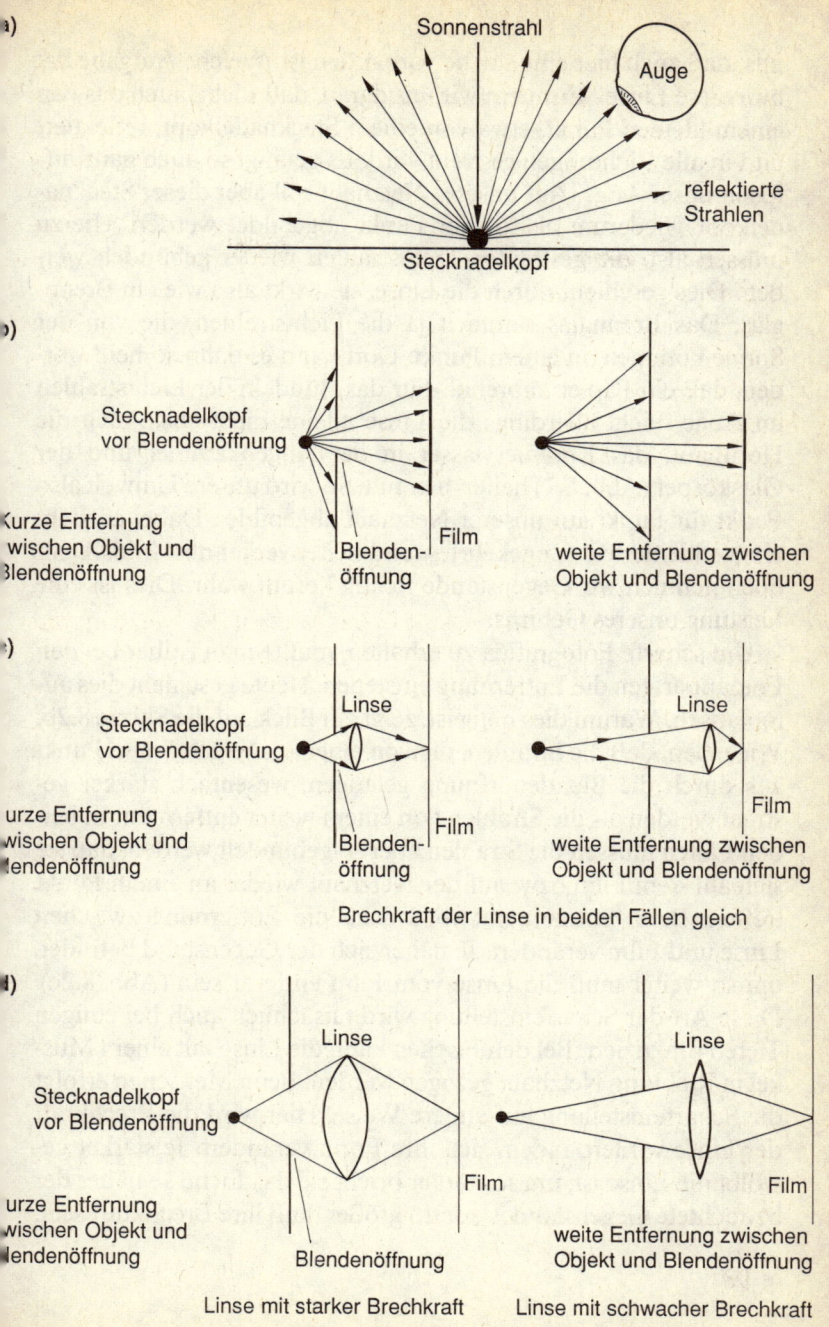

a)

Sonnenstrahl

Auge

reflektierte
Strahlen

Stecknadelkopf

b)

Stecknadelkopf
vor Blendenöffnung

Kurze Entfernung
zwischen Objekt und
Blendenöffnung

Blenden-
öffnung

Film

weite Entfernung zwischen
Objekt und Blendenöffnung

c)

Stecknadelkopf
vor Blendenöffnung

Linse

Linse

Kurze Entfernung
zwischen Objekt und
Blendenöffnung

Blenden-
öffnung

Film

weite Entfernung zwischen
Objekt und Blendenöffnung

Brechkraft der Linse in beiden Fällen gleich

d)

Stecknadelkopf
vor Blendenöffnung

Linse

Linse

Kurze Entfernung
zwischen Objekt und
Blendenöffnung

Blendenöffnung

Film

Linse mit starker Brechkraft

Film

weite Entfernung zwischen
Objekt und Blendenöffnung

Linse mit schwacher Brechkraft

uns, daß auch hier eine solche vorhanden ist. Welche Aufgabe hat nun diese Linse? Erinnern wir uns daran, daß Licht, auch das von einem kleinen Punkt, etwa von einem Stecknadelkopf, reflektiert und in alle Richtungen gestreut wird. Es gelangt so auch ganz diffus in unser Auge. Auf unserer Netzhaut soll aber dieser Stecknadelkopf wiederum als kleiner Punkt abgebildet werden. Hierzu müssen also die gestreuten Lichtstrahlen wieder gebündelt werden. Dies geschieht durch die Linse, sie wirkt also wie ein Brennglas. Das Brennglas sammelt ja die Lichtstrahlen, die von der Sonne kommen, in einem Punkt. Dort kann es dann so heiß werden, daß ein Papier anbrennt. Für das Bündeln der Lichtstrahlen im Auge reicht allerdings die Linse alleine nicht aus. Auch die Hornhaut, das Kammerwasser in der Augenkammer und der Glaskörper (Abb. 8.1) helfen hier mit. So wird unsere Umwelt also Punkt für Punkt auf unserer Netzhaut abgebildet. Dabei entsteht ein verkleinertes, umgekehrtes und seitenverkehrtes Bild. Dennoch nehmen wir Gegenstände richtig herum wahr. Dies ist eine Leistung unseres Gehirns.

Um scharfe Fotografien zu erhalten, mußte man früher bei den Fotoapparaten die Entfernung einstellen. Heute geschieht dies automatisch. Warum dies nötig ist, zeigt ein Blick auf die Skizze 8.2b. Wir sehen, daß die Strahlen, die von einem nahe gelegenen Punkt aus durch die Blendenöffnung gelangen, wesentlich stärker gestreut werden als die Strahlen von einem weiter entfernten. In beiden Fällen müssen die Strahlen aber so gebündelt werden, daß sie sich auf dem Film bzw. auf der Netzhaut wieder an einem Punkt treffen. Beim Fotoapparat wird dazu die Entfernung zwischen Linse und Film verändert. Je näher sich der Gegenstand befindet, um so weiter muß die Linse vom Film entfernt sein (Abb. 8.2c). Diese Art der Scharfeinstellung wird tatsächlich auch bei einigen Tieren praktiziert. Bei den Fischen kann die Linse mit einem Muskel in Richtung Netzhaut gezogen werden. Beim Menschen erfolgt die Scharfeinstellung auf andere Weise. Hier wird die Brechkraft der Linse variiert, indem sich ihre Form verändert. Je stärker gewölbt die Linse ist, um so stärker bricht sie das Licht. Je näher der betrachtete Gegenstand ist, desto größer muß ihre Brechkraft sein, und dementsprechend ist sie um so stärker gewölbt (Abb. 8.2d). Dieser Vorgang heißt Akkommodation. Bewirkt wird die Änderung der Linse durch einen Muskel, der sozusagen vollautomatisch gesteuert über das unwillkürliche Nervensystem arbeitet, d. h., wir müssen uns nicht bewußt darum bemühen, unser Auge auf eine bestimmte Entfernung scharfzustellen. Mit dem Alter nimmt die Elastizität der Linse ab, so daß eine Scharfeinstellung auf die Nähe immer schwieriger wird; es kommt zu der bekannten Altersweitsichtigkeit. Kurz- und Weitsichtigkeit, die auch schon bei jüngeren Menschen vorkommen, sind dagegen durch einen fehlerhaften Augapfel bedingt. Bei der Kurzsichtigkeit ist der Augapfel zu lang, und es kann bei weit entfernten Gegenständen kein scharfes Bild auf der Netzhaut abgebildet werden. für die Weitsichtigkeit gilt das Umgekehrte; hier ist der Augapfel zu kurz.

Wir sehen also, daß sich der optische Apparat des Auges durchaus mit dem des Fotoapparates vergleichen läßt. Beide verfügen über ähnliche Einrichtungen, die schließlich zur Entstehung eines verkleinerten, umgekehrten und seitenverkehrten, scharfen Abbilds der Umwelt auf einer Fläche im Inneren führen. Beim Fotoapparat ist hier schon der größte Teil der Arbeit getan. Auf dem Film finden nun chemische Vorgänge statt, und durch das Entwickeln im chemischen Labor wird der Film fertig. Anders ist das nun beim Auge. Die geheimnisvollen und rätselhaften Vorgänge beginnen erst hier. Wir werden sehen, daß wir uns durch einen Dschungel von Nervenzellen durchzuarbeiten haben. Zuvor wollen wir uns aber noch kurz einer weiteren Frage zuwenden.

9. Räumliches Sehen

Warum erscheint uns auf der Abb. 9.1 die rechte Person so viel größer als die linke, obwohl doch beide, wenn wir nachmessen, genau gleich groß sind? Denken wür über diese Frage nach, so fällt uns auch sofort die Lösung ein: Durch perspektivisch gezeichnete Linien wird der Eindruck erweckt, die hintere Person sei viel weiter entfernt. Bei tatsächlich gleicher Größe müßte sie in

Abb. 9.1 Optische Täuschung durch perspektivische Linien.

weiterer Entfernung aber viel kleiner wirken, also auch kleiner gezeichnet werden. Diese optische Täuschung veranschaulicht uns eindrucksvoll, wie wir unbewußt perspektivische Linien zur Wahrnehmung des Raumes und zur Entfernungsabschätzung verwenden. Auch die Größe uns bekannter Dinge, wie Menschen, Vieh auf der Weide oder Autos, vermittelt uns den Eindruck über die Entfernung. Weitere Hilfen für unsere Raumwahrnehmung sind Schatten und Dunsteffekte. Hermann von Helmholtz faßt all dies sehr schön zusammen: »Die Hilfsmittel, die uns dabei zu Gebote stehen, sind wesentlich dieselben, welche der Maler anwenden kann, um den auf seiner Leinwand dargestellten Gegenständen den Schein einer körperlichen Form und verschiedener Entfernung zu geben ...«

Für ein gröberes Entfernungsabschätzen sind die genannten Möglichkeiten sicher wirkungsvoll, doch für sehr feine Arbeiten reichen diese nicht aus, wie etwa beim Einfädeln einer Nadel. Dies gelingt uns ganz gut, wenn wir mit beiden Augen sehen, wird für uns aber fast unmöglich, wenn wir dabei ein Auge schließen und den Vorgang nur mit einem Auge verfolgen. Auch stellen wir bei genauer Beobachtung fest, daß Gegenstände, nur mit einem Auge betrachtet, nicht so recht plastisch erscheinen. Die Bedeutung der *beiden* Augen für das räumliche Sehen wird bei den sogenannten 3-D-Filmen besonders deutlich. Hierzu müssen die Zuschauer bekanntlich eine besondere Brille aufsetzen, und der Film erscheint dann in eindrucksvoller Weise plastisch. So kann auch die Illusion erzeugt werden, daß ein Stein mitten im Raum schwebt. Bei diesen 3-D-Filmen werden die optischen Gegebenheiten der Realität also kunstvoll nachgeahmt. Tatsächlich gelangen beim Betrachten des Raumes aufgrund der Geometrie zwei leicht gegeneinander versetzte Bilder in unsere beiden Augen. Die relative Differenz zwischen den beiden Bildern ist dabei um so größer, je näher der betrachtete Gegegenstand ist. Hiervon kann sich der Leser sehr leicht selbst überzeugen: Man streckt einen Arm aus und fixiert den Daumen zuerst nur mit dem rechten Auge, während das linke geschlossen ist. Wenn man nun die Augen wechselt, »springt« der Daumen gegenüber dem Hintergrund. Dieser scheinbare Sprung ist um so größer, je näher der Daumen am Auge ist. Bei den 3-D-Filmen werden zwei leicht gegeneinander verschobene Bilder projiziert, und die Brille sorgt dafür, daß in jedes Auge jeweils eines der beiden Bilder gelangt.

Die Information aus den beiden Augen wird im Verlauf der Sehbahn neu geordnet und in der Sehrinde zu einem einheitlichen räumlichen Seheindruck verarbeitet. Darüber werden wir in den Kapiteln über die Sehbahn und die Sehrinde berichten.

10. Die Netzhaut – schon ein Miniaturgehirn?

a) Wirkt die Netzhaut wie ein Film?
Kehren wir nach diesem kleinen Exkurs über das räumliche Sehen zur Bildverarbeitung in einem Auge zurück und vergleichen die Prozesse in einem fotografischen Film mit jenen in der Netzhaut. Betrachten wir als erstes, was mit dem Film bei der Belichtung und der späteren Entwicklung geschieht. Licht ist eine ener-

gierreiche Strahlung, die Stoffe verändern kann: Farbstoffe etwa auf einem Sonnenschirm können ausbleichen, Papier kann vergilben. Auf dem Film befindet sich eine besonders lichtempfindliche chemische Substanz, die beim Auftreffen von Licht in einen dunklen Farbstoff umgewandelt wird. Diese Umwandlung ist jedoch mit bloßem Auge kaum zu sehen. Erst durch das Entwickeln werden die Kontraste so verstärkt, daß sich ein Bild erkennen läßt. Beim Fixieren wird schließlich die restliche nicht geschwärzte chemische Substanz entfernt. Es entsteht zunächst ein Negativ, das dann noch in ein Positiv überführt werden muß. Der zentrale Vorgang bei der Fotografie ist also die Umwandlung eines lichtempfindlichen Stoffes. Mit diesem Prozeß ist für den Fotoapparat die Arbeit beendet. Entwickeln, fixieren und das Herstellen von Positivbildern sind dann Arbeiten des Fotografen, die außerhalb des Fotoapparates durchgeführt werden (es sei denn, man benutzt eine Polaroid-Kamera). Auf dem Film finden also lediglich physikalische und chemische Prozesse statt.

Der Leser wird sich sicher denken können, daß die Vorgänge in der Netzhaut des Auges auch nicht annähernd so einfach sind. Schließlich handelt es sich hier ja um eine biologische Struktur. Gewiß gehorchen auch biologische Vorgänge physikalischen und chemischen Gesetzen, jedoch sind biologische Systeme sehr komplex. Tatsächlich hat die Netzhaut eine faszinierende Struktur, und sie hält einige Überraschungen bereit. Die Netzhaut ist Teil des Nervensystems und bei genauerer Betrachtung, wie wir ja bereits wissen, sogar ein Teil des Gehirns. Diese Tatsache erklärt wohl auch den komplizierten Aufbau der Netzhaut. Sie ist wie alle Organe aus Zellen aufgebaut, die hier aber in komplizierter Weise miteinander verknüpft sind. Interessanterweise enthalten nun bestimmte Zellen der Netzhaut ebenfalls lichtempfindliche Substanzen, die durch die Einstrahlung von Licht umgewandelt werden. Es ist dies unter anderem der rote Sehpurpur, zu dessen Aufbau Vitamin A nötig ist. Bekanntlich tritt bei einem Mangel dieses Vitamins die sogenannte Nachtblindheit auf. Wir sehen also, daß ein zentraler Vorgang, nämlich die Umwandlung einer lichtempfindlichen Substanz, bei Netzhaut und Film gemeinsam ist. Viel weiter reicht diese Analogie aber nicht.

Die Netzhaut übersetzt nämlich die Außenreize durch das einfallende Licht in die Sprache des Nervensystems. Die so übersetzte oder, wie man auch sagt, kodierte Information muß dann zum Gehirn weitergeleitet werden. Wie wir aber sehen werden, erfährt die Information in der Netzhaut bereits eine intensive Verarbeitung.

b) Sehzellen – die Empfangszellen für das Licht
Betrachtet man einen Schnitt durch die gesamte Netzhaut unter dem Mikroskop, so sieht man, daß die Netzhaut aus mehreren Zellschichten besteht. Zur besseren Übersicht wollen wir uns jedoch zunächst nur die eigentlichen Sehsinneszellen, also diejenigen Zellen ansehen, die direkt auf das Licht reagieren.

Mikroskopische Untersuchungen zeigen, daß es im menschlichen Auge zwei verschiedene Arten von Sinneszellen gibt. Man bezeichnet sie nach ihrer Form als Stäbchen und Zapfen (Abb. 10.1). Beide haben einen Durchmesser von einigen Mikrometern (1 Mikrometer = 1 tausendstel Millimeter) und eine Länge von etwa 50 Mikrometern; sie sind ähnlich aufgebaut. Im Zentrum befindet sich der Zellkörper. Ein kurzer Fortsatz verzweigt sich zur synaptischen Region, die die Verbindung zu anderen Zellen herstellt (in der Abb. unten). Ein längerer Fortsatz auf der anderen Seite des Zellkörpers, das sogenannte Außenglied, ist bei den Stäbchen lang und schmal, bei den Zapfen kürzer und zapfenartig verdickt. Es besitzt bei beiden, allerdings etwas unterschiedlich ausgestaltet, Membranfalten. In diesen Membranen sind lichtempfindliche Substanzen eingelagert. Bei den Stäbchen ist dies der uns schon bekannte rote Sehpurpur. Warum gibt es aber zwei verschiedene Typen von Sehzellen? Bekanntlich sind nachts alle Katzen grau. Das liegt daran, daß die Stäbchen nur dem Schwarz-Weiß-Sehen, also dem Helligkeitssehen, dienen und keine Farbunterscheidungen ermöglichen, während für das Farbensehen die Zapfen zuständig sind. Diese sind allerdings wesentlich weniger lichtempfindlich als die Stäbchen. Licht in der Dämmerung ist zu schwach, so daß die Zapfen nicht darauf ansprechen

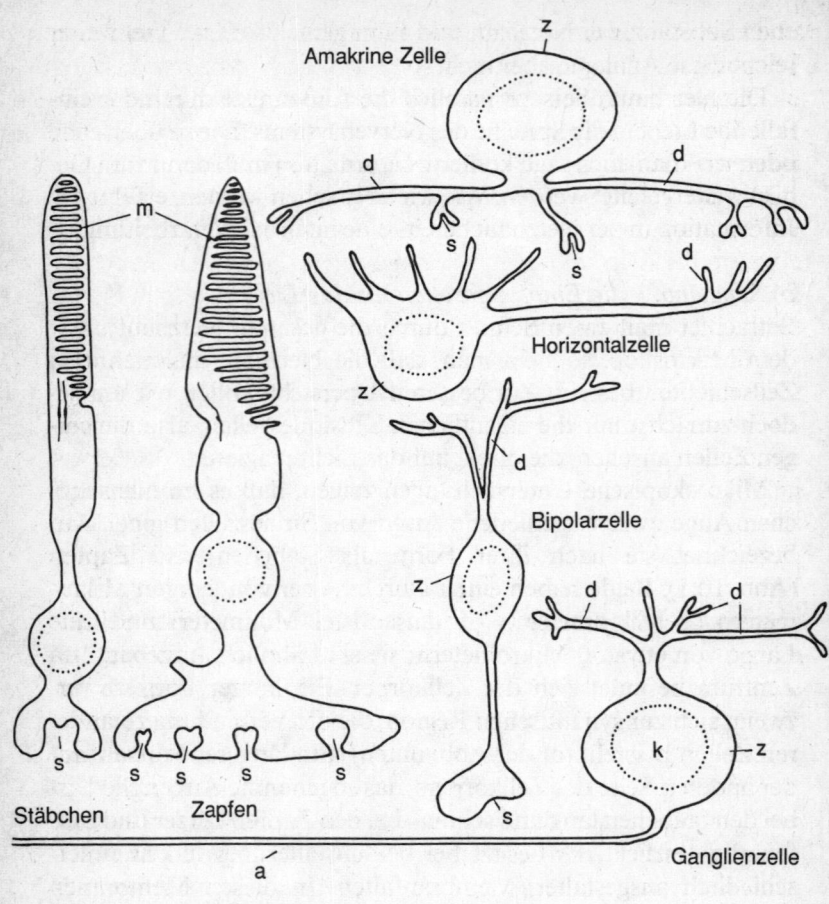

Amakrine Zelle

m

d   d

s   s

d

Horizontalzelle

z

d

Bipolarzelle

z

d   d

k   z

s

Stäbchen   Zapfen

a

Ganglienzelle

a Axon   m Membranscheibe (Disk)
d Dendrit   s Synapsenregion
k Zellkern   z Zellkörper

Abb. 10.1 Schematische Darstellung der Zellen der Netzhaut.

und es zu keiner Farbwahrnehmung kommt. Bleiben wir bei dem Vergleich mit dem Fotoapparat, so besitzt die Netzhaut sozusagen gleichzeitig einen Schwarz-Weiß-Film (die Stäbchen) und einen Farbfilm (die Zapfen), wobei die Lichtempfindlichkeit des Schwarz-Weiß-Films wesentlich höher als die des Farbfilms ist.

Die Zahl der Stäbchen und Zapfen in einem Wirbeltierauge ist unvorstellbar groß. So finden sich in der menschlichen Netzhaut etwa ein bis zehn Millionen Zapfen und 100 Millionen Stäbchen. Die Sinneszellen liegen im Bereich des sogenannten gelben Flecks (Abb. 8.1) am dichtesten. Es gibt hier etwa 160 000 Sehzellen pro Quadratmillimeter, wodurch natürlich eine sehr scharfe Auflösung des Bildes erreicht wird. Ganz interessant ist hier vielleicht ein Vergleich mit Tieren. So hat z. B. der Höhlenmolch, der in seiner dunklen Umgebung natürlich relativ wenig Seheindrücke erhält – für den das Sehvermögen also vergleichsweise unbedeutend ist – nur 2500 Sehzellen pro Quadratmillimeter. Greifvögel, wie der Bussard, die auf große Entfernungen kleine Tiere, wie etwa Mäuse, erkennen müssen und daher einen besonders gut ausgeprägten Gesichtssinn benötigen, haben bis zu einer Million Sehzellen pro Quadratmillimeter! Das menschliche Sehvermögen bewegt sich in einem Mittelfeld. Es besteht auch ein Vergleich mit technischen Geräten. Eine Videokamera löst ein Bild ebenfalls in einzelne Bildpunkte, sogenannte Pixels, auf. So weist ein gutes Gerät insgesamt rund 470 000 Bildpunkte auf. Wir sehen also, daß die Auflösung beim Auge wesentlich schärfer und besser ist.

Die Stäbchen und die Zapfen sind in der Netzhaut keinesfalls gleichmäßig verteilt. Im gelben Fleck (Abb. 8.1), befinden sich sehr viele kleine, enggedrängte Zapfen. Außerhalb dieser Region gibt es die Stäbchen und dazwischen größere Zapfen, an der Peripherie sind nur noch Stäbchen. Ähnlich wie bei einem Film ist auch hier das Auflösungsvermögen oder die Bildschärfe besonders groß, wenn möglichst viele Sinneszellen dicht nebeneinanderliegen. Möchte man also einen Gegenstand sehr genau sehen, so fixiert man diesen so, daß er auf dem gelben Fleck abgebildet wird. Dies tut man übrigens ganz automatisch beim Betrachten von Gegenständen. Will man dagegen sehr lichtschwache Objekte sehen, wie z. B. kleine Sterne am nächtlichen Himmel, und versucht man nun, einen solchen lichtschwachen Stern zu fixieren, so verschwindet dieser scheinbar, denn sein Abbild fällt genau auf den gelben Fleck mit den Zapfen. Das Licht aber ist zu schwach, und die Zapfen sprechen nicht darauf an. Sobald man jedoch etwas »seitlich« sieht, fällt das Licht wieder in den Bereich mit Stäbchen, und der Stern erscheint wieder.

Ein eigenartiges Phänomen wird uns deutlich, wenn wir den folgenden Versuch, wie unter der Abb. 10.2a beschrieben, durchführen. Warum verschwindet dieser rechte schwarze Kreis? Offensichtlich fällt sein Abbild auf eine Stelle, an der keine Reize registriert werden können. Tatsächlich ist es so, daß an der Stelle, an der der Sehnerv austritt, sich weder Stäbchen noch Zapfen befinden. Da dieser Bereich also nicht in der Lage ist, einen Seheindruck aufzunehmen, bezeichnet man ihn als den blinden Fleck (Abb. 8.1). Vielleicht wundern wir uns jetzt, denn selbst wenn wir unsere Umwelt nur mit einem Auge betrachten, so sehen wir nirgends ein schwarzes Loch, sozusagen die Stelle, an der unser blinder Fleck ist. Dieses Phänomen wird auch deutlich, wenn wir den Versuch der Abb. 10.2b durchführen. Das Gehirn ergänzt sozusagen diesen winzig kleinen fehlenden Bildausschnitt anhand des Musters in der Umgebung, so daß wir bei der normalen Betrachtung unserer Umwelt nichts von diesem blinden Fleck bemerken.

Die Aufgabe der Sinneszellen ist es, die durch das Licht eintreffende Information in die Sprache des Nervensystems zu übersetzen. Wie findet nun in den Sinneszellen diese Umwandlung statt? Wir wollen hier nur die Vorgänge in den Stäbchen betrachten, denn in den Zapfen sind diese vergleichbar.

Der erste Schritt des Übersetzungsvorgangs ist, wie wir ja bereits wissen, ganz ähnlich wie beim Film. Der rote Sehpurpur, der sich in den Membranfalten des Außengliedes befindet, ist eine lichtempfindliche Substanz. Das Molekül des Sehpurpurs besteht aus zwei Teilen: einem abgeknickten Molekül und einem daran gebundenen Eiweißkörper, dem Opsin (Abb. 10.3a). Trifft nun das Licht auf das Molekül, so streckt sich der abgeknickte Körper

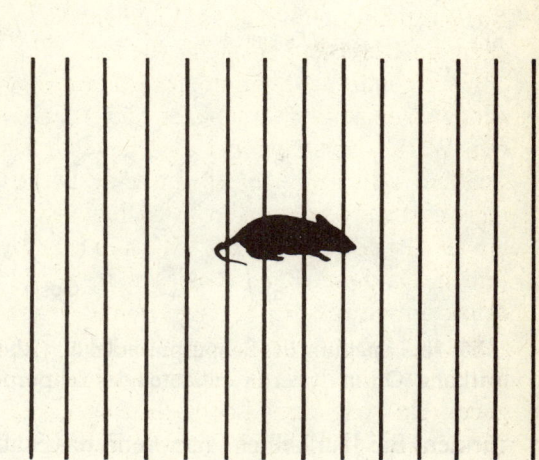

Abb. 10.2 Versuch zum blinden Fleck.

a) Schließen Sie das linke Auge, und fixieren Sie mit dem rechten Auge das obere Kreuz. Der Abstand des Buches zum Auge sollte etwa 25 cm betragen. Variieren Sie die Entfernung so lange, bis der rechte Kreis verschwindet. Er wird dann genau auf dem blinden Fleck Ihres rechten Auges abgebildet.

b) Führen Sie den Versuch am unteren Teil der Abbildung genauso aus. Die Maus verschwindet, die senkrechten Streifen dagegen werden weiterhin wahrgenommen (Begründung s. Text).

(Abb. 10.3b) und trennt sich dabei vom Eiweißmolekül (Abb. 10.3c). Durch den Zerfall dieses Farbstoffs wird nun eine ganze Kette von Vorgängen eingeleitet, die wir jedoch nicht im einzelnen betrachten wollen. Auf jeden Fall verändert sich die Durchlässigkeit der Außenmembran des Stäbchens für bestimmte geladene Teilchen, wodurch sich also die elektrischen Verhältnisse am Stäbchen ändern. Tatsächlich kann man dies mit Hilfe von Elektroden

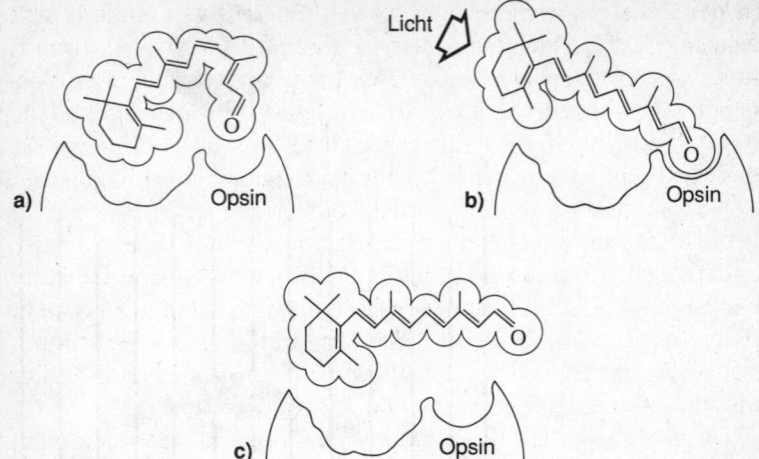

Abb. 10.3 Spaltung des Sehpurpurmoleküls (Rhodopsin) durch Lichteinwirkung (Opsin ist der Eiweißanteil des Sehpurpurs).

messen. Bei Dunkelheit, also wenn das Stäbchen in Ruhe ist, besteht, wie bei den Nervenzellen, eine Spannung zwischen der Innen- und der Außenseite des Stäbchens. Die Innenseite ist gegenüber der Außenseite leicht negativ aufgeladen. Diese Spannung beträgt etwa 30 bis 40 Millivolt (1 Millivolt = 1 tausendstel Volt). Sie ist also sehr klein. Trifft nun Licht auf das Stäbchen, so läßt sich mit der Elektrode eine *Vergrößerung* dieser Spannung messen. Dies war für die Forscher außerordentlich erstaunlich, denn in den Sinneszellen der anderen Sinnesorgane fand man bei Reizung stets eine *Verkleinerung* dieses Potentials. Es handelt sich hier also um eine Besonderheit der Lichtsinneszellen. Je stärker das einfallende Licht ist, um so größer wird diese Spannungsänderung. Sie hält so lange an, bis kein Licht mehr einfällt. Insgesamt wird also die Stärke des einfallenden Lichts in eine elektrische Erregung übersetzt.

Die Umwandlung von Licht in elektrische Erregung erfordert natürlich Energie. Diese stammt hier allerdings nicht, wie wir das von den Solarzellen her kennen, aus dem Licht selbst, sondern aus

110

in der Zelle gespeicherter chemischer Energie. Die Zelle besitzt also eine Art Treibstoff, aus dem sie Energie für solche Umwandlungsvorgänge gewinnen kann. Das Licht löst lediglich diese Vorgänge aus, ähnlich wie etwa die Betätigung eines Lichtschalters, durch die Licht eingeschaltet wird. Dabei stammt die Energie für das Licht schließlich auch nicht aus der Betätigung des Schalters.

Nervenimpulse werden von den Lichtsinneszellen selbst nicht gebildet. Diese Aufgabe übernehmen, wie wir noch sehen werden, andere Zellen der Netzhaut. Unter Verbrauch von Energie kann der abgebaute Sehfarbstoff wieder aufgebaut werden und steht dann wieder zur Verfügung. Bei lang andauernder Belichtung stellt sich schließlich ein Gleichgewicht ein zwischen dem Zerfall und dem Wiederaufbau des Sehfarbstoffs.

Unser Auge paßt sich sehr gut wechselnden Lichtverhältnissen an. Daß dies jedoch nicht plötzlich geht, wissen wir, denn wenn wir schnell aus einem hellen Raum ins Dunkle hinaustreten, dauert es eine Zeitlang, bis wir uns an die Dunkelheit gewöhnt haben. Umgekehrt tritt zunächst Blendung auf, die jedoch relativ rasch vorbeigeht, und auch hier paßt sich das Auge an die neuen Lichtverhältnisse an. Die vollständige Anpassung an Dunkelheit dauert etwa 30 Minuten, während die Anpassung an die Helligkeit nur einige Sekunden bis zu einer Minute dauert. Die Fähigkeit der Anpassung an das Licht ist wirklich unglaublich groß. Sie beträgt eine Spanne von einer Million, d. h., die Lichtempfindlichkeit unseres Auges kann um das Millionenfache erhöht beziehungsweise vermindert werden. Daß die Pupille hierzu beiträgt, wissen wir schon, doch sie ist nicht allein dafür verantwortlich, denn sie verändert ihre Größe ja schnell, während besonders das weitere Anpassen an die Dunkelheit relativ lange dauert. Hier finden nun Vorgänge in den Sehzellen statt.

Tatsächlich wird die Empfindlichkeit der Sehzellen mit zunehmender Helligkeit geringer und nimmt bei Dunkelheit zu. Man nimmt an, daß hier zwei Mechanismen zugrunde liegen. Einmal nimmt die Empfindlichkeit der Sehzellen einfach dadurch ab, daß ein großer Teil des Sehfarbstoffs zerfallen ist. Dies nennt man die fotochemische Adaptation. Doch unabhängig davon kommt es zu einer zusätzlichen Abnahme der Empfindlichkeit bei längerer Belichtung; dies nennt man die neutrale Adaptation. Letztere findet man auch bei anderen Sinneszellen. So nimmt bei länger andauernder Reizung die Reaktion der Sinneszelle auf diesen Reiz ab. Es tritt also so etwas wie eine Gewöhnung ein. So spüren wir z. B. eine Erhöhung der Temperatur auf der Haut nach einiger Zeit nicht mehr oder auch den Druck von Kleidern oder Schuhen. Zusätzlich zur Gewöhnung der Sinneszelle an den Reiz kommen allerdings auch noch Vorgänge im Gehirn, die die Aufmerksamkeit betreffen. Achtet man nämlich wieder auf einen bestimmten Reiz, so läßt sich manchmal doch noch eine Wahrnehmung erreichen.

Wir sehen also, daß den Sehzellen eine zentrale Bedeutung in der Netzhaut zukommt, stellen sie doch die Mittler dar zwischen der von außen kommenden Information in Form von Lichtreizen und den Erregungen im Nervensystem. Durch die Sinneszellen wird das auf die Netzhaut fallende Bild in viele Bildpunkte zerlegt, und wir werden nun Schritt für Schritt verfolgen, wie diese kleinen Informationsportionen weiter verarbeitet werden. Wenden wir uns nun der Netzhaut in ihrer Gesamtheit zu.

c) Die Architektur der Netzhaut
Die Abb. 10.4 zeigt, wie sich dem Forscher ein dünner Schnitt durch die Netzhaut unter dem Mikroskop darbietet. Auf den ersten Blick läßt sich hier wohl nicht viel erkennen. Man sieht lediglich, daß die Netzhaut aus verschiedenen Schichten besteht, und man ahnt vielleicht, daß die kleinen kreisförmigen Gebilde die Zellkörper von Netzhautzellen sind. Durch die mikroskopische Untersuchung sehr vieler solcher Netzhautpräparate gewann man jedoch über die Struktur der Netzhaut immer mehr Klarheit. Bereits im Jahr 1892 veröffentlichte der berühmte spanische Neuroanatom Santiago Ramon y Cajal eine sehr schöne Zeichnung von Zellen der Netzhaut. Die Abb. 10.5 zeigt eine moderne Schemazeichnung der Struktur der Netzhaut. Dabei müssen wir uns vor Augen halten, daß die Netzhaut trotz ihrer komplexen Struktur nur ein zehntel Millimeter dick ist. Die Zellen müssen also winzig klein sein. Das Auflösungsvermögen wäre auch wesentlich

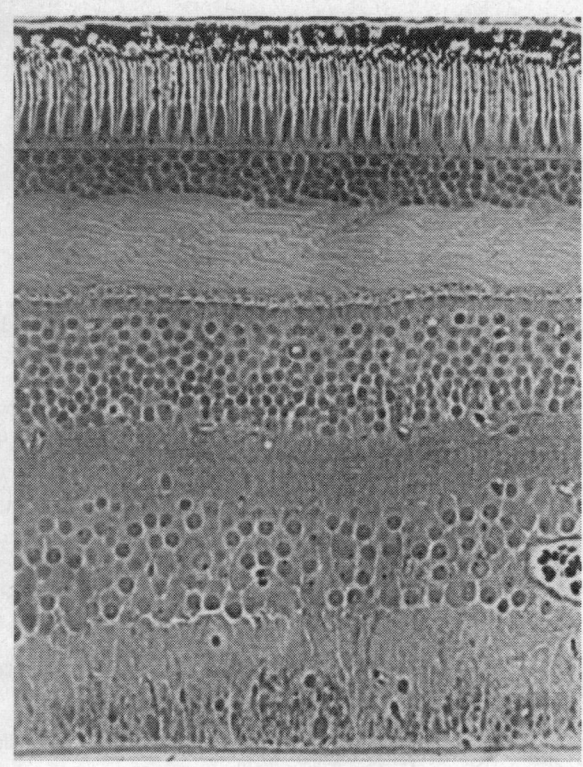

Abb. 10.4 Mikrofotografie eines Schnittes durch die Netzhaut.
Oben: Die Schicht der Stäbchen und Zapfen; unten: Die Ganglienzellen.

schlechter, wenn die Zellen größer wären. Die Netzhaut ist also, ebenso wie das gesamte Gehirn, geradezu ein Meisterwerk der Miniaturisierung.

Sehen wir uns nun den Bau der Netzhaut anhand der Abb. 10.5 an. Die Netzhaut besteht aus fünf verschiedenen Zelltypen, die sich allerdings noch in weitere Unterklassen aufgliedern lassen. Diese Zellen sind in drei Schichten angeordnet: In der äußeren Schicht befinden sich die *Sinneszellen* (in der Abb. oben), in der mittleren Schicht sind *Bipolarzellen, Horizontalzellen* und die

113

Amakrinen; die innerste Schicht wird von den *Ganglienzellen* gebildet (in der Abb. unten). Die genannten Zellen sind Sinnes- bzw.
Nervenzellen; sie sind also an der Informationsverarbeitung und
-weiterleitung direkt beteiligt. Zusätzlich gibt es noch Hilfszellen:
die Pigmentzellen, die direkt den Sinneszellen anliegen, und Stütz-
zellen (Müller-Zellen), die zwischen die Nervenzellen eingelagert
sind.

Wie sind nun die verschiedenen Nervenzellen miteinander verschaltet? In Längsrichtung schließen sich an die Sehzellen über
Synapsen die Bipolarzellen an. Der Name erklärt sich daraus, daß

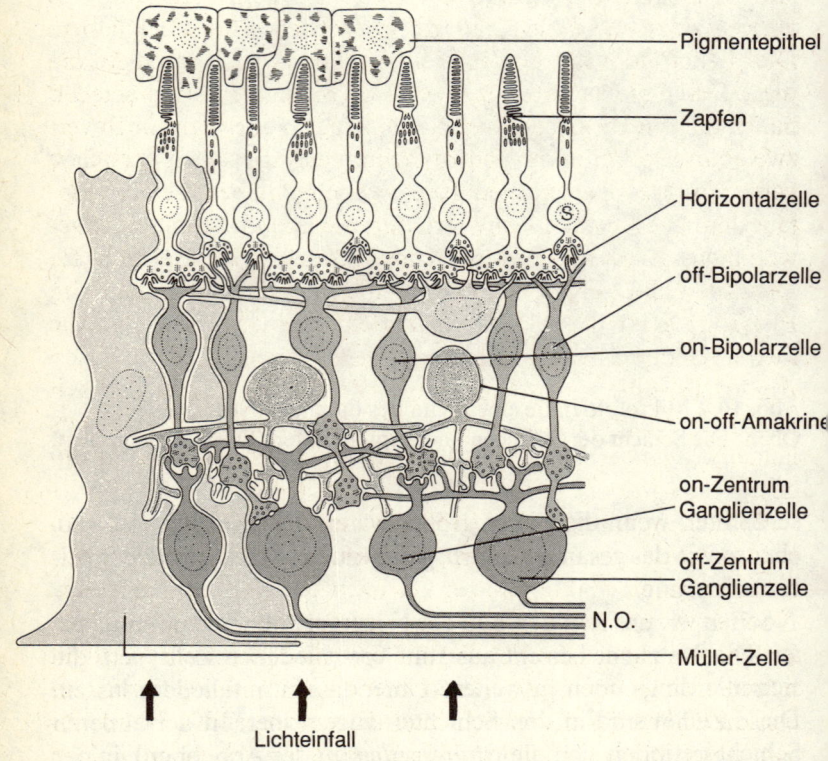

Abb. 10.5 Schnitt durch die Netzhaut schematisch (on = an; off = aus).

114

sie zwei ähnlich gebaute Pole besitzen, also in etwa symmetrisch aufgebaut sind. Die Bipolarzellen schließlich sind über Synapsen mit den Ganglienzellen verbunden. Letztere fallen durch relativ große Zellkörper auf. Die Bipolarzellen bilden also die Verbindungsglieder zwischen den Sehzellen und den Ganglienzellen. Doch die Struktur wird kompliziert durch Zellen, die Querverbindungen herstellen: die Horizontalzellen und die amakrinen Zellen. Die von den Ganglienzellen wegziehenden Nervenfasern bilden zusammen den Sehnerv, der die Information zum Gehirn weiterleitet. Die Abb. 10.1 zeigt die verschiedenen Zelltypen der Netzhaut. Es läßt sich unschwer erkennen, daß diese Zellen starke Abweichungen vom Grundtyp einer Nervenzelle (vgl. Abb. 6.2) aufweisen, ja, daß diese geradezu ein exotisches Aussehen haben. Dies hängt wohl mit den speziellen Funktionen zusammen, die diese Zellen in der Netzhaut zu erfüllen haben. Die Bipolarzellen haben nur einen einzigen Dendriten, der sich allerdigns noch verzweigt und so Verbindungen zu mehreren Sinneszellen herstellen kann. Ein besonders ausgefallenes Aussehen haben die Horizontalzellen. Diese haben keine Struktur, die irgendwie mit einer gewöhnlichen Nervenfaser vergleichbar wäre. Hier müssen wohl die Dendriten die Aufgabe der Nervenfaser mit übernehmen. Im Elektronenmikroskop läßt sich tatsächlich nachweisen, daß die Dendriten Synapsenendigungen besitzen wie eine Nervenfaser. Ähnlich ist es bei den Amakrinen. Die Ganglienzellen dagegen entsprechen dem Grundtyp der Nervenzelle; sie weisen besonders lange Nervenfasern auf, die ja die Meldungen zum Gehirn bringen.

Betrachten wir die Abb. 10.5 genauer, so stellen wir fest, daß seltsamerweise die Nervenfasern, die von der Netzhaut wegziehen und den Sehnerv bilden, an der Oberseite der Netzhaut verlaufen. Noch erstaunlicher ist es, daß die eigentlichen lichtempfindlichen Zellen, also die Sehsinneszellen, die unterste Schicht der Netzhaut bilden. Das Licht muß also, bevor es auf die Sinneszellen trifft, zuerst die anderen Zellschichten und die wegziehenden Nervenfasern durchdringen. Die Nervenfasern und die Zellen sind jedoch dünn und durchsichtig, so daß das Licht offensichtlich ohne größere Störungen durch diese Schichten hindurch kann. Nur am gelben Fleck, der ja dem besonders scharfen Sehen dient, weichen die oberen Zellschichten und die Nervenbahnen so auseinander, daß das Licht direkt auf die Sinneszellen trifft.

Es gibt Vermutungen darüber, warum die Netzhaut so angelegt ist, unter anderem deshalb, damit die Sinneszellen so direkt der Pigmentschicht anliegen. Die Pigmentschicht besteht aus Zellen, die einen dunklen Farbstoff enthalten. Ihre Aufgabe ist es, Streulicht zu schlucken, das nicht von Lichtsinneszellen aufgenommen wird. Damit wird erreicht, daß dieses Licht nicht wieder reflektiert wird und so andere Sinneszellen stört. Man nimmt an, daß diese Pigmentzellen noch weitere Hilfsfunktionen erfüllen. So sollen sie auch am Aufbau des Sehpurpurs beteiligt sein. Um diese Aufgabe erfüllen zu können, ist es wohl nötig, daß diese Zellen direkt an den Sinneszellen liegen.

Damit hätten wir uns einen Überblick über das Netzwerk der wohl danach benannten Netzhaut erarbeitet. Doch uns geht es nun ähnlich wie einem Laien, der ein Radio aufschraubt und in seine Einzelteile zerlegt. Er sieht zwar, welche Drähte und welche Verbindungen vorhanden sind, er weiß aber dennoch nicht, wie das Radio funktioniert. Es gibt in der Elektrotechnik natürlich Testmöglichkeiten, um festzustellen, wo Ströme durchfließen. So läßt sich auch ein Fehler in einem defekten Gerät finden. In der Netzhaut geht man in entsprechender Weise vor. Wie wir wissen, lassen sich die elektrischen Vorgänge im Nervensystem ebenfalls durch Elektroden feststellen. Betrachten wir also im nächsten Abschnitt diese Untersuchungen.

d) Informationsverarbeitung in der Netzhaut

Die Information über das Aussehen der Umwelt gelangt über das Licht in das Auge. Dabei erhält jedes Stäbchen oder jeder Zapfen, also jede Sinneszelle, einen winzigen Anteil dieser Information. Auf jede Sinneszelle trifft Licht einer bestimmten Intensität und von bestimmter Wellenlänge. Dabei kann es sich auch um ein Gemisch verschiedener Wellenlängen handeln. Die eintreffende Gesamtinformation wird also in winzig kleine Informationsportionen aufgeteilt, d. h., das gesamte Bild wird in viele kleine Bildpunkte zerlegt. Diese kleinen Informationsportionen der einzelnen Sinneszellen müssen nun irgendwie wieder zu einem Ganzen, eben zu dem Seheindruck, zusammengefügt werden. Hierzu muß die Information der Sinneszellen zum einen weitergegeben, zum anderen aber auch verarbeitet werden. Vergleichen kann man dies etwa mit einem Computer, dem man viele einzelne Daten eingibt und der dann nach einem vorgegebenen Programm diese zu einem Endergebnis verarbeitet. Wie wir sehen werden, ist dieser Vorgang im Sehsystem des Menschen äußerst kompliziert und auch noch längst nicht ganz verstanden.

Es stellt sich also zunächst die Frage, in welcher Form die von den Sehzellen gelieferte Erregung in der Netzhaut verarbeitet wird und welche Aufgaben dabei den verschiedenen Zelltypen zukommen. Hierzu müssen nun auch diese Zellen, ähnlich wie die Sinneszellen, elektrophysiologisch untersucht werden, d. h., man mißt mit Hilfe von Elektroden, welche Spannungsänderungen bei Reizung mit Licht auftreten. Tatsächlich ist die elektrische Untersuchung der Ganglienzellen im Vergleich zu der anderer Zellen in der Netzhaut relativ einfach, denn zum einen liegen die Ganglienzellen ja ganz oben auf der Netzhaut, und zum anderen sind sie relativ groß. Außerdem erhält man so gleich das Endergebnis der Verarbeitung in der Netzhaut. Trotz dieser Vorteile waren jedoch die ersten derartigen Messungen von Neurophysiologen totale Mißerfolge. Sie beleuchteten das Auge einer Katze mit einem sehr hellen Blitzlicht. Dies ist doch sicher ein starker Reiz; dennoch zeigten die Ganglienzellen keine klare Reaktion. Dies war natürlich sehr erstaunlich, denn wahrgenommen wird dieser Reiz von der Katze sicher sehr deutlich.

Der erste Forscher, der nun Erfolg hatte, war Stephen Kuffler mit seinen 1953 an der Katze durchgeführten Untersuchungen. Inzwischen weiß man, daß die Wahl seines Versuchstieres sehr günstig war, denn viele andere Tiere, wie das als Versuchstier sehr beliebte Kaninchen, haben eine kompliziertere Organisation der Netzhaut, die für diese Untersuchungen gewisse Probleme mit sich bringt.

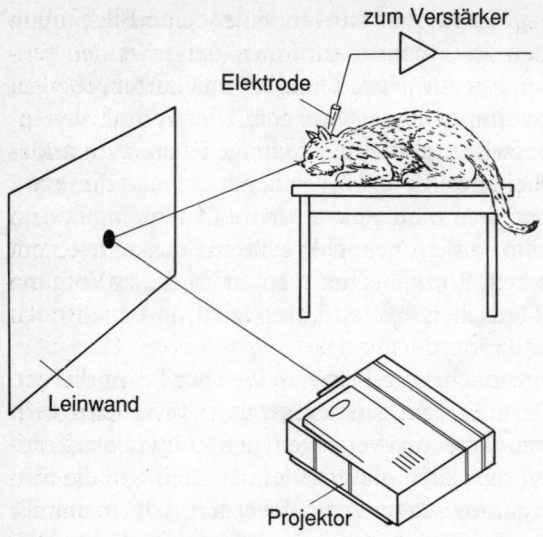

Abb. 10.6 Versuchsaufbau von Stephen Kuffler zur Untersuchung der Empfangsfelder.

Die Abb. 10.6 zeigt seine Versuchsanordnung. Das leicht betäubte Versuchstier, dessen Augen unbeweglich gemacht wurden, blickt vom Versuchstisch aus auf eine Leinwand. Auf diese wird der Lichtreiz projiziert, der von dort reflektiert wird und in das Auge der Katze gelangt. Je nach dem Ort auf der Leinwand trifft das Licht einen bestimmten Bezirk in der Netzhaut. Die Methode wurde noch verfeinert, indem man ein Fernsehgerät verwendete, wobei der Lichtreiz vom Computer gesteuert wurde. Das Besondere an Kufflers Versuchen war nun, daß er, im Gegensatz zu seinen Vorgängern, nicht das ganze Auge mit einem Blitz beleuchtete, sondern daß er *kleine*, klar umrissene Lichtpunkte als Reize verwendete. Durch diese Lichtpunkte wurden nur sehr kleine Bereiche der Netzhaut gereizt. Kuffler führte die Elektroden durch das Weiße des Auges in das Augeninnere bis auf die Netzhaut. Zunächst suchte er eine beliebige Ganglienzelle mit seiner Elektrode. Daß er eine solche gefunden hatte, erkannte er daran, daß sein Meßgerät das Auftreten von Nervenimpulsen anzeigte, denn Ganglienzellen bilden im Gegensatz zu den Sinneszellen Nervenimpulse. Tatsächlich treten auch in Ganglienzellen, die nicht gereizt werden, also auch in völliger Dunkelheit, bereits Nervenimpulse auf. Es ist daher keinesfalls so, wie man sich das vorstellen könnte, daß die Ganglienzellen erst bei Belichtung Nervenimpulse bilden. Man sagt hierfür, die Zellen sind spontan aktiv. Nachdem er seine Elektrode also an der Ganglienzelle hatte, suchte er mit einem kleinen Lichtpunkt die Netzhaut so lange ab, bis sich die Aktivität der Ganglienzelle veränderte. Der Lichtpunkt hatte jetzt also Sinneszellen getroffen, die mit der entsprechenden Ganglienzelle verbunden sind. Erwartungsgemäß lagen diese Sinneszellen ganz in der Nähe der durch die Elektrode untersuchten Ganglienzelle. Die zugehörigen Sinneszellen liegen also räumlich eng verbunden mit dieser. Tatsächlich gehören immer viele Sinneszellen zu einer Ganglienzelle. Alle Sinneszellen, die bei ihrer Reizung die Aktivität der entsprechenden Ganglienzelle beeinflussen, nennt man das *Empfangsfeld* der Ganglienzelle. Beim Empfangsfeld handelt sich um einen ganz zentralen Begriff, der uns durch das gesamte visuelle System begleiten wird.

Kuffler verwendete nun verschieden große Lichtpunkte als Reize. Er machte dabei einige interessante Feststellungen. Bei einer Zelle stellte er fest, daß in einer bestimmten Position ein zunächst kleiner Lichtpunkt bei weiterer Vergrößerung zunächst eine stärkere Aktivierung der Ganglienzelle zur Folge hatte, was man wohl auch so erwartet. Die Frequenz der Nervenimpulse erhöhte sich also. Vergrößerte er den Lichtpunkt aber weiter, so nahm die Aktivität der Ganglienzelle, also die Frequenz der Nervenimpulse, wieder ab. Dies war nun doch sehr verwunderlich. Ebenso war es sehr erstaunlich, daß ein Verschieben des kleinen Lichtpunktes um eine winzig kleine Spanne plötzlich das Gegenteil bewirkte, nämlich eine Hemmung der vorher aktivierten Zelle. Kuffler benutzte nun einen sehr kleinen Lichtpunkt, dessen Position er vorsichtig laufend veränderte. Auf diese Weise untersuchte er die Empfangsfelder sehr vieler Ganglienzellen. Dabei stellte er fest, daß die Empfangsfelder alle einen ganz charakteristischen

Aufbau haben. Sie sind in etwa kreisförmig und bestehen aus zwei unterschiedlichen Teilen, nämlich einem kreisförmigen Zentrum und einem dieses umschließenden konzentrischen Ring (Abb. 10.7). Trifft der Lichtpunkt in das Zentrum, so wird die Ganglienzelle aktiviert, trifft der Lichtpunkt auf den Ring, so wird die entsprechende Ganglienzelle gehemmt. Zentrum und Peripherie haben also eine gegensätzliche Wirkung. Wird das gesamte Empfangsfeld, also Zentrum und Peripherie, gleichmäßig ausgeleuchtet, so erfolgt nur eine sehr schwache Aktivierung, da die Hemmung der Peripherie die Aktivierung durch das Zentrum zum großen Teil kompensiert. Dies erklärt, warum bei den anfänglichen Experimenten, bei denen das ganze Auge ausgeleuchtet wurde, die Ganglienzellen kaum eine Reaktion zeigten. Wird jedoch nur die Peripherie, also der außenliegende Ring, beleuchtet, so kommt es zu einer vollständigen Hemmung der Ganglienzelle (Abb. 10.7). Das Ausschalten des Lichtreizes hat jeweils die gegenteilige Wirkung. Schaltet man das Licht auf die Peripherie aus, kommt es zu einer kurzen Aktivierung, schaltet man das Licht auf das Zentrum aus, kommt es zu einer kurzzeitigen Hemmung. Die Zellen reagieren also auf eine *Veränderung* der Beleuchtung.

Die Sache ist aber komplizierter, denn Kuffler fand noch einen zweiten Typ von Ganglienzellen, bei denen das Empfangsfeld genau umgekehrt organisiert ist, d. h., ein Lichtpunkt, der auf das Zentrum trifft, bewirkt eine Hemmung und ein Lichtpunkt auf der Peripherie eine Aktivierung. Um die beiden Typen voneinander unterscheiden zu können, nennt man den ersten Ganglientyp eine *An-Zentrum-Nervenzelle* und den zweiten eine *Aus-Zentrum-Nervenzelle*. Diese beiden Ganglienzelltypen lassen sich noch einmal in Unterklassen teilen, die sich bereits in ihrem Aussehen, aber auch in ihren elektrischen Eigenschaften unterscheiden. Man bezeichnet sie als X-, Y- und W-Ganglienzellen. Auch leiten diese Ganglienzellen ihre Informationen teilweise zu unterschiedlichen Gebieten im Gehirn. Man nimmt an, daß die Information, die von den Y-Ganglienzellen zum Gehirn geliefert wird, zur Erkennung der groben Umrisse dient, während die Information von den X-Zellen zur feinen Analyse von Details und Mustern verwendet

120

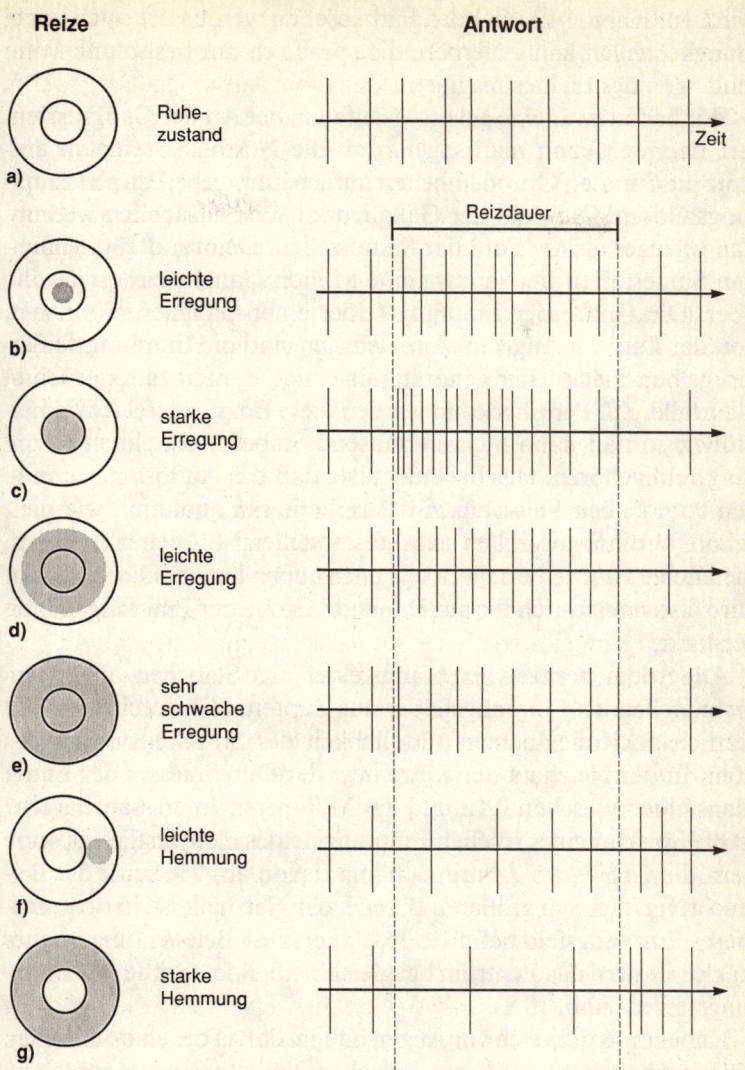

Abb. 10.7 Antworten einer An-Zentrum-Ganglienzelle auf verschiedene Reize. Links ist das Empfangsfeld, bestehend aus Zentrum und Peripherie; der **Lichtreiz** ist zum deutlicheren Erkennen **dunkel** dargestellt. Rechts wird die Antwort der Zelle auf den entsprechenden Reiz angegeben. Die senkrechten Striche entsprechen Nervenimpulsen. Je stärker die Erregung einer Zelle ist, um so dichter folgen die Nervenimpulse aufeinander.

wird. Im Kapitel 13 über das Farbensehen werden wir auch noch Ganglienzellen kennenlernen, die spezifisch auf bestimmte Wellenlängen des Lichtes reagieren.

Wir haben zwar eine gewisse Vielfalt in der Art der Ganglienzellen, dennoch kann man sagen, daß die Netzhaut stereotyp aus ganz bestimmten Grundeinheiten aufgebaut ist, eben diesen Empfangsfeldern. Die Zahl der Ganglienzellen ist tatsächlich wesentlich geringer als die Zahl der Sinneszellen. Den rund 130 Millionen Sinneszellen stehen etwa eine Million Ganglienzellen gegenüber. Die Größe der Empfangsfelder einer Ganglienzelle hängt von der Lage im Auge ab. Am kleinsten sind die Empfangsfelder am gelben Fleck. Hier gehören nur einige Zapfen zu einer Ganglienzelle. Zur Peripherie hin werden diese Empfangsfelder immer größer, so daß dann mehrere tausend Stäbchen zu einem Empfangsfeld gehören. Das bedeutet also, daß das Auflösungsvermögen vom gelben Fleck aus zur Peripherie hin abnimmt, wie dies schon für die Sinneszellen selbst festzustellen ist. Auch hier nimmt die Dichte vom gelben Fleck aus nach außen hin ab. Dieser Effekt wird also noch durch die zunehmende Größe der Empfangsfelder verstärkt.

Außerdem besitzen Empfangsfelder aus Stäbchen allgemein mehr Zellen als Empfangsfelder aus Zapfen. Hierdurch wird zusätzlich noch die Lichtempfindlichkeit des Stäbchensystems erhöht. In der Netzhaut der Katze liegt der Durchmesser der Empfangsfelder zwischen 0,12 und 2,0 Millimeter. Interessanterweise ist die Struktur eines solchen Empfangsfeldes nicht festgelegt, sondern die Größe des Zentrums hängt davon ab, wie stark die Beleuchtung in einem größeren Bereich der Netzhaut ist, in dem sich dieses Empfangsfeld befindet. Je stärker diese Beleuchtung ist, um so kleiner wird das Zentrum bei gleichbleibender Größe des Empfangsfeldes (Abb. 10.8).

Dabei muß man sich vor Augen halten, daß ja die anatomischen Gegebenheiten, also die synaptischen Verknüpfungen zwischen den Nervenzellen, unverändert bleiben. Diese Erscheinung läßt sich bis jetzt jedoch nur modellhaft durch die Überlagerung von erregenden und hemmenden Prozessen erklären, wobei der hem-

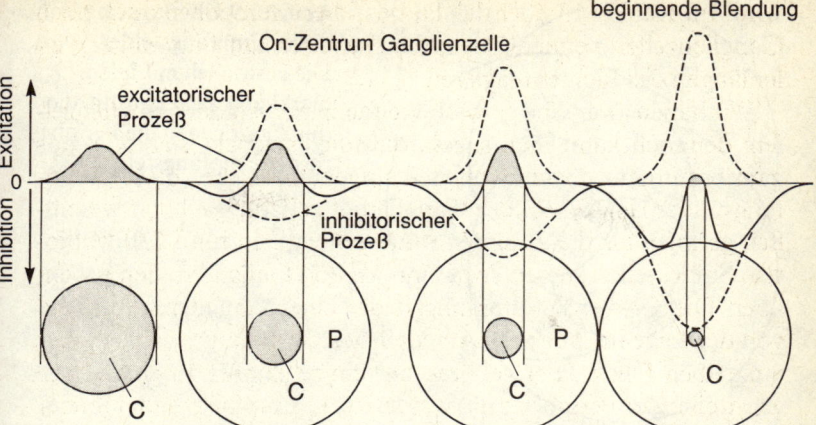

Abnahme des RF-Zentrumdurchmessers bei Zunahme der Leuchtdichte ➝

Abb. 10.8 Struktur der Empfangsfelder in Abhängigkeit von der allgemeinen Beleuchtungsstärke.
Die Kurven oben zeigen die Überlagerung des hypothetischen erregenden (excitatorischen) Prozesses mit dem hemmenden (inhibitorischen).
C = Zentrum, P = Peripherie.

mende Prozeß mit zunehmender Lichtstärke an Einfluß gewinnt und dadurch das Zentrum verkleinert. Mit der Verkleinerung des Zentrums nimmt die Sehschärfe zu. Erst bei einer sehr starken Beleuchtung verschwindet das Zentrum ganz, so daß dann keine richtige Formwahrnehmung mehr möglich ist und man das Licht als blendend empfindet. Man darf sich jedoch die Anordnung der Empfangsfelder keinesfalls wie nebeneinander liegende Mosaiksteinchen vorstellen. Tatsächlich überschneiden sich die Empfangsfelder benachbarter Ganglienzellen erheblich (Abb. 10.9). Das bedeutet, daß jede Sinneszelle ihre Information an mehrere Ganglienzellen liefert. Selbst ein winzig kleiner Punkt mit einem Durchmesser von einem zehntel Millimeter trifft viele Empfangsfelder gleichzeitig. Die Entdeckung der Empfangsfelder (in der Fachsprache rezeptive Felder genannt) war der Meilenstein in der

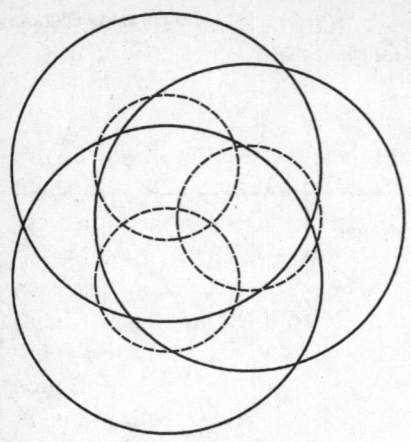

Abb. 10.9 Überlappung dreier Empfangsfelder. Die gestrichelten Linien markieren das Zentrum, die durchgezogenen die Peripherie der Empfangsfelder.

Erforschung des visuellen Systems. Denn erst jetzt war ein systematisches, zielgerichtetes Forschen möglich – auch auf den höheren Ebenen des visuellen Systems.

Fassen wir noch einmal die wichtigsten Punkte über die Empfangsfelder der Netzhaut zusammen:

1. Alle Sinneszellen, die die Aktivität einer bestimmten Zelle beeinflussen können, bilden deren Empfangsfeld.
2. Die Empfangsfelder in der Netzhaut sind etwa *kreisförmig*, bestehend aus einem *Zentrum* und einer *Peripherie* mit *antagonistischer* Wirkung.
3. Man unterscheidet *An*-Zentrum-Nervenzellen von *Aus*-Zentrum-Nervenzellen, wobei die An-Zentrum-Nervenzellen bei Belichtung des Zentrums erregt und bei Belichtung der Peripherie gehemmt werden. Die Aus-Zentrum-Nervenzellen reagieren umgekehrt.
4. Die Empfangsfelder überlappen sich sehr stark.

Wir sehen also, daß die Netzhaut die eintreffenden Lichtreize in hochinteressanter Weise verarbeitet. Es ergeben sich für uns daraus nun zwei Fragen:

1. Welche Vorgänge in der Netzhaut sind für das Zustandekommen der Empfangsfelder verantwortlich?

2. Welchen Nutzen hat die Verarbeitung in Form von Empfangsfeldern für die optische Wahrnehmung?

e) Wie kommen Empfangsfelder zustande?

Wir wollen uns zunächst der ersten Frage zuwenden. Die Organisation eines solchen Empfangsfeldes wird natürlich verursacht durch die komplexen Verschaltungen der verschiedenen Nervenzellen in der Netzhaut. Aus der Organisation eines Empfangsfeldes, das ja aus zwei antagonistischen Teilen besteht, läßt sich schon von vornherein sagen, daß neben erregenden auch hemmende Prozesse hier eine Rolle spielen müssen, daß also hemmende Substanzen beteiligt sind. Doch welche Vorgänge finden im einzelnen in der Netzhaut statt? Der Leser soll sich nun nicht der Illusion hingeben, daß hier schon alle Vorgänge bis in die letzten Einzelheiten geklärt sind. Gewiß haben sehr viele Forscher die Netzhaut untersucht und hierzu auch die verschiedensten Versuchstiere wie Frösche, Tauben, Säugetiere, auch niedere Tiere wie z. B. Krabben, verwendet. Viele Mosaiksteinchen wurden so in Kleinarbeit zusammengetragen. Doch mit der Gewinnung neuer Erkenntnisse treten auch neue Fragen auf, und die Forscher sind immer wieder erstaunt, wieviel Neues noch zutage tritt. So hat man feststellen können, daß es in Wirklichkeit nicht nur fünf verschiedene Zellarten in der Netzhaut gibt, sondern daß es zu den einzelnen Zelltypen noch einmal eine große Zahl von Untertypen gibt. Allein für die Amakrinen fand man bisher ca. 30 Untertypen, die sich in der Gestalt und den Überträgersubstanzen ihrer Synapsen unterscheiden. Ideal wäre es natürlich, wenn man für ein Empfangsfeld einen ganz genauen Schaltplan aufstellen könnte: Wenn man also im einzelnen angeben könnte, welche Zellen miteinander verbunden sind, welcher Art ihre Synapsen sind und welche Wirkungen die einzelnen Zellen auf das Empfangsfeld haben.

Dies ist natürlich bei einem hochkomplexen biologischen System ein höchst schwieriges Unterfangen. Man muß sich also zunächst mit allgemeineren Erkenntnissen zufriedengeben. Bei der Erforschung ist hier die Zusammenarbeit der verschiedensten Disziplinen nötig. So muß die Anatomie der Netzhaut untersucht werden. Um sehr feine Aufschlüsse zu bekommen, z. B. über spezielle Feinheiten der Synapsen, kann hier sogar ein Elektronenmikroskop nötig sein. Es müssen biochemische Untersuchungen angestellt werden, um herauszufinden, welche Überträgersubstanzen an den Synapsen wirksam sind. Und schließlich müssen natürlich noch die elektronischen Eigenschaften untersucht werden.

Eine besondere Bedeutung kommt hier der elektrischen Untersuchung der Zellen zu. Die Technik, die die Forscher dafür anwenden, ist uns bereits geläufig. Sie untersuchen mit einer feinen Elektrode die anderen Typen der Netzhaut, also die Bipolaren, die Horizontalzellen und die Amakrinen. Die Elektrode muß also in die entsprechende Zelle eingestochen werden, und Spannungsänderungen werden in Abhängigkeit von speziellen Lichtreizen, die auf die Netzhaut des Versuchstieres projiziert werden, untersucht. Zu Beginn dieser Forschungen mußte im Anschluß an die elektrische Untersuchung die Zelle noch anatomisch charakterisiert werden, denn es war dem Zufall überlassen, welche Zelle man mit der Elektrode fand. Dazu hat man nach der elektrischen Ableitung einen Farbstoff durch die Elektrode in die entsprechende Nervenzelle injiziert. Dieser Farbstoff wandert dann bis in die feinsten Verästelungen der entsprechenden Zelle. Anschließend mußte die Netzhaut unter dem Mikroskop untersucht werden, wobei die angefärbte Zelle dann gut zu erkennen war. Auf diese Weise konnte man feststellen, welchen Zelltyp man vorher elektrisch untersucht hat. Es stellte sich jedoch bald heraus, daß ein enger Zusammenhang jeweils zwischen dem elektrischen Verhalten und dem Zelltyp bestand, so daß man bei späteren Untersuchungen bereits aus der elektrischen Untersuchung allein wußte, um welchen Zelltyp es sich handelte. Man sieht aber auch, daß der Aufwand an Versuchstieren hier sehr groß ist, denn um eine oder nur wenige Zellen zu untersuchen, brauchte man jeweils eine ganze Netzhaut eines Tieres. Aus diesem Grund hat man auch gerne an niederen Tieren, wie z. B. der Krabbe Limulus, gearbeitet. Dies wirft aber natürlich wiederum das Problem auf, inwiefern sich die Ergebnisse, an einem solchen Tier gewonnen, auf andere Tiere und vor allem auch auf den Menschen übertragen lassen. Am ähnlichsten ist natürlich dem Menschen immer noch der Affe, so daß Untersuchungen an diesen hier am meisten Aufschluß bringen würden; man bevorzugt selbstverständlich Versuche, bei denen das Tier am Leben bleiben kann. Gewisse Gemeinsamkeiten treten bei allen Tieren auf, und wir wollen uns hier einige wichtige Ergebnisse ansehen. Als Grundlage des Verständnisses dient natürlich zunächst einmal das Aussehen und die Verschaltung der Zellen, also die Anatomie der Netzhaut. Es muß dann versucht werden, einen Zusammenhang zwischen den anatomisch erkennbaren Verschaltungen und den Ergebnissen der elektrophysiologischen Messungen herzustellen.

Betrachten wir den Schnitt durch die Netzhaut (Abb. 10.5), so sehen wir, daß jeweils mehrere Sinneszellen mit einer Bipolarzelle und wiederum mehrere Bipolarzellen mit einer Ganglienzelle verbunden sind (Abb. 10.10). Dies erklärt, warum relativ viele Sinneszellen Meldungen an eine Ganglienzelle machen können. Ande-

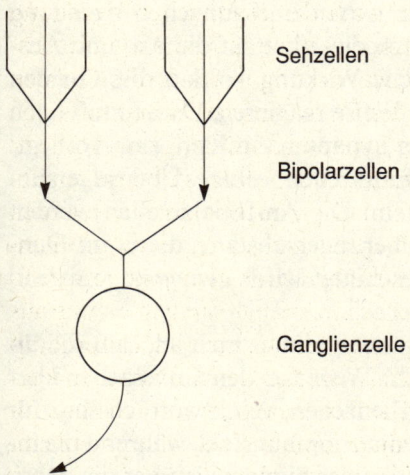

Sehzellen

Bipolarzellen

Ganglienzelle

Abb. 10.10 Sehr stark schematisierte Darstellung der Verschaltung von Sehzellen, Bipolarzellen und Ganglienzellen. Dabei ist nicht berücksichtigt, daß eine Sehzelle auch mit mehreren Bipolarzellen und eine Bipolarzelle mit mehreren Ganglienzellen verbunden sein kann.

rerseits kann eine Sinneszelle ihrerseits mit mehreren Bipolarzellen verbunden sein. Tatsächlich findet man bereits auf der Ebene der Bipolarzellen zwei verschiedene Typen, nämlich An-Bipolarzellen und Aus-Bipolarzellen. Diese besitzen Empfangsfelder, die denen der Ganglienzellen gleichen, nur daß sie etwas kleiner sind. Die An-Bipolarzellen werden bei Einfallen von Licht auf das Zentrum erregt, auf die Peripherie gehemmt. Bei den Aus-Bipolarzellen ist es umgekehrt. Die An-Bipolarzellen geben nun ihre Meldungen weiter an die An-Zentrum-Ganglienzellen, die Aus-Bipolarzellen an die Aus-Zentrum-Ganglienzellen. Die Unterscheidung zwischen »An« und »Aus« wird also bereits auf der Ebene der Bipolarzellen getroffen.

Auf welche Weise wird nun diese Unterscheidung getroffen? Welche Bipolarzellen reagieren also bei Belichtung einer bestimmten Sehzelle im Zentrum auf Erregung und welche werden gehemmt? Entscheidend sind hierfür die *Synapsen*, also die Verbindungsstellen zwischen Sinneszellen und Bipolarzellen. Die Sinneszellen geben an ihren synaptischen Endigungen nur *eine Art* von Überträgersubstanz ab, doch diese hat auf die An- und Aus-Bipolarzellen eine gegensätzliche Wirkung, so daß diese beiden Zelltypen in entgegengesetzter Weise reagieren. Dabei muß noch angemerkt werden, daß an den Synapsen ein Kuriosum vorliegt: Bei Belichtung wird von den Sinneszellen *weniger* Überträgersubstanz abgegeben als im Dunkeln. Die An-Bipolarzellen werden dementsprechend durch die Überträgersubstanz, die ja im Dunkeln in größerer Menge ausgeschüttet wird, *gehemmt*, während die Aus-Bipolarzellen erregt werden.

Aufgrund der Größenverhältnisse nimmt man an, daß die direkten Verbindungswege, also die Wege von den Sinneszellen über die Bipolarzellen zu den Ganglienzellen, verantwortlich sind für die Ausbildung des Zentrums vom Empfangsfeld, während die indirekten Wege, also die Wege von der Sinneszelle über die *Horizontalzelle* und die Bipolarzelle zur Ganglienzelle, die Peripherie bilden. Tatsächlich ist jede Sinneszelle sowohl mit Bipolarzellen als auch mit Horizontalzellen verbunden. Für die Annahme, daß die Horizontalzellen für die Ausbildung der Peripherie verantwortlich sind, sprechen im wesentlichen zwei Befunde: Zum einen ist das Empfangsfeld der Horizontalzelle wesentlich größer, d. h., daß auch weiter außen liegende Sinneszellen über diese Horizontalzellen indirekt mit der entsprechenden Ganglienzelle verbunden werden können. Zum anderen hat man gefunden, daß Horizontalzellen über hemmende Synapsen eine antagonistische Wirkung zwischen benachbarten Netzhautbereichen ausüben; wird somit ein bestimmter Bereich erregt, so wird durch die Vermittlung der Horizontalzelle der benachbarte Bereich gehemmt. Es läßt sich also über die Horizontalzellen das antagonistische Verhalten zwischen Zentrum und Peripherie des Empfangsfeldes erreichen.

Vielfältig sind die Aufgaben der Amakrinen, denn man hat inzwischen eine Vielzahl verschiedener Typen gefunden. Man nimmt an, daß sie unter anderem eine Wirkung auf den zeitlichen Verlauf der Erregung bestimmter Ganglienzellen haben. So reagieren einige Ganglienzellen nur zu Beginn eines Lichtreizes im Zentrum stark, und die Erregung läßt auch bei anhaltendem Lichtreiz wieder nach.

Hiermit hätten wir in groben Zügen die wichtigsten Aufgaben der einzelnen Zelltypen umrissen. Sinneszellen, Bipolarzellen, Horizontalzellen und Amakrinen bilden noch keine Nervenimpulse, sondern weisen lediglich bei Erregung bzw. Hemmung eine langsame Änderung der Spannung zwischen Innen- und Außenseite auf. Untersuchungen an einigen Tierarten ergaben allerdings, daß auch die Amakrinen Nervenimpulse bilden. Bei einer Hemmung wird das bestehende Potential vergrößert, bei einer Aktivierung wird es verkleinert. Die Intensität der Erregung oder Hemmung kommt durch die Größe der Spannung zum Ausdruck. Wir haben also eine abgestufte Änderung der Spannung. Dies steht im Gegensatz zu den Nervenimpulsen, bei denen die Spannungsänderung ja immer gleich groß und sehr kurzzeitig ist, während bei den genannten Zelltypen die Spannungsänderung so lange anhält, wie der Reiz bestehen bleibt. Entsprechend der Änderung der Spannung wird die Aktivität an den Synapsen beeinflußt, d. h., bei einer Vergrößerung der Spannung kommt es zu einer verminderten Ausschüttung von Überträgersubstanz und umgekehrt.

Der Grund, warum im allgemeinen nur die Ganglienzellen mit Nervenimpulsen antworten, liegt wohl in der Entfernung, über die die Erregung übertragen werden soll. Die Ganglienzellen leiten ihre Information ja über den Sehnerv zum Gehirn über eine relativ weite Strecke. Die Netzhaut selbst dagegen ist sehr dünn, und es sind nur ganz kleine Entfernungen zurückzulegen. Tatsächlich eignen sich diese langsamen und abgestuften Spannungsänderungen nur für die Erregungsleitung über sehr kleine Entfernungen, da sie sehr rasch an Intensität verlieren und so die Information nicht erhalten bleiben könnte.

Das Endergebnis der gesamten Verschaltungen sind also schließlich die Nervenimpulse, die von den Ganglienzellen an das Gehirn weitergegeben werden. In der Netzhaut werden die Erregungen nicht nur weitergeleitet, sondern auch in hochkomplexer Weise bereits verarbeitet. Das Gehirn erfährt somit gar nicht mehr, was die einzelnen Sinneszellen empfangen haben, sondern nur noch das Ergebnis, das die Ganglienzellen senden.

Interessanterweise ist die Verarbeitung bei einigen Tieren in der Netzhaut noch komplizierter als bei den höheren Säugetieren. So soll der Frosch in der Netzhaut Zellen besitzen, die auf kleine, dunkle, unregelmäßig bewegte Objekte reagieren. Es könnte sich hier bereits um einen Mechanismus zur Erkennung von Beute handeln. Offensichtlich wurden mit der Höherentwicklung die komplexeren Verarbeitungsvorgänge in das Gehirn verlagert, um eine flexiblere Anpassung an veränderte Umweltbedingungen zu ermöglichen. Allerdings wollen wir nicht aus dem Gedächtnis verlieren, daß die Netzhaut selbst ja bereits einen Teil des Gehirns darstellt. Bei niedrigeren Tieren ist dies geradezu ein richtiges Minigehirn.

Die wichtigsten Forschungsergebnisse haben wir damit kennengelernt, und der Leser kann sich wohl jetzt vorstellen, wie hochkompliziert die Vorgänge sind. Es stellt sich uns aber die Frage, welchen Nutzen haben diese komplexen Verarbeitungsvorgänge, welche Bedeutung haben also diese Empfangsfelder für die Erkennung von Mustern?

f) Was bringen die Empfangsfelder für das Sehen?

Dies veranschaulichen wir uns am besten an einem konkreten Beispiel in Abb. 10.11. Wir stellen uns eine Hell-Dunkel-Grenze vor. Diese erhält man, wenn man ein weißes Blatt Papier auf einen dunklen Untergrund legt und betrachtet. Ein Teil der Netzhaut wird also beleuchtet, und die entsprechenden Sinneszellen erhalten viel Licht. Der unmittelbar angrenzende Bereich bleibt im Dunkeln, und die dort befindlichen Sinneszellen erhalten wesentlich weniger Licht. Wie wirkt sich dies nun auf verschiedene Ganglienzellen aus? Wir betrachten hier nur Empfangsfelder von An-Ganglienzellen. In der Abbildung sehen wir verschiedene Empfangsfelder, die zu verschiedenen Ganglienzellen gehören. Diese Empfangsfelder sind in der Zeichnung der Übersichtlichkeit wegen untereinander gezeichnet. Wir wissen aber schon, daß sich die Empfangsfelder sehr stark überlappen. Wir könnten sie uns also genausogut übereinander gezeichnet vorstellen. Nun sehen wir uns einfach der Reihe nach die Wirkung dieser Hell-Dunkel-Grenze auf die verschiedenen Empfangsfelder an. Das oberste Empfangsfeld befindet sich noch ganz im Dunkeln. Es ist also gleichmäßig dunkel, und wir haben keine besondere Veränderung der normalen Nervenimpulsaktivität, die ja in Ruhe niedrig ist.

Bei dem zweiten Empfangsfeld befindet sich das Zentrum noch vollständig im Dunkeln, während ein Teil der Peripherie beleuchtet wird. Dies hat eine Hemmung der Nervenimpulsaktivität zur Folge. Das nächste Empfangsfeld liegt mit dem Zentrum vollständig im Licht; es ist also lediglich ein Teil der Peripherie im Dunkeln, so daß es insgesamt zu einer Erregung kommt. Empfangsfeld Nummer 4, das sich vollständig im Licht befindet, zeigt nur eine leichte Erregung, da die Wirkung des Zentrums überwiegt. Diejenigen Ganglienzellen reagieren also am stärksten, bei denen die Hell-Dunkel-Grenze genau auf die Grenze zwischen Zentrum und Peripherie fällt. Beim Empfangsfeld 2 kommt es zur stärksten Hemmung und bei der Ganglienzelle 3 zur stärksten Erregung. Allgemein weisen Ganglienzellen, deren Empfangsfelder von der Hell-Dunkel-Grenze durchquert werden, eine Veränderung der Aktivität der Nervenimpulse auf. Im Gegensatz dazu haben je-

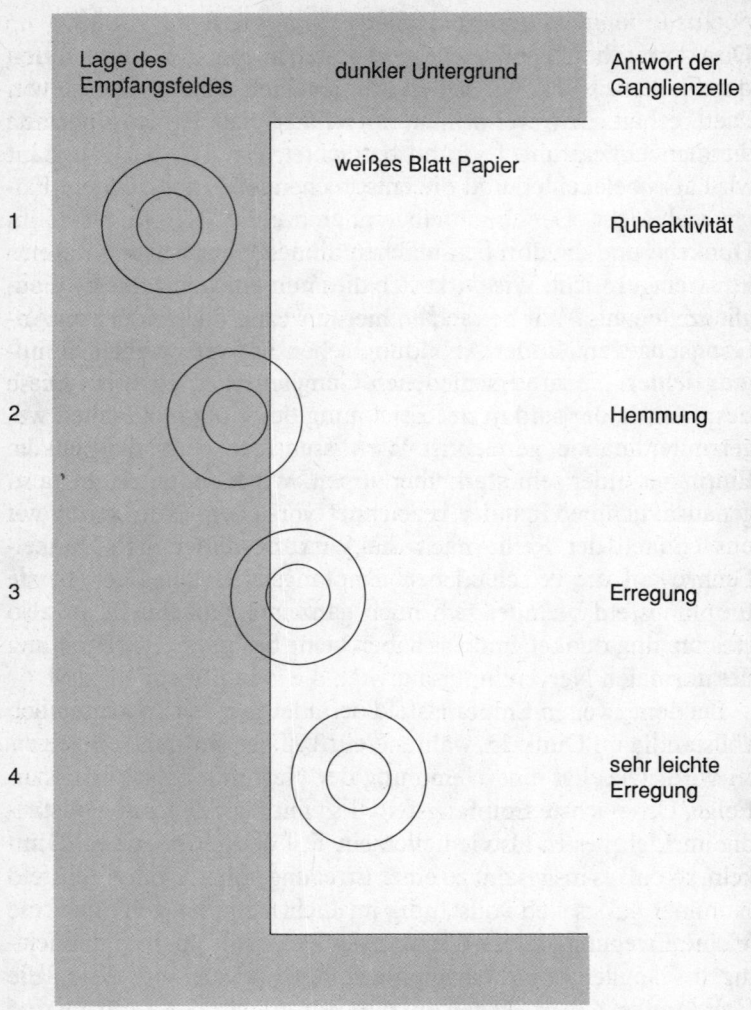

Abb. 10.11 Reaktionen von An-Zentrum-Ganglienzellen, deren Empfangsfelder an einer Hell-Dunkel-Grenze (weißes Papier auf dunklem Untergrund) eine unterschiedliche Lage haben.

doch die Ganglienzellen, deren Empfangsfelder vollständig im Dunkeln oder im Hellen liegen, keine wesentliche Veränderung der Ruheaktivität. Wir sehen daraus, daß die Empfangsfelder dazu dienen, *Unterschiede* in der Helligkeit zu melden. Kontraste werden dadurch also verstärkt.

Schön und gut, aber wie nehmen wir nun das Innere einer Fläche wahr?

Betrachten wir etwa eine helle, runde Fläche auf einem dunklen Untergrund, so erscheint uns doch die gesamte Fläche hell, obwohl, wie wir wissen, nur die Ganglienzellen mit den Empfangsfeldern an der Grenze eine deutliche Änderung der Aktivität aufweisen, d. h., die Ganglienzellen, deren Empfangsfelder innerhalb des weißen Kreises sind, haben nur eine geringfügig höhere Aktivität als die Ganglienzellen, deren Empfangsfelder am dunklen Untergrund sind. Wie kann nun unser Gehirn dies unterscheiden? Offensichtlich weiß das Gehirn, daß alle Ganglienzellen, die auf einer Seite der Grenze liegen und keine besondere Meldung geben, jeweils von der gleichen Helligkeit ausgeleuchtet werden wie die »Grenzganglien«. Das Gehirn berechnet sozusagen indirekt die Helligkeit innerhalb der Fläche aus den Meldungen der Grenzganglien.

Daß die Ganglienzellen tatsächlich Unterschiede in der Helligkeit melden, kann man auch sehr gut mit Experimenten zeigen. Man sucht zunächst im Tierversuch, etwa an bestimmten Affenarten, in der Netzhaut eine An-Ganglienzelle und dazu das entsprechende Empfangsfeld, wobei man mit Hilfe eines kleinen Lichtpunkts Zentrum und Peripherie genau lokalisiert. Dann beleuchtet man die gesamte Netzhaut mit einem gleichmäßigen Lichtreiz. Nur auf das Zentrum des Empfangsfeldes richtet man einen Lichtpunkt, der genau die Größe hat, um das Zentrum auszufüllen. Ganz langsam steigert man die Intensität dieses Lichtpunktes, und man findet eine Antwort der Ganglienzelle, sobald dieser zwei Prozent heller ist als der Hintergrund. Zeigt man Menschen diese Muster, so erfährt man, daß auch dies genau der Helligkeitsunterschied ist, bei der die Versuchsperson den Lichtpunkt vom Hintergrund unterscheiden kann.

Nun führt man den gleichen Versuch noch einmal durch, wobei allerdings die Hintergrundbeleuchtung fünfmal heller ist als bei dem ersten Versuch. Der Lichtpunkt wird wiederum schrittweise intensiviert. Auch jetzt findet man wieder eine Antwort der Ganglienzelle, sobald dieser Punkt zwei Prozent heller ist als der Hintergrund. Beim Experiment am Menschen ist dies wiederum die Lichtstärke, bei der der Lichtpunkt gesehen werden kann. Dieses Experiment zeigt also sehr deutlich, daß die Antwort der Ganglienzellen nicht von der absoluten Helligkeit des Lichtpunktes auf das Zentrum abhängt, sondern vom Unterschied zum Hintergrund. Daß es in unserem Sehsystem Mechanismen gibt, die den Kontrast verstärken, davon können wir uns sehr leicht selbst überzeugen, wenn wir die Abb. 10.12 betrachten. Der graue Pfeil auf dem weißen Hintergrund erscheint dunkler als auf dem dunklen Hintergrund, obwohl beide Pfeile in Wirklichkeit genau die gleiche Helligkeit aufweisen. Bei Abb. 10.13 erscheinen die weißen Gitterstreifen an den Kreuzungsstellen dunkler. Das heißt also, daß die weißen Flächen, die direkt neben einer schwarzen liegen, durch den antagonistischen Effekt aufgehellt werden. Dieser Effekt entfällt eben an den Kreuzungsstellen, und deswegen wirken diese dunkler. Der kleine schwarze Punkt in der mittleren Kreuzung wirkt auch aufhellend.

Ein anderes Experiment veranschaulicht ebenfalls dieses Phänomen. Bleibt eine Versuchsperson lange in einem völlig abgedunkelten Raum, so ist ihre Wahrnehmung nicht mehr »schwarz«, sondern ein »mittleres Grau«. Dieses Grau ist möglicherweise be-

Abb. 10.12 Optische Täuschung durch Kontrastverstärkung (Erklärung s. Text).

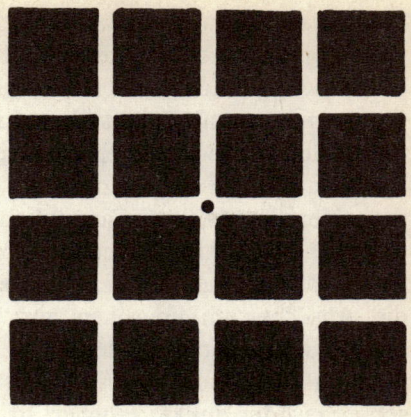

Abb. 10.13 Kontrastverstärkung. Die weißen Gitterstreifen wirken an den Kreuzungsstellen dunkler. Ausgenommen ist die Kreuzungsstelle mit dem schwarzen Punkt.

dingt durch die spontane Aktivität der Nervenzellen der Netzhaut und auch des zentralen visuellen Systems, über das wir noch sprechen werden. Wird nun plötzlich ein schwarz-weißes Schachbrett beleuchtet, so empfindet die Versuchsperson sofort die hellen Felder als weiß, die dunklen als schwarz, obwohl die schwarzen Felder nun wesentlich mehr Licht abstrahlen, als vorher im dunklen Raum auf das Auge einfiel. Auch hier sehen wir wieder die Relativität von hell und dunkel. Natürlich spielen dabei die Anpassungsvorgänge der Sinneszellen an die Lichtintensität eine Rolle. Der Vorteil dieses relativen Helligkeitssehens liegt auf der Hand, denn tatsächlich werden ja alle nicht selbstleuchtenden Gegenstände für uns erst sichtbar, wenn diese von einer Lichtquelle beleuchtet werden. Die Stärke dieser Lichtquelle kann nun sehr unterschiedlich sein. Allein schon die Stärke des Sonnenlichts hängt von der Tageszeit und der Witterung ab. So können schwarze Buchstaben einer Schrift im Freien bei Sonnenschein mehr Licht abstrahlen, als die weiße Fläche des Papiers im Innern eines mäßig beleuchteten Raumes; dennoch wird sowohl im Freien als auch im Raum schwarz und weiß immer richtig erkannt.

Es stellt sich noch die Frage, warum es zwei Typen von Ganglienzellen, nämlich An-Zentrum- und Aus-Zentrum-Nervenzellen, gibt. Interessanterweise hat schon aufgrund der subjektiven

Sinneswahrnehmungen der deutsche Physiologe Ewald Hering vor mehr als hundert Jahren postuliert, daß es zwei gegensätzlich arbeitende nervliche Systeme in der Netzhaut bzw. im visuellen System geben muß. Er hatte diese Idee also schon lange bevor Stephen Kuffler experimentell die beiden gegensätzlich arbeitenden Systeme, nämlich die An-Zentrum-Nervenzelle und die Aus-Zentrum-Nervenzelle, fand. Tatsächlich hat bei einer Aus-Nervenzelle ein dunkler Punkt die gleiche Wirkung wie ein heller Punkt auf dem Zentrum einer An-Nervenzelle. Es ist also anzunehmen, daß die Aus-Zentrum-Neuronen zur Wahrnehmung von dunklen Flecken auf hellerem Hintergrund dienen. Das Wahrnehmen von dunklen Flächen ist eigentlich gar nicht selbstverständlich, denn schwarze oder dunkle Flächen strahlen ja sehr wenig Licht ab, d. h., es trifft eigentlich kein oder nur ein sehr schwacher Reiz auf die Sinneszellen, und man müßte eigentlich annehmen, daß das Ausbleiben eines Reizes zu keiner Antwort, also auch zu keiner Wahrnehmung führt. Doch durch dieses Prinzip der gegensätzlich arbeitenden Systeme werden die dunklen Flächen in einer helleren Umgebung sehr deutlich gesehen. Erinnern wir uns daran, daß ja ein langes Verweilen in einem ganz schwarzen Raum tatsächlich zu einer Wahrnehmung im Graubereich führt.

Auch bei anderen Sinnesorganen findet man das Prinzip von gegensätzlich arbeitenden Systemen. So besitzt der Temperatursinn zwei gegensätzliche Typen von Sinneszellen, die einen für Wärme, die anderen für Kälte. Es läßt sich auch mit dem Temperatursinn keine absolute Temperatur messen. Dies zeigt bereits ein ganz simpler Versuch: Taucht man eine Zeitlang gleichzeitig die eine Hand in warmes und die andere Hand in kaltes Wasser und anschließend beide Hände zusammen in ein Gefäß mit lauwarmem Wasser, so fühlt sich die Temperatur dieses Wassers mit der Hand, die vorher im Kalten war, wärmer an als mit der anderen Hand, die vorher im Warmen war. Es werden also auch hier die Unterschiede registriert, und es ist keine absolute Temperaturmessung möglich. Der Temperatursinn arbeitet also vom Prinzip her ganz anders als ein Thermometer. Das gleiche gilt auch für den Lichtsinn, denn jeder Fotograf weiß, daß er bei seinem Fotoapparat die Belichtung mit einem Belichtungsmesser direkt messen kann. Mit dem Auge allein ist keine zuverlässige Abschätzung der absoluten Helligkeit möglich.

Wir haben nun die erste Stufe des komplexen Verarbeitungsprozesses im visuellen System kennengelernt. Dabei konnten wir wohl schon einigen Respekt vor diesem System gewinnen. Obwohl die Netzhaut sehr dünn ist, besteht sie aus mehreren Zellschichten mit verschiedenen Zelltypen, die in hochkomplizierter Weise miteinander verknüpft sind. Den Lichtsinneszellen kommt dabei im gesamten visuellen System eine besondere Rolle zu, denn sie stellen die Vermittler dar zwischen der Außenwelt, also dem einfallenden Licht, und der Erregung im Nervensystem. Doch auch die anderen Nervenzellen der Netzhaut dienen keinesfalls nur zur Weiterleitung der so gebildeten Erregung, sondern sie sorgen bereits für eine komplexe Verarbeitung der Reize. Die eingegangene Information wird also in aufbereiteter Form von den Ganglienzellen an das Gehirn weitergeleitet.

Betrachten wir nun den Weg dieser Information von der Netzhaut zum Gehirn.

11. Die Sehbahn

Die Abb. 11.1 zeigt uns schematisch den weiteren Weg der Information von den Augen bis zum Sehfeld am Hinterhauptslappen. Zunächst treffen sich die Sehnerven der beiden Augen an der Schädelbasis zu einer Überkreuzungsstelle, wo ein Teil der Nervenfasern die Seite wechselt. Die Nervenfasern ziehen dann weiter zum seitlichen Kniehöcker, einem Teil des Thalamus. Dort werden die Nervenbahnen umgeschaltet und ziehen strahlenförmig weiter zur Sehrinde am Hinterhauptslappen. Ein Teil der Nervenbahnen zieht nach der Überkreuzungsstelle, jedoch nicht zum seitlichen Kniehöcker, sondern zu zwei weiteren Hirnregionen, und zwar einmal in das Mittelhirn zum sogenannten vorderen Vierhügelpaar (Colliculi superiores) und zum anderen zur prätectalen Region.

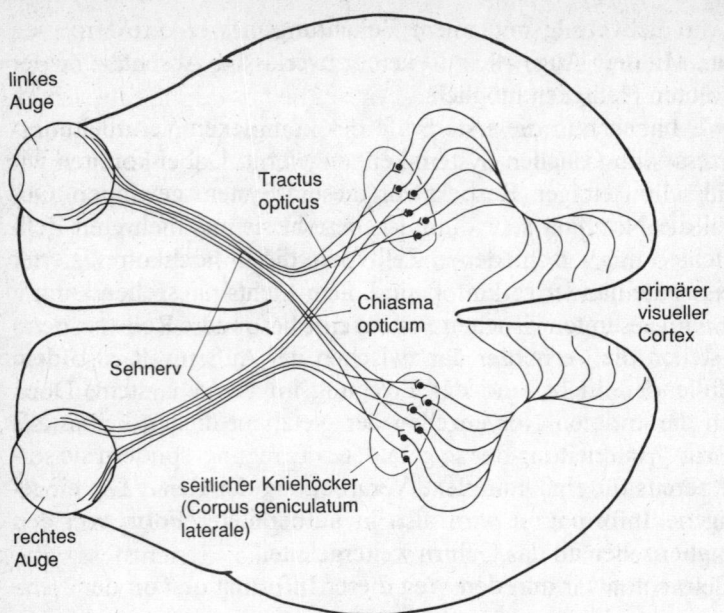

Abb. 11.1 Schematische Darstellung der Sehbahn des Menschen. Chiasma opticum = Sehnervenkreuzung; Tractus opticus = Nervenbahnen von der Sehnervenkreuzung zum seitlichen Kniehöcker; primärer visueller Cortex = primäre Sehrinde.

Nachdem wir nun die Sehbahn kurz umrissen haben, wenden wir uns den Vorgängen im einzelnen zu. Der Sehnerv jeden Auges besteht beim Menschen aus etwa einer Million Nervenfasern. An der Überkreuzungsstelle der Schädelbasis bleibt jeweils die Hälfte aller Nervenfasern jedes Sehnervs auf der gleichen Seite, während die andere Hälfte der Nervenfasern zur anderen Seite überwechselt. Nach dieser Überkreuzungsstelle besteht also der wegziehende Nerv jeweils zur Hälfte aus Nervenfasern, die vom rechten Auge stammen, und zur anderen Hälfte aus Nervenfasern vom linken Auge.

Die Überkreuzung der Nervenbahnen erfolgt jedoch nicht willkürlich, sondern genau in der Weise, daß jeweils die Nervenfasern, die von der linken Netzhauthälfte der beiden Augen stammen, zur linken Gehirnhälfte ziehen, während die Nervenfasern, die jeweils zur rechten Netzhauthälfte gehören, zur rechten Hirnhälfte ziehen. Wenn wir berücksichtigen, daß das vom Menschen wahrgenommene Bild auf der Netzhaut umgekehrt und seitenverdreht abgebildet wird, so folgt daraus, daß auf den rechten Netzhauthälften jeweils die linke Hälfte des Gesichtsfeldes wahrgenommen wird und umgekehrt. Befindet sich also auf der linken Seite eines Tisches ein Ball und auf der rechten Seite ein Bleistift, so wird der rechts liegende Bleistift auf den beiden linken Netzhauthälften abgebildet, und die Information hierüber gelangt in die linke Gehirnhälfte. Der links liegende Ball dagegen wird von den rechten Netzhauthälften aufgenommen, und die Information gelangt in die rechte Hirnhälfte.

Wir haben bereits bei dem Experiment an Patienten mit durchtrenntem Balken über diese Dinge gesprochen. Hier wurden den Versuchspersonen Gegenstände nur in eine Gesichtsfeldhälfte projiziert. Für die Nervenbahnen des Tastsinns gibt es auch eine solche Überkreuzung, denn der Tastsinn der rechten Hand wird in der linken Hirnhälfte verarbeitet und umgekehrt.

Die beiden Gesichtsfeldhälften werden also getrennt in den beiden Hirnhälften bearbeitet. Andererseits erhält aber jede Hirnhälfte die Information von beiden Augen. Dies dient, wie wir bereits früher besprochen haben, dem räumlichen Sehen, denn so ist jede Gehirnhälfte in der Lage, die von den beiden Augen stammenden Bilder miteinander zu verarbeiten. Interessant ist es hier vielleicht, die Verhältnisse bei einigen Tieren zu betrachten. Beim Frosch bekommt jede Hirnhälfte nur die Information von einem Auge, so daß dieses Tier überhaupt kein räumliches Sehvermögen besitzt. Ratte oder Kaninchen besitzen nur ein teilweises räumliches Sehvermögen, denn es kommt nur zu einer unvollständigen Überkreuzung. Die genannten Tiere haben seitlich angeordnete Augen, so daß sich die Gesichtsfelder der beiden Augen sowieso nur wenig überlappen und es nur einen kleinen Ausschnitt des Gesichtsfeldes gibt, der tatsächlich von beiden Augen gemeinsam wahrgenommen wird. Es leuchtet natürlich ein, daß höhere Säugetiere, wie etwa die Affen, dringend ein gutes räumliches Sehvermögen benötigen, denn man kann sich vorstellen, daß ein Affe, der von Baum zu Baum springt und die Entfernung des Astes nicht richtig abschätzen kann, natürlich nicht sehr weit kommen und auch wenig Gelegenheit haben wird, seine Erbinformation weiterzugeben. Doch kehren wir wieder zurück zur Sehbahn des Menschen.

Von der Überkreuzungsstelle aus zieht nun der größte Teil der Nervenbahnen zu den beiden, nach ihrer Form benannten, seitlichen Kniehöckern des Thalamus. Im seitlichen Kniehöcker herrscht eine strenge Ordnung. Er besitzt sechs Schichten von Nervenzellen, wobei jede Schicht nur mit den Nervenfasern von *einem* Auge verbunden ist. Die Information aus den beiden Augen gelangt also im seitlichen Kniehöcker zu voneinander getrennten Schichten. Die Nervenfasern von den Augen enden im seitlichen Kniehöcker, und die Information wird über Synapsen auf neue Nervenzellen übertragen, deren Fasern zur Sehrinde weiterziehen. Der seitliche Kniehöcker ist also eine Umschaltstelle auf dem Weg zum Gehirn. Die räumliche Ordnung der Netzhaut bildet sich auf die räumliche Ordnung dieses Kniehöckers ab, die Nervenfasern, die von benachbarten Netzhautbereichen stammen, enden auch an benachbarten Bereichen des Kniehöckers. Diese Ordnung ist übrigens im gesamten visuellen System verwirklicht, d. h., daß immer Nervenfasern, die Information von benachbarten Netzhautbereichen liefern, wiederum benachbart bleiben. Allerdings ist dieses Abbild nicht mit dem einer Landkarte vergleichbar, da die Größenverhältnisse nicht gewahrt bleiben, sondern es ist so, daß das Abbild des gelben Flecks der Netzhaut einen verhältnismäßig großen Raum einnimmt. Dies zeigt deutlich, daß die Verarbeitung der Seheindrücke aus dem Bereich des gelben Flecks besonders detailliert erfolgt.

Man kann nun, wie wir dies bereits von der Netzhaut her kennen, mit Hilfe von Elektroden die Empfangsfelder der Nervenzellen des seitlichen Kniehöckers bestimmen. Man findet hier eigentlich genauso wie in der Netzhaut (Retina) konzentrisch organisierte Empfangsfelder mit einem kreisförmigen Zentrum und einer ringförmigen Peripherie, ebenso zwei Typen, nämlich An- und Aus-Zentrum-Neurone. Wozu hier eine Umschaltung erfolgt, ist noch ziemlich unklar, denn rein elektrophysiologisch läßt sich im Kniehöcker nichts Neues erkennen. Man wird hier also weitere intensive Forschungen betreiben müssen, um die Bedeutung dieses seitlichen Kniehöckers herauszufinden. Vom seitlichen Kniehöcker ziehen die Nervenbahnen, wie in der Abb. 11.1 zu sehen ist, weiter zum »primären visuellen Cortex«, also der primären Sehrinde. Das Wort Cortex (Rinde) rührt von der Form dieses Gehirnteils her. Von dort aus bestehen dann Verbindungen zu den zweiten und dritten visuellen Feldern und höheren visuellen Assoziationsregionen, die sich ebenfalls im Hinterhauptsbereich oder dem Scheitelbereich der Großhirnrinde befinden. Von den visuellen Regionen aus gibt es weiterhin zahlreiche Verbindungen zu anderen Gehirnarealen, wie etwa zum Lesezentrum, so einem bestimmten Muster ein Buchstabe oder ein Wort zugeordnet wird. Von da aus kann die Information dann zum Sprachzentrum weitergegeben werden, so wie wir das schon im Kapitel 6 über das Gehirn kennengelernt haben.

Warum ziehen nun aber einige Nervenbahnen nach der Überkreuzungsstelle noch in andere Gehirnregionen? Das vordere Vierhügelpaar hat unter anderem die wichtige Aufgabe, die schnellen Augenbewegungen zu steuern. Auch beeinflußt dieser Bereich die Reflexe bei der Bewegung von Kopf und Nacken. Wir sehen also, daß zumindest die schnellen Augenbewegungen, über die wir noch ausführlicher sprechen werden, unbewußt erfolgen. Sie werden also nicht erst durchgeführt, wenn schon in der Hirnrinde eine bewußte Sehwahrnehmung erfolgt ist, sondern sie geschehen unbewußt über dieses andere Hirngebiet. Allerdings erhält das vordere Vierhügelpaar auch Information aus der Sehrinde. Die sogenannte prätectale Region beeinflußt die Pupillenreflexe, durch die also die Anpassung an unterschiedliche Helligkeit erfolgt. Auch dies geht, wie wir ja bereits sahen, automatisch und wird nicht willentlich gesteuert, nachdem eine Wahrnehmung erfolgt ist.

Fassen wir die wesentlichen Vorgänge in der Sehbahn zusammen, so läßt sich sagen, daß die Nervenbahnen neu geordnet und auf neue Nervenbahnen verschaltet werden. Eine tiefgreifende Informationsverarbeitung scheint hier jedoch nicht stattzufinden.

Wenden wir uns nun dem interessantesten und geheimnisvollsten Gebiet des visuellen Systems zu, nämlich der Sehrinde.

12. Die Sehrinde

a) Geschichte ihrer Erforschung

Die visuelle Information erfährt zwar auf dem Weg von den Lichtsinneszellen über den seitlichen Kniehöcker eine gewisse Verarbeitung, doch der bewußte Seheindruck entsteht erst in der Hirnrinde. Inzwischen kennt man viele Einzelheiten über die Struktur und Funktion der Sehrinde; den Weg ihrer Erforschung wollen wir kurz nachzeichnen. Dabei knüpfen wir an das an, was wir bereits im Kapitel 6 über das Gehirn erfahren haben.

Zunächst wurde die Anatomie des Großhirns genau untersucht. So fand man Ende des 18. Jahrhunderts, daß sich das Großhirn in eine graue Rinde, die sogenannte graue Substanz, und ein weißes Mark, die sogenannte weiße Substanz, unterteilen läßt (vgl. Abb. 6.8). Heute weiß man, daß die graue Rindensubstanz aus den Zellkörpern der Nervenzellen besteht, während in der weißen Substanz die Nervenfasern verlaufen. Die graue Substanz wurde damals noch als einheitliche Schicht dargestellt. Erst der Italiener Francesco Gennari entdeckte in der Rindenschicht einen weißen Streifen. Dieser war in verschiedenen Regionen des Großhirns unterschiedlich stark ausgeprägt. Vor allem in dem heute als primäre Sehrinde bekannten Bereich war er besonders deutlich erkennbar. Dieser Streifen wurde schließlich nach dem Forscher »Gennari-Streifen« benannt, und das entsprechende Großhirnareal heißt auch heute noch »Streifencortex« oder »Area striata«. Gennari wußte allerdings noch nichts über die Aufgabe dieses Rindenbereiches. Er vermutete aber bereits, daß mit der unterschiedlichen Struktur verschiedener Rindenbereiche auch verschiedene Aufgaben verknüpft sind. Über die Erforschung der Aufgaben der einzelnen Rindenbereiche haben wir schon im Kapitel 6 ausführlich berichtet.

Wie wurde nun aber speziell das Sehfeld gefunden? Hier gab es zunächst Irrwege, wie so häufig in der Wissenschaft. So untersuchte der britische Neurologe und Physiologe David Ferrier Ende des 19. Jahrhunderts Affen. Er entfernte bei diesen Tieren operativ bestimmte Hirnwindungen und untersuchte die Folgen. So schnitt er auf beiden Seiten eine bestimmte seitliche Hirnwindung heraus und fand nun, daß die Tiere nicht mehr in der Lage waren, eine Tasse Tee, die vor ihnen stand, aufzuheben und daraus zu trinken, was vorher für diese Tiere kein Problem gewesen war. Daraus schloß er, daß die Tiere erblindet waren und die Tasse Tee deswegen nicht mehr finden konnten. Dies war nun allerdings ein typischer Trugschluß, denn in Wahrheit hatte er nicht das Sehzentrum zerstört, sondern einen Bereich, der besonders wichtig ist für die Kontrolle visuell gesteuerter Bewegung. Dieser Bereich hat die Aufgabe, Bewegungen sehr genau abzustimmen. Er befähigt also dazu, bestimmte kleine Steinchen aus einem größeren Haufen herauszupicken. Nachdem dieser Bereich zerstört war, konnten die Affen die zum Aufnehmen der Tasse nötigen Bewegungen nicht mehr koordinieren und ergriffen deshalb die Tasse nicht. Dieses Beispiel zeigt, wie vorsichtig man mit Schlußfolgerungen sein muß.

Der deutsche Physiologie-Professor Hermann Munk fand 1877 das wirkliche Sehzentrum am Hinterhauptslappen des Großhirns (Abb. 12.1). Eine feinere Untersuchung des primären Sehfeldes nahm der japanische Militärarzt Inouye vor. Er untersuchte im Japanisch-Russischen Krieg im Jahre 1904 und 1905 Soldaten mit Hirnverwundungen, die daraufhin Sehstörungen hatten. Der Erfolg seiner Forschungen beruhte auf einem merkwürdigen Umstand: Das neue Gewehr der Russen hatte ein kleineres Geschoß und eine höhere Geschwindigkeit. Diese Geschosse durchdrangen den Schädel oft, ohne die Schädeldecke zu zertrümmern. Die Verletzten gesundeten wieder und konnten so Inouye bei seinen Forschungen zur Verfügung stehen. Inouye versuchte nun, einen Zusammenhang herzustellen zwischen dem genauen Ort der Verlet-

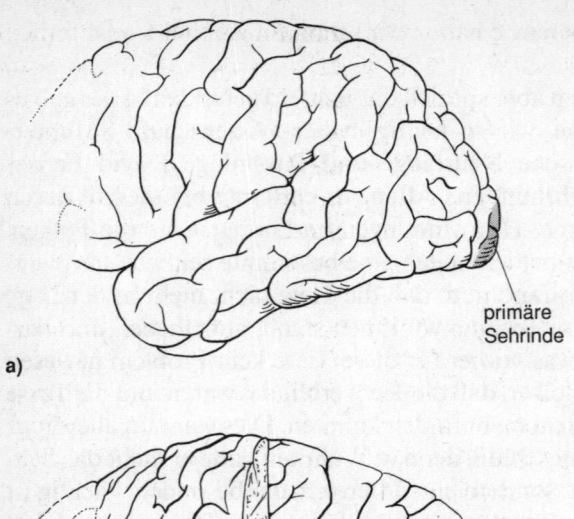

a)

primäre
Sehrinde

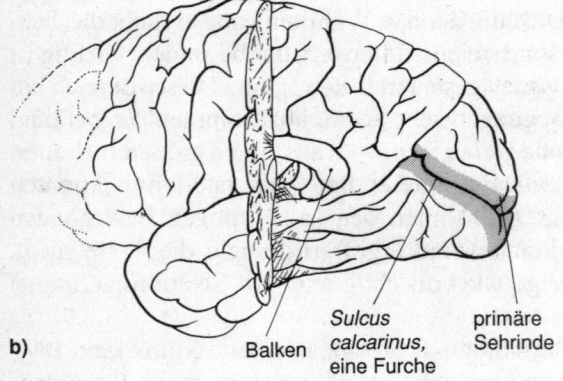

b)

Balken

Sulcus
calcarinus,
eine Furche

primäre
Sehrinde

Abb. 12.1 Lage des primären Sehfeldes auf der Großhirnrinde.
a) von der Seite; b) die gleiche Ansicht, nur eine Hirnhälfte entfernt, so
daß man die zur Mitte gelegene Oberfläche sieht.

zung der primären Sehrinde und dem Ausfall der Sehfähigkeit in
einem bestimmten Gesichtsfeldbereich. Er konnte also verschiedenen Bereichen der Netzhaut entsprechende Bereiche auf der primären Sehrinde zuordnen. So fand er, daß das Netzhautbild stark
verzerrt abgebildet wird. Der Rindenbereich, der dem gelben
Fleck entspricht, ist unverhältnismäßig groß im Vergleich zu dem
Bereich der peripheren Netzhaut.

Während des Ersten Weltkrieges entwickelten zwei englische Neurologen, Gordon Holmes und William Tindall Lister, ein ähnliches Schema zur Abbildung des Gesichtsfeldes auf der Sehrinde, das allerdings noch weiter verfeinert war. Schließlich konnten 1941 Wade Marshall und Samuel Talbot durch elektrophysiologische Untersuchungen ebenfalls nachweisen, daß benachbarte Bereiche auf der Netzhaut auf benachbarte Bereiche des primären Sehfeldes abgebildet werden.

Marshall und Talbot reizten hierzu die Netzhaut mit kleinen Punkten und untersuchten, welche Bereiche der primären Sehrinde erregt wurden. Diese Experimente wurden also durchgeführt, noch bevor Stephen Kuffler die Empfangsfelder auf der Netzhaut entdeckte. Die entscheidende Forschungsarbeit zur Aufklärung der Feinstruktur des Sehfeldes und dessen Funktion wurde schließlich von dem Schweden Torsten Wiesel und dem Amerikaner David Hubel geleistet. Sie erhielten für ihre Arbeiten 1981 den Nobelpreis für Medizin. Über ihre Arbeit werden wir im folgenden berichten.

b) Anatomie der Sehrinde

Die primäre Sehrinde befindet sich am Hinterhaupt. Bei geöffneter Schädeldecke ist von außen nur ein kleiner Bereich dieses Sehfeldes zu sehen. Erst wenn beide Hinterhauptslappen auseinandergeklappt werden und man auf die zur Mitte gelegene Oberfläche schaut, sieht man den größeren Teil dieses Rindenareals (Abb. 12.1b, rechts). Die Sehrinde ist eine Platte von Zellen mit etwa 2 mm Dicke und einer Oberfläche von einigen Quadratzentimetern. Ihr komplexer Aufbau läßt sich bereits an der Zahl der Zellen erkennen. Hat der seitliche Kniehöcker etwa 1,5 Millionen Zellen, so besitzt die Sehrinde etwa 200 Millionen!

Der für die visuelle Wahrnehmung zuständige Rindenbereich wird von den Forschern in verschiedene Untereinheiten zerlegt. Die erste Station, wo die Bahnen des seitlichen Kniehöckers enden, ist das sogenannte primäre Sehfeld. Dieses wird auch als Area 17 oder V1 bezeichnet. Im Anschluß daran folgen höhere Rindenfelder, die dann als Area 18, 19 usw. oder auch als V2, V3 usw.

bezeichnet werden. Doch mit Feinheiten der Numerierung brauchen wir uns nicht herumzuschlagen. Für uns reicht es vollkommen aus, wenn wir eine grobe Unterteilung in ein primäres Sehfeld und sekundäre bzw. höhere Sehfelder vornehmen. Wichtig ist jedoch, daß jedes Sehfeld eine mehr oder weniger vollständige Repräsentation der Netzhaut darstellt. Das heißt also, Reizung eines bestimmten Netzhautareals bewirkt jeweils eine Antwort in einem bestimmten Bereich dieses Sehfeldes. Ein Sehfeld stellt also eine Karte der Netzhaut dar. Allerdings muß man natürlich daran denken, daß in jeder Gehirnhälfte nur jeweils die Hälfte der Netzhautoberflächen der beiden Augen abgebildet wird. Heute schätzt man, daß es in der Sehrinde des Affen mindestens fünfzehn verschiedene Sehfelder und beim Menschen möglicherweise noch mehr davon gibt. Wirklich gut untersucht ist bis jetzt allerdings nur das primäre Sehfeld, so daß wir auch den größten Teil unserer Ausführungen auf dieses Gebiet beschränken werden.

Um zu verstehen, wie die Sehrinde arbeitet, muß man natürlich zunächst etwas über ihren genauen Aufbau wissen. Gennari hatte als erster bemerkt, daß die Rinde unterteilt ist, eben durch diesen weißen Streifen. Heute weiß man, daß die Rinde im Bereich des primären Sehfeldes in sechs Schichten aufgeteilt ist, die sich jeweils im darin befindlichen Zelltypus und auch in der Dichte der Packung der Zellen unterscheiden. Die Schichten werden mit römischen Zahlen von I bis VI numeriert, wobei die Schicht IV nochmals in IVa, IVb und IVc unterteilt wird. Die verschiedenen Schichten sind untereinander durch Nervenfasern in komplizierter Weise verbunden. Die Nervenbahnen vom seitlichen Kniehökker enden fast alle in der Schicht IVc. Die Nervenzellen dieser Schicht sind wiederum verbunden mit den Lagen II und III, diese wiederum haben Verknüpfungen mit weiteren Schichten.

Den Weg der Information vom Auge zum Gehirn darf man sich nun aber keinesfalls als Einbahnstraße mit einer Endstation vorstellen, sondern es gibt auch viele Rückverbindungen, also Schleifen, mit denen die Information zurücktransportiert wird. So gelangt Information von Schicht V wieder zur Schicht IV zurück. Ebenso führen Nervenbahnen vom primären Sehfeld zurück zum seitlichen Kniehöcker oder zum vorderen Vierhügelpaar. Diese Rückmeldungen spielen möglicherweise auch eine wichtige Rolle bei der Entstehung einer Wahrnehmung, jedoch ist über deren Aufgabe im einzelnen noch nicht sehr viel bekannt. Andererseits führen Nervenbahnen vom primären Sehfeld zu den höheren Sehfeldern. Wir sollten uns nicht von den Einzelheiten dieser Verknüpfungen verwirren lassen, aber doch im Auge behalten, daß zwischen den einzelnen Schichten des primären Sehfeldes, den anderen Sehregionen und auch weiteren Gehirnteilen recht komplizierte Wechselwirkungen bestehen.

Die Untersuchungen zum Aufspüren dieser Verknüpfungen führten Charles Gilbert und Torsten Wiesel durch. Sie injizierten in einzelne Neuronen durch eine Mikropipette eine bestimmte Substanz und markierten auf diese Weise die entsprechende Nervenzelle. So konnten sie den genauen Bau und auch die Verknüpfungen mit anderen Nervenzellen feststellen. Torsten Wiesel und David Hubel führten ein sehr interessantes Experiment durch, um die Verbindung jeweils eines Auges mit entsprechenden Hirnteilen zu untersuchen. Sie spritzten narkotisierten Affen radioaktive Aminosäuren, also Eiweißbausteine, in das Innere *eines* der beiden Augen. Die radioaktiven Substanzen werden dann tatsächlich von den Netzhautzellen aufgenommen und dort in Eiweiße eingebaut. Diese werden nun durch die Nervenfasern weitertransportiert zum seitlichen Kniehöcker. Hier gelangt dann die Radioaktivität nur in ganz bestimmte Schichten desselben. Im Kapitel 11 über die Sehbahn haben wir ja bereits gehört, daß Nervenbahnen von einem Auge nur in ganz bestimmten Schichten enden. Dies wurde also mit diesem Experiment ermittelt.

Die radioaktiven Substanzen gelangen nun im seitlichen Kniehöcker über die Synapsen in die weiterführenden Nervenbahnen schließlich bis in die Sehrinde. Um herauszufinden, wo sich die Radioaktivität im Gehirn ansammelt, muß das Gewebe des Gehirns später in ganz dünne Streifen geschnitten werden, die dann im Dunkeln auf einen strahlungsempfindlichen Film gelegt werden. Das Ergebnis des Versuchs sieht man auf der Abb. 12.2. In der Schicht IVc findet man ein charakteristisches Streifenmuster,

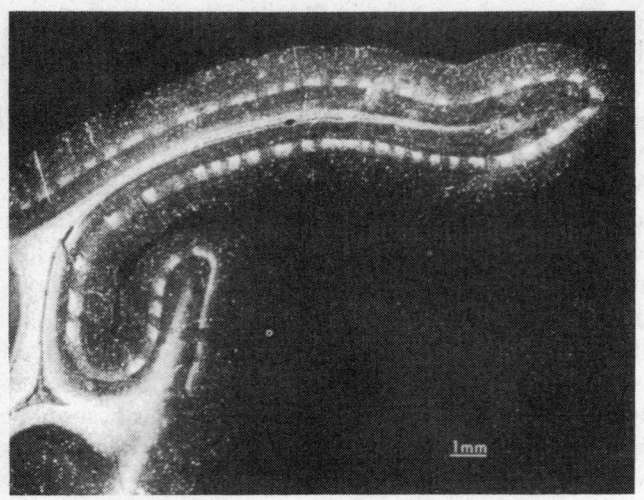

Abb. 12.2 Ergebnis der radioaktiven Markierung der primären Sehrinde durch Einspritzen einer radioaktiven Substanz in **ein** Auge. Die hellen Flächen entsprechen radioaktiven Bereichen. In der Schicht IVc wechseln jeweils radioaktive Bereiche (hell) mit nicht radioaktiven (dunkel) ab.

d. h., es wechseln sich jeweils radioaktiv markierte Bereiche (hell) mit nichtmarkierten (dunkel) ab. Das bedeutet, daß jeweils kleine Bereiche mit dem einen Auge und benachbarte Bereiche jeweils mit dem anderen Auge verbunden sind. Zellen, die wie hier nur mit einem Auge verbunden sind, bezeichnet man auch als monokular. In den anderen Schichten befinden sich viele Zellen, die gleichzeitig mit beiden Augen verbunden sind, sogenannte binokulare Zellen. Bei Affen sind dies in der primären Sehrinde etwa 60 Prozent aller Nervenzellen. Über die genaue Wirkung der beiden Augen auf die einzelnen Zellen werden wir noch zu sprechen kommen. Die Kenntnis des genauen Aufbaus der Sehrinde und der Verknüpfung der verschiedenen Nervenzellen ist natürlich eine wichtige Voraussetzung, um die Sehrinde zu verstehen. Doch dies allein genügt natürlich nicht. Im Grunde genommen ist dies genauso wie bei der Netzhaut, denn man muß nun auch die physiologischen Eigenschaften der Zellen erkunden. Hierzu gehört vor allem herauszufinden, welche optischen Reize, die auf die Netzhaut treffen, bestimmte Zellen der Sehrinde zu einer Aktivität anregen können.

c) Empfangsfelder – wie im Auge so auch im Gehirn?
Wie wir bereits wissen, zeigen die Ganglienzellen der Netzhaut konzentrische Empfangsfelder. Auch die Zellen im seitlichen Kniehöcker weisen runde Empfangsfelder mit einem An- bzw. Aus-Zentrum und einem entgegengesetzt wirkenden Umfeld auf. Diese Zellen zeigen also noch recht einfache Eigenschaften.

Der Leser wird nun sicher schon vermuten, daß die Sehrinde in den Eigenschaften ihrer Zellen etwas völlig Neues vorzuweisen hat. Die Erforschung der Eigenschaften dieser Zellen war in der Tat alles andere als einfach, und David H. Hubel beschreibt in seinem Buch »Auge und Gehirn«, wie auch der Zufall der Forschung zu Hilfe kommen kann. Er und Torsten Wiesel untersuchten eine Zelle in der Sehrinde der Katze. Sie hatten hierzu eine Meßelektrode durch die Schädeldecke der Katze in diese Zelle eingeführt und wollten herausfinden, ob helle oder dunkle Punkte als Reiz dienen. Hierzu verwendeten sie kleine rechteckige Platten, einmal aus Glas mit einem dunklen Punkt darauf und einmal aus Messing mit einem kleinen Loch darin. Durch diese Platten wurde mit einem Diaprojektor Licht auf die Netzhaut projiziert. Sie mühten sich mit diesem Versuch viele Stunden lang ab, doch die Zelle reagierte nicht auf diese beiden Punkte. Dennoch trat während des Experimentierens immer wieder eine sehr starke Reaktion der Zelle auf. Hubel und Wiesel fanden schließlich heraus, daß die Zelle zwar nicht auf diese beiden Punkte reagierte, aber beim Einschieben der rechteckigen Platte in den Projektor reagierte die Zelle sehr stark auf die Kante dieser Platte. So erkannten sie rein zufällig, daß der wirksame Reiz für diese Zelle offensichtlich eine Kante ist. Dies war eine wichtige Erkenntnis, denn wie wir noch sehen werden, reagieren viele Zellen in der Sehrinde auf Kanten.

Nachdem nun sehr viele Zellen in der Sehrinde untersucht worden sind, weiß man, daß es die verschiedenartigsten Zellen gibt,

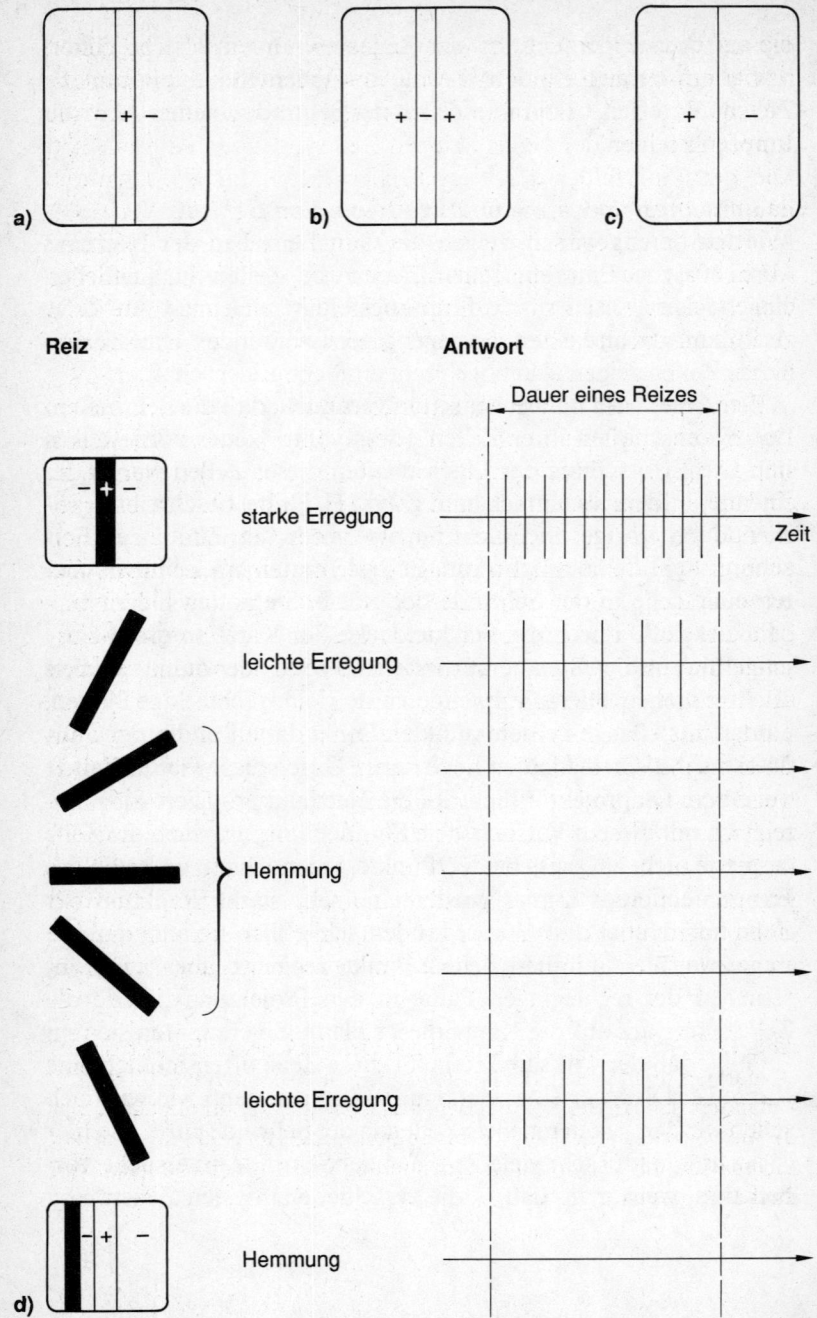

a)

b)

c)

Reiz

Antwort

Dauer eines Reizes

starke Erregung

Zeit

leichte Erregung

Hemmung

leichte Erregung

Hemmung

d)

die auf unterschiedlichste Reize reagieren. Der Übersichtlichkeit halber nimmt man eine Einteilung vor in einfache und komplexe Zellen. Wie diese Begriffe schon sagen, unterscheiden sich die Empfangsfelder der verschiedenen Zellen in ihrer Komplexität. Die Empfangsfelder der Nervenzellen in der Sehrinde wurden hauptsächlich an Katzen und an Affen untersucht. Die Versuchsanordnung ist genauso wie bei der Untersuchung der Netzhaut (Abb. 10.6), nur daß die Elektrode jetzt durch die Schädeldecke eingestochen wird. Es ist natürlich schwierig, eine geeignete Zelle zu finden, doch wurden die Methoden hierzu inzwischen verfeinert.

Betrachten wir nun die Empfangsfelder verschiedener Zellen. Dabei sollten wir uns noch einmal deutlich vor Augen führen, daß sich auch diese Empfangsfelder auf die Netzhaut beziehen, d. h., ein kleiner Bereich der Netzhaut hat einen Einfluß auf die entsprechende Zelle in der Sehrinde. Es gibt in der Sehrinde tatsächlich auch Zellen, die runde Empfangsfelder mit einem Zentrum und einem entgegengesetzt wirkenden Umfeld haben, so wie die Netzhaut und der seitliche Kniehöcker. Diese Zellen befinden sich ausschließlich in der Schicht IVc und sind alle monokular, werden also nur von einem Auge versorgt.

Man nimmt an, daß diese Zellen die erste Station in der Sehrinde darstellen. Doch die meisten sogenannten einfachen Zellen weisen keine runden Empfangsfelder mehr auf. Die Abb. 12.3 zeigt nun drei verschiedene Beispiele für Empfangsfelder von einfachen Zellen. Wir sehen sofort, daß es sich in allen drei Fällen jetzt um rechteckige Felder handelt. In a) besitzt das Empfangsfeld einen zentralen Bereich, der bei Belichtung zur Aktivierung der entsprechenden Sehrindenzelle führt. Dieser ist umgeben von zwei

Abb. 12.3 Drei Beispiele für Empfangsfelder einfacher Zellen a), b), c).
+ markiert den Bereich, der bei Belichtung zu einer Erregung führt;
– markiert den Bereich, der bei Belichtung zu einer Hemmung führt.
d) Antworten der Zelle mit dem Empfangsfeld der Abbildung a) auf Lichtbalken mit verschiedener Orientierung und Lage (Lichtbalken hier **dunkel** dargestellt).

Bereichen, die bei Belichtung eine Hemmung der Zelle bewirken. Bei Abbildung b) finden wir genau die umgekehrten Verhältnisse; in c) finden wir einen Bereich, der durch Licht zu einer Aktivierung führt, neben einem Bereich, der durch Licht eine Hemmung bewirkt. Die Abb. 12.3d) zeigt die Wirkung verschiedener Reize auf die Zelle der Abb. 12.3a). Ein heller Balken, der genau den aktivierenden Bereich des Empfangsfeldes bedeckt, bewirkt eine optimale Antwort der entsprechenden Nervenzelle. Befindet sich der Lichtbalken jedoch im hemmenden Bereich, so antwortet die Zelle nicht. Es erfolgt lediglich beim Ausschalten des Reizes eine leichte Antwort. Ein Lichtbalken, der von der richtigen Orientierung abweicht, löst je nach Abweichung nur eine schwache oder keine Antwort der Zelle aus, da der Balken auch mehr oder weniger in den hemmenden Bereich hineinragt. Wir sehen also, daß diese Zellen eine sehr starke Richtungsempfindlichkeit für den Reiz besitzen. Also nur Lichtbalken mit einer ganz spezifischen Orientierung bewirken eine optimale Antwort der Zelle. Wenn wir ein kompliziertes Muster betrachten, so bewirken lediglich Balken, die genau auf die richtige Stelle der Netzhaut treffen und die genau die richtige Orientierung aufweisen, eine Erregung der entsprechenden Nervenzelle in der Sehrinde. Die Untersuchung vieler solcher einfacher Zellen ergab nun, daß es für alle Richtungen Nervenzellen gibt, wobei keine Richtung, wie etwa senkrecht oder waagrecht, bevorzugt wird, d. h., die Zahl der Zellen für jede Richtung ist etwa gleich.

Die Zelle der Abb. 12.3 b) spricht optimal an auf einen dunklen Balken auf hellem Hintergrund, wobei sich der dunkle Balken genau in der Mitte und wiederum mit der richtigen Orientierung befinden muß. Die Zelle in Abb. 12.3 c) reagiert optimal auf eine Grenze zwischen hell/dunkel, und zwar dann, wenn diese Grenze genau mit der Trennnungslinie zwischen aktivierendem und hemmendem Teil des Empfangsfeldes zusammenfällt. Es liegt also auch hier eine Richtungsspezifität vor.

Wie kann man sich nun das Zustandekommen dieser richtungsempfindlichen Empfangsfelder vorstellen? Die Abb. 12.4 zeigt einen denkbaren Schaltplan. Es sind hier also Zellen mit runden

rezeptive Felder   **Zellen**

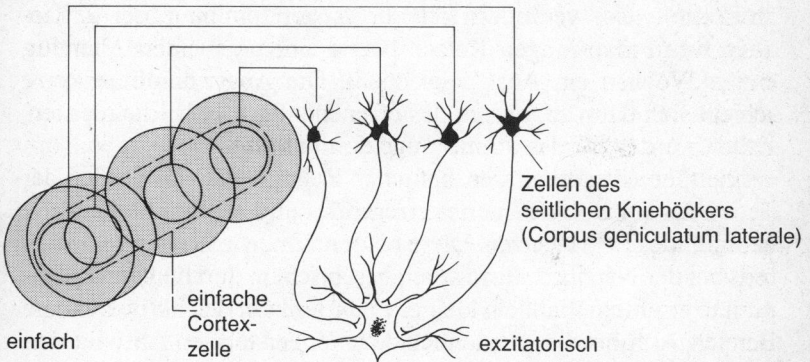

Zellen des
seitlichen Kniehöckers
(Corpus geniculatum laterale)

einfache
Cortex-
zelle

einfach   exzitatorisch

Abb. 12.4 Hypothetischer Schaltplan zur Erklärung des rezeptiven Feldes
der Abb. 12.3a (Erklärung s. Text).
Cortexzelle = Zelle in der Sehrinde; rezeptive Felder = Empfangsfelder,
exzitatorisch = erregend.

Empfangsfeldern, deren Mittelpunkte genau auf einer Linie liegen, über erregende Synapsen auf die nächste Zelle verschaltet.
Dabei müssen wir uns wieder daran erinnern, daß sich diese Empfangsfelder und also auch deren Zentren stark überlappen. Die
Nervenzelle der Sehrinde bekommt dadurch ein kontinuierliches
Feld. Es muß aber ausdrücklich betont werden, daß es sich bei diesem Schaltplan bis jetzt nur um ein – allerdings einleuchtendes –
Denkmodell handelt, das bisher nicht durch experimentelle Untersuchungen nachgewiesen wurde. Die einfachen Zellen mit
rechteckigen Empfangsfeldern sind zum großen Teil mit beiden
Augen verknüpft, sind also, wie die Versuche mit dem Einspritzen
der radioaktiven Substanz ergeben, binokular. Elektrophysiologische Untersuchungen dieser binokularen Zellen zeigen allerdings,
daß die Zellen auf eines der beiden Augen jeweils stärker reagieren. Reizt man also jeweils nur in einem Auge das entsprechende
Netzhautareal mit dem passenden Reiz, so reagiert die Zelle auf
Reizung des einen Auges stärker als auf Reizung des anderen

153

Auges. Man spricht hier von der Augendominanz. Normalerweise sind beiden Augen gleich viele dominante Zellen zugeordnet. Interessanterweise verändert sich die Augendominanz der Zellen aber, wenn man jungen Katzen bis zu einem gewissen Alter für einige Wochen ein Auge verschließt. Die Augendominanz verschiebt sich dann zugunsten des offenen Auges, d. h., die meisten Zellen werden für das offene Auge dominant.

Die Gemeinsamkeit der einfachen Zellen liegt nun darin, daß sie jeweils ein wohldefiniertes erregendes und ein wohldefiniertes hemmendes Feld besitzen. Diese beiden Zonen lassen sich, wie bereits bei der Netzhaut ausführlich beschrieben, durch kleine Lichtpunkte ermitteln. Fällt ein kleiner Lichtpunkt in den aktivierenden Bereich, so führt dies tatsächlich zu einer verstärkten Antwort der Zelle, während ein kleiner Lichtpunkt im hemmenden Bereich die Reaktion der Zelle vermindert. Bei allen einfachen Zellen genügen ruhende Reize, also Reize, die ihre Lage während des Experiments bzw. während des Betrachtens nicht verändern. Anders sind nun die Verhältnisse bei den komplexen Zellen. Die Empfangsfelder der komplexen Zellen sind größer als die der einfachen Zellen, und sie lassen sich nicht mehr in klar definierte erregende und hemmende Zonen unterteilen. Die Besonderheit der komplexen Zellen liegt darin, daß sie vor allem auf bewegte Reize reagieren, besonders auf Lichtbalken, die senkrecht zu ihrer Ausdehnung bewegt werden. Die komplexen Zellen weisen eine ganz spezifische Richtungsempfindlichkeit auf, d. h., nur ein richtig orientierter Balken, der auch in der entsprechenden Richtung bewegt wird, führt zu einer Antwort der entsprechenden Zelle (Abb. 12.5).

Manche Zellen sind tatsächlich sehr spezifisch, so daß sie nur auf eine ganz bestimmte Bewegungsrichtung antworten und auf die entgegengesetzte Richtung nicht. Es gibt jedoch auch Zellen, die auf beide Bewegungsrichtungen reagieren. Auch hier läßt sich wieder ein hypothetischer Schaltplan aufstellen, wie sich durch das Zusammenschalten mehrerer einfacher Zellen mit rechteckigen Empfangsfeldern das Empfangsfeld einer solchen komplexen Zelle ergibt. Allerdings zeigen Experimente eindeutig, daß nicht alle Zellen mit komplexen Empfangsfeldern die Eingangsinfor-

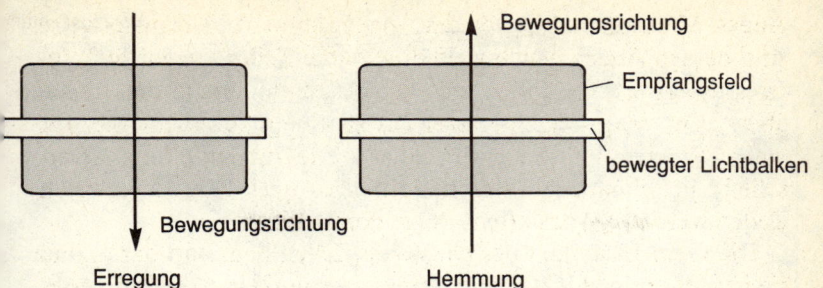

Abb. 12.5 Beispiel für das Empfangsfeld einer komplexen Zelle. Entscheidend für die Antwort der Zelle ist hier die Bewegungsrichtung des Lichtbalkens.

mation nur von einfachen Zellen erhalten, sondern es gibt auch Eingänge direkt von den konzentrischen Zellen der Schicht IVc. Das heißt, die hypothetischen Schaltpläne sind im Moment noch zu stark vereinfacht und müssen wohl in Zukunft aufgrund von Experimenten verfeinert werden.

Wir haben damit die wichtigsten Zellen des primären Sehfeldes kennengelernt. Diese Zellen sind nun räumlich keineswegs zufällig angeordnet, sondern wir finden eine strenge Organisation in Form säulenförmiger Grundelemente. Jede Säule ist ungefähr 30 bis 100 Mikrometer breit (1 Mikrometer = 1 tausendstel Millimeter) und 2 Millimeter hoch. Jede dieser Säulen enthält zunächst einmal Zellen in der vierten Schicht mit runden Empfangsfeldern. Darüber und darunter befinden sich dann einfache Zellen und auch komplexe Zellen. Und nun kommt das eigentlich Interessante: Alle richtungsspezifischen Zellen einer Säule reagieren auf die gleiche Ausrichtung eines Lichtbalkens. Benachbarte Säulen unterscheiden sich in ihrer Richtungsspezifität jeweils um etwa 10 Grad. Wir finden also von einer Seite zur anderen jeweils einen ganz leichten Richtungswechsel von zunächst senkrecht, allmählich ins waagrechte übergehend (Abb. 12.6). Die Zellen sind also hochsystematisch angeordnet. Diese Säulen werden allerdings gelegentlich durch kleine Strukturen unterbrochen, die wir später noch beim Farbensehen genauer betrachten werden. Außerdem

155

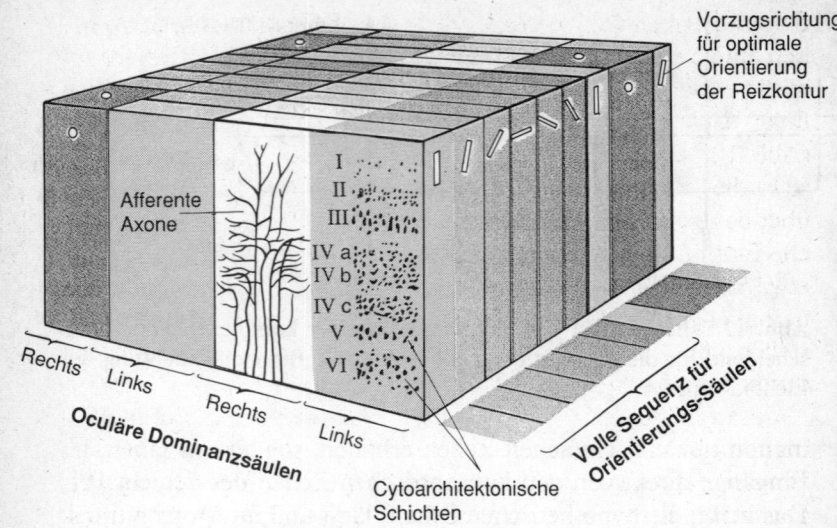

Abb. 12.6 Säulenförmige Organisation der Sehrinde.

lassen sich Säulen unterscheiden, die hauptsächlich vom linken bzw. vom rechten Auge versorgt werden (sog. oculäre Dominanz-säulen). Jeder kleine Ausschnitt der Netzhaut besitzt nun sozusagen einen zugehörigen Satz von Säulen mit allen denkbaren Richtungen, und zwar für beide Augen. Die Forscher Hubel und Wiesel haben einen solchen Satz eine Hypersäule genannt (engl. hypercolumn). Es liegen nun fast wie in einem Kristall in der Sehrinde regelmäßig solche Hypersäulen nebeneinander, die jeweils einem kleinen Bereich der Netzhaut zugeordnet werden können. Eine entsprechende säulenförmige Organisation findet man übrigens auch in anderen Bereichen der Großhirnrinde.

Die Zellen in den höheren Sehfeldern haben nun noch komplizertere Eigenschaften; deshalb bezeichnet man sie auch als hyperkomplex. Allerdings sind diese Zellen bis jetzt wesentlich weniger gut untersucht als die des primären Sehfeldes. Die Abb. 12.7 zeigt das Empfangsfeld einer hyperkomplexen Zelle. Wie bereits bei den komplexen Zellen, lassen sich hier keine definierten hemmenden und erregenden Bereiche feststellen. Kleine Lichtpunkte haben auf so eine Zelle überhaupt keine Wirkung. Ein effektiver stimulierender Reiz ist hier die Bewegung eines Lichtbalkens von links nach rechts in der unteren Hälfte des Empfangsfeldes (Abb. 12.7). Bewegt sich der Balken dagegen in der oberen Hälfte, so ist dies ein wirksamer hemmender Reiz. Bewegt sich ein Balken über das gesamte Empfangsfeld, so ist es ein geringer Reiz. Manche Empfangsfelder reagieren auf noch kompliziertere Reize, wie etwa Ecken, die in eine bestimmte Richtung bewegt werden. Innerhalb der hyperkomplexen Zellen läßt sich eine Hierarchie aufstellen von Zellen mit einfacheren Reizen zu solchen, die erst durch komplexere Reizmuster aktiviert werden.

Zusammenfassend läßt sich sagen, daß von den Empfangsfeldern, die konzentrisch organisiert sind, bis zu den hyperkomplexen Zellen eine Hierarchie besteht, d. h., die effektiven Reize werden immer komplizierter und spezieller, so daß das Abstraktionsniveau immer weiter erhöht wird. Man kann sich vorstellen, daß ein gesehenes Muster so in bestimmte Merkmale zerlegt wird, also etwa eine Hell-Dunkel-Grenze, eine Kante oder auch eine bestimmte Bewegung, für die dann ganz bestimmte Zellen der Seh-

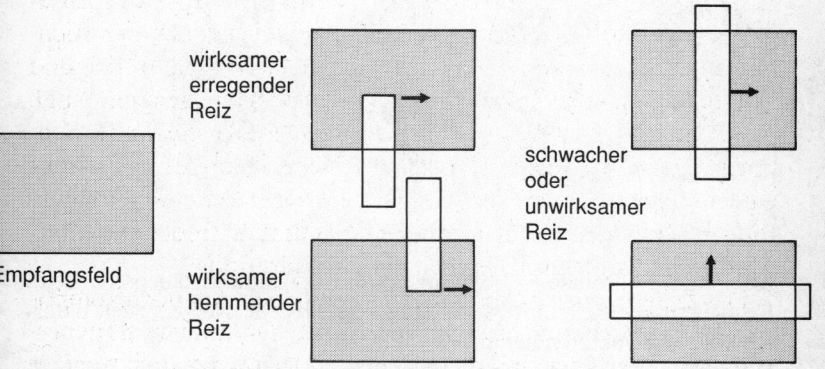

Abb. 12.7 Beispiel für das Empfangsfeld einer hyperkomplexen Zelle. Die Reaktion der Zelle hängt von der Lage und der Bewegungsrichtung des Lichtbalkens ab.

rinde zuständig sind. Die Abb. 12.8 zeigt, wie der helle Buchstabe K auf dunklem Hintergrund in verschiedene Merkmale zerlegt werden kann, die dann von verschiedenen Nervenzellen der Sehrinde registriert werden. Natürlich ist dies nur ein hypothetisches Modell. Doch man erkennt daran, daß vor allem die Grenzen zwischen Hell und Dunkel eine Rolle spielen. Vor allem die hyperkomplexen Zellen mit relativ großen Empfangsfeldern gewährleisten das Erkennen bestimmter Formen, auch wenn diese ihre Lage leicht verändern.

Tatsächlich werden gerade in den höher geordneten Zellen vor allem Bewegungen besonders gut erkannt. Es stellt sich daher die Frage: Wie können ruhige Bilder noch deutlich erkannt werden, wenn doch viele Nervenzellen eigentlich nur auf bewegte Reize

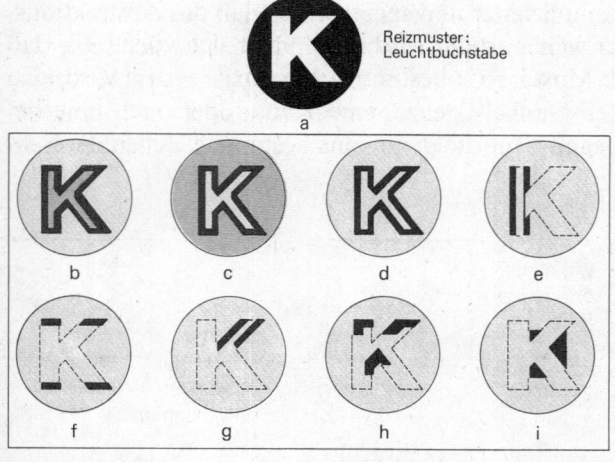

Abb. 12.8 Neuronale »Abbildungen« des Leuchtbuchstabens K. Beim Betrachten des Reizmusters »filtern« verschiedene Nervenzellen unterschiedliche Strukturen heraus.
a) Sehzellen der Netzhaut; b) und c) Ganglienzellen der Netzhaut (b = An-Zentrum-Nervenzelle, c= Aus-Zentrum-Nervenzelle); d) Zellen des seitlichen Kniehöckers und ein Teil der Zellen der Sehrinde; e) bis i) verschiedene Zellen der Sehrinde.

ansprechen? Tatsächlich ist es nun so, daß auch ruhende Gegenstände oder Bilder mit ständigen Augenbewegungen betrachtet werden. In Abb. 12.9 sind die Augenbewegungen eingezeichnet, die beim Betrachten dieses Gesichtes durchgeführt werden. Dabei werden die Augen jeweils ruckartig von einem Punkt zum nächsten bewegt. Doch auch beim Fixieren eines solchen Punktes kommt es immer noch zu ganz winzig kleinen ruckartigen Augenbewegungen. Diese lassen sich auch willentlich nicht unterdrücken. Auf diese Weise wird das Bild ständig auf der Netzhaut hin und her bewegt, so daß auch ständig bewegungsempfindliche Zellen gereizt werden.

d) Gesamtwahrnehmung

Doch kommen wir zur zentralen Frage: Wie wird nun tatsächlich ein kompliziertes Bild wahrgenommen? Werden stufenweise einfachere Zellen auf komplexere Zellen verschaltet, so daß es vielleicht schließlich eine einzige Zelle gibt, die das Gesicht einer bekannten Person erkennt. In der Literatur spricht man hier immer von der Zelle, die die Großmutter erkennt, also der »Großmutter-Zelle«. So könnte man sich vorstellen, daß schließlich für jedes

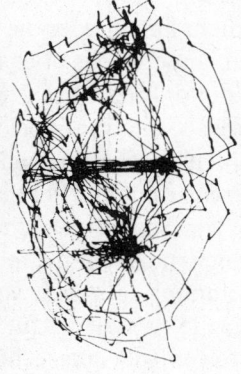

Abb. 12.9 Rechts: Aufzeichnung der Augenbewegungen einer Versuchsperson, die einige Minuten lang die linke Fotografie betrachtete.

spezifische Reizmuster eine Zelle zuständig ist. Dies erscheint jedoch auch schon auf den ersten Blick relativ unwahrscheinlich, denn es sterben ja täglich eine große Zahl von Nervenzellen ab. Das heißt, die Vernichtung der einzigen Großmutter-Zelle würde sofort dafür sorgen, daß man die Großmutter nicht mehr erkennt. Allerdings sollen bei Affen Zellen gefunden worden sein, die allgemein auf gesichtsartige Konturen sehr spezifisch reagieren. Bei dieser Art der Verarbeitung, also dieser aufsteigenden Hierarchie von Nervenzellen, würden einfache Muster zu immer komplizierteren organisiert. Eine solche Verarbeitung allein scheint bei der Wahrnehmung des Menschen äußerst unwahrscheinlich. Man muß also annehmen, daß von Anfang an bis zum Ende auch eine ausgedehnte parallele Verarbeitung erfolgt, daß also auch bis zum Ende einzelne Zellen immer nur ausgewählte Merkmale erkennen, aber nicht das ganze Bild. Das Bild ergibt sich erst durch das geordnete Zusammenwirken vieler Zellen. Über einen möglichen Mechanismus werden wir noch im Kapitel 14 über Oszillationen sprechen.

Für die parallele Verarbeitung sprechen auch wesentliche klinische Befunde. Man stellte nämlich fest, daß Zerstörungen ganz bestimmter Regionen der Hirnrinde zum Ausfall ganz bestimmter Wahrnehmungsfunktionen führt. So gibt es Patienten, die keine Farbwahrnehmung mehr haben oder die Bewegungen nicht mehr wahrnehmen können, andererseits aber Formen und Muster gut kennen. Bereits Sigmund Freud hat Patienten beschrieben, die nicht in der Lage waren, bestimmte Objekte zu erkennen, da sie die einzelnen Komponenten des Seheindrucks nicht zu einem gesamten Muster kombinieren konnten. Hier liegen wohl Defekte in höheren Sehfunktionen vor. So gibt es auch Patienten, die keine Gesichter erkennen können, nicht einmal ihr eigenes im Spiegel.

Die reine Wahrnehmung läßt sich von dem Erkennungsvorgang unterscheiden. Beim Ausfall des für die reine Wahrnehmung zuständigen Rindenfeldes tritt eine echte Blindheit auf, es gibt überhaupt keine Sehwahrnehmung mehr. Werden jedoch Felder, die für die Erinnerung zuständig sind, zerstört, so sieht der Kranke die Dinge wohl, aber er erkennt sie nicht und kann sie auch nicht benennen. Diesen Zustand nennt man Seelenblindheit. Wird das Lesezentrum im Gehirn zerstört, so tritt die sogenannte Wortblindheit auf; der Kranke sieht zwar die gedruckten oder geschriebenen Worte, aber er erfaßt ihre Bedeutung nicht.

Fassen wir die geschilderten Resultate noch einmal zusammen. Rein anatomisch weist die Sehrinde eine recht komplexe Struktur aus mehreren Schichten auf, die in Säulen unterteilt sind. Zwischen den einzelnen Schichten und auch anderen Hirnregionen bestehen komplizierte Verbindungen, die in allen Einzelheiten noch gar nicht aufgeklärt sind. Für das Verstehen der Wahrnehmungsvorgänge sind jedoch die Empfangsfelder der verschiedenen Sehrindenzellen von besonderer Bedeutung, und hier finden wir nun eine große Variationsbreite, wobei sich die Empfangsfelder hierarchisch ordnen lassen, angefangen von einfachen Feldern, den konzentrischen mit einem Zentrum und einem entgegengesetzt wirkenden Umfeld, über einfache Zellen mit reckteckigen Empfangsfeldern, bis hin zu den komplexen und hyperkomplexen Zellen. Die Reize, die eine Aktivierung einer solchen Zelle bewirken, werden also zunehmend komplexer, spezieller, so daß die Muster, die vom Menschen wahrgenommen werden, offensichtlich hierarchisch in immer kompliziertere Merkmale zerlegt werden. Die Hierarchie allein reicht allerdings nicht aus, um das Wahrnehmen zu erklären. Man nimmt heute nicht mehr ernsthaft an, daß es eine einzelne »Großmutter-Zelle« gibt, die für das Erkennen des Gesichts der Großmutter zuständig ist. Vielmehr nimmt man heute eine parallele Verarbeitung an, wobei erst durch das Zusammenwirken vieler erregter Nervenzellen die Erkennung des Musters zustande kommt.

13. Farbensehen

Welche Bedeutung für uns das Farbensehen hat, wird uns wohl bewußt, wenn wir einen Schwarzweißfilm betrachten. Wieviel weniger lebendig wirkt er auf uns! Sicher haben Farben eine wichtige psychologische Bedeutung. Dies zeigt sich auch daran, daß man

Farben Symbolcharakter verleiht, wie etwa Grün für die Hoffnung oder Rot für die Liebe. Auch trägt man zu bestimmten Anlässen bestimmte Farben der Kleidung, kirchlichen Würdenträgern kommt eine bestimmte Farbe zu, wie z. B. das Kardinalsrot. Doch der ursprüngliche Grund für die Entwicklung des Farbensehens in der Evolution liegt wohl woanders. Tatsächlich sicherte das Farbensehen den Primaten (Affen) offensichtlich einen Überlebensvorteil im Vergleich zu farbenblinden Tieren. Es können mit Hilfe der Farben Konturen wesentlich besser erkannt werden, da mehr Abstufungen unterschieden werden können.

Die subjektive Farbempfindung kann in drei Aspekte unterteilt werden, nämlich den Farbton, die Sättigung der Farbe und die Helligkeit der Farbe. Der Farbton ist die wesentliche Komponente der Farbwahrnehmung. Die Sättigung gibt an, wie intensiv die Farbe ist oder wie stark die Farbe durch »Mischen« mit Grau abgeschwächt ist, und die Helligkeit ist Ausdruck der Intensität des reflektierenden Lichtes. Aufgrund dieser drei Komponenten ist nun die Unterscheidung sehr feiner Abstufungen möglich, wie dies an Versuchspersonen ausgetestet wurde. So nimmt man an, daß etwa 200 verschiedene Farbtöne unterschieden werden können, je Farbton 6 bis 20 verschiedene Sättigungsgrade und je Farbton und Sättigungsgrad etwa 500 Helligkeitsstufen. Um die Gesamtzahl der unterscheidbaren Abstufungen zu erhalten, multipliziert man diese drei Möglichkeiten miteinander, also $200 \times 20 \times 500$ und kommt so auf die Zahl von zwei Millionen; dies also im Gegensatz zu 500 Abstufungen, die nur mit Hilfe von Schwarzweiß-Sehen möglich sind.

Was ist aber nun eigentlich Farbe? Existiert Farbe in der realen Welt? Rein physikalisch gesehen wird von den Gegenständen lediglich Licht verschiedener Wellenlänge reflektiert. Wie wir wissen, ist Licht eine elektromagnetische Welle, allerdings mit winzig kleiner Wellenlänge (ca. 400 bis 700 mm; 1 nm = 1 millionstel mm). Wir haben es hier also mit einer abstrakten physikalischen Größe zu tun. Der Eindruck Farbe entsteht erst in unserem Gehirn durch die Tätigkeit der Neuronen. Tatsächlich sehen farbenblinde Menschen gar nichts farbig, für sie existiert Farbe einfach nicht. Es stellt sich uns natürlich jetzt die Frage: Wie wird aus Licht verschiedener Wellenlänge schließlich eine Farbwahrnehmung in unserem Gehirn geschaffen? Zu dieser Frage wurden zunächst Theorien aufgestellt allein aufgrund der subjektiven Farbwahrnehmungsphänomene. Wir alle kennen einen Regenbogen: Plötzlich erscheinen am Himmel, wenn es regnet und gleichzeitig die Sonne scheint, viele verschiedene Farben, von Blau über Grün, Gelb, Orange bis Rot.

Woher kommen nun diese Farben? Vorhanden ist doch eigentlich nur das Sonnenlicht. Dieses ist für unser Auge weiß. Wie der Regenbogen zeigt, enthält das Sonnenlicht ein Gemisch aus verschiedenen Wellenlängen. Dieses Gemisch wird beim Regenbogen in die einzelnen Komponenten aufgespalten. Im Labor läßt sich dies durch ein Prisma erreichen. Man erhält dann ein Farbspektrum von Blau über Grün und Gelb bis Rot. Die Mischung all dieser Farben kann aber von unserem Auge nicht einzeln wahrgenommen werden, sondern wird einheitlich als Farbe Weiß erkannt. Diese Art der Mischung bezeichnet man als additive Farbmischung. Beleuchtet man eine Leinwand gleichzeitig mit Licht aus einer grünen und Licht aus einer roten Lampe, so »mischt« sich das Licht und wird dann von unserem Auge weder als Rot noch als Grün, sondern als eine völlig neue Farbe, nämlich als Gelb, wahrgenommen. Mischt man nun grünes, rotes und blaues Licht, so erscheint dies für unser Auge weiß. Diese additive Farbmischung darf man allerdings nicht mit der subtraktiven Farbmischung verwechseln, bei der z. B. Wasserfarben miteinander gemischt werden. Mischt man Rot und Grün, so kommt dann eine dunkle, etwa bräunliche Farbe heraus. Ein eigenartiges Phänomen des Farbensehens, über das man sich im Alltag allerdings kaum Gedanken macht, ist die Wahrnehmung von Zwischentönen. Bestimme Farben lassen sich zu Zwischentönen kombinieren, wie z. B. Blau und Rot zu Violett, Blau und Grün zu Blaugrün oder Gelb und Rot zu Orange. Bei bestimmten Farben des Spektrums ist dies jedoch nicht möglich. So lassen sich Rot und Grün nicht zu einem »rötlichen Grün« mischen, sondern es entsteht eine völlig neue Farbempfindung, nämlich Gelb. Es gibt auch keine Zwischenfarbe für Gelb und Blau. Die Farben scheinen sich gegenseitig zu hemmen.

Eine weitere Erscheinung bei der Farbwahrnehmung ist, daß Farbe nur im Kontrast wahrgenommen wird. Dies wird uns normalerweise nicht bewußt, da wir ständig verschiedene Farben nebeneinander sehen. Piloten kennen jedoch dieses Phänomen, wenn sie lange unter einem wolkenlosen Himmel fliegen. So erscheint dieser Himmel schließlich grau, die Farbe Blau geht in ihrer Wahrnehmung vorübergehend verloren. Die Wahrnehmung einer Farbe ist bis zu einem gewissen Grad unabhängig von der Beleuchtung. So erkennen wir die Farbe Rot als solche sowohl im Sonnenlicht als auch bei Neonbeleuchtung oder im Licht einer Glühbirne. Daß die Farbwahrnehmung allerdings nicht ganz exakt die gleiche ist, bemerken wir manchmal, wenn wir ein Kleid bei Neonbeleuchtung gekauft haben und es anschließend bei Tageslicht anschauen und dann enttäuscht sind.

Hiermit hätten wir die wichtigsten Phänomene der Farbwahrnehmung kennengelernt. Welche neuronalen Grundvorgänge liegen nun diesen Wahrnehmungsphänomenen zugrunde? Hierzu stellten zunächst Anfang des 19. Jahrhunderts der Engländer Thomas Young und später der deutsche Physiologe Hermann von Helmholtz die trichromatische Theorie des Farbensehens auf. Diese Theorie erklärt die Phänomene bei der Farbmischung, die wir oben kennengelernt haben. Sie geht davon aus, daß es in der Netzhaut drei verschiedene Sehzellen für Farben gibt, deren Absorptionsspektren sich überlappen, und entsprechend der relativen Erregung der drei verschiedenen Sehzellen soll im Gehirn ein Farbeindruck entstehen. Die Tatsache, daß sich jedoch Farben in ihrem Seheindruck gegenseitig auslöschen, wie dies etwa bei der Mischung von Grün und Rot der Fall ist, führte den deutschen Physiologen Ewald Hering zu einer anderen Theorie, der sogenannten Gegenfarbentheorie. Er nahm drei Paare von Gegenfarben an, und zwar Grün-Rot, Gelb-Blau sowie Schwarz-Weiß; das bedeutet also, daß ein grüner Farbeindruck einen roten hemmt und umgekehrt. Hering postulierte, daß diese drei Farbenpaare durch verschiedene Kanäle in der Netzhaut repräsentiert werden, wobei jeder dieser Kanäle jeweils durch eine Farbe aktiviert wird, während er durch die Gegenfarbe gehemmt wird. Wir sehen, daß beide Theorien zwar gewisse Aspekte erklären, aber nicht alles. 1905 hat deswegen der deutsche Physiologe Johannes von Kries, ein Schüler von Helmholtz, festgestellt, daß es nötig ist, die beiden Theorien miteinander zu kombinieren, um wirklich alle Wahrnehmungsphänomene zu erklären. Tatsächlich weiß man heute, daß die beiden Theorien auf verschiedenen Ebenen des Wahrnehmungssystems realisiert sind. Die trichromatische Theorie der Farbwahrnehmung trifft für die Zapfen in der Netzhaut zu. Das Gegenfarbenprinzip ist dagegen in den Ganglienzellen der Netzhaut durch die spezielle Verschaltung der Zapfen innerhalb der Netzhaut, ebenso in bestimmten Zellen des seitlichen Kniehöckers und der Sehrinde verwirklicht.

Betrachten wir zunächst das Farbensehen durch die Zapfen. Man weiß heute sicher, daß es drei verschiedene Typen von Zapfen gibt, denn man konnte in diesen drei verschiedene Pigmente finden, wobei jeweils nur eine Art von Pigment in einem Zapfentyp vorkommt. Diese Pigmente weisen unterschiedliche Maxima der Lichtabsorption auf. Ein Typ absorbiert Licht vor allem im blauen Bereich, der zweite Typ im grünen, der dritte im roten Bereich. Jeder Zapfentyp weist allerdings einen breiteren Wellenbereich auf, innerhalb dessen er Licht zu absorbieren vermag, so daß sich die Kurven der drei Zapfentypen überlappen. Gelangt nun also Licht einer bestimmten Wellenlänge auf die Netzhaut, so sprechen die verschiedenen Zapfentypen unterschiedlich stark auf diese Wellenlänge an. Trifft z. B. Licht mit 400 Nanometer Wellenlänge ein, so wird vor allem der Zapfentyp für Blau erregt, während die anderen beiden Zapfentypen nur sehr schwach darauf ansprechen. Offenbar wird diese unterschiedliche Erregung miteinander verrechnet und führt dann schließlich zu einem bestimmten Farbeindruck.

Young und Helmholtz waren noch der Meinung gewesen, daß die Information von den drei Zapfentypen parallel zum Gehirn weitergeleitet wird. Heute weiß man jedoch, daß die Verschaltung bereits in der Netzhaut erfolgt und die Ganglienzellen schon eine verarbeitete Information weitergeben. Tatsächlich findet man nun für bestimmte Zellen auf den verschiedenen Ebenen des visuellen Systems Empfangsfelder, die spezifisch auf Farbe reagieren. In der Netzhaut und im seitlichen Kniehöcker der Primaten findet man »einfache Gegenzellen« (Abb. 13.1). Hier führt z. B. die Farbe Grün im Zentrum zu einer Erregung, die Farbe Rot in der Peripherie zu einer Hemmung. Für jedes Gegenfarbenpaar gibt es, wie auf der Abbildung zu sehen, vier verschiedene Arten von Empfangsfeldern.

Die Abb. 13.2 zeigt die Antworten zweier Zellen auf verschiedene weiße und farbige Reize. Bei kleinen Reizen reagieren die Zellen auf den Helligkeitsunterschied zwischen Zentrum und Peripherie. Erst bei größeren Lichtreizen, die Zentrum und Peripherie ausfüllen, reagieren die Zellen farbspezifisch, wobei der Unterschied im Absorptionsspektrum der beiden zugehörigen Zapfentypen ausgewertet wird. So reagiert die Zelle mit dem An-Zentrum für Grün (Abb. 13.2 links) auf einen großen roten Reiz mit Hemmung, da die Pheripherie auf Rot mit Hemmung reagiert; durch einen großen grünen Fleck wird die Zelle erregt. Die Antworten einer solchen Zelle sind jedoch nicht eindeutig, die Antwort auf einen kleinen weißen Punkt ist genauso wie auf einen großen grünen. Diese Unterscheidung wird erst in der Sehrinde getroffen, indem parallele Antworten von anderen Zellen des gleichen Bereichs der Netzhaut ausgewertet werden. Wie wir wissen, überschneiden sich die Empfangsfelder sehr stark, so daß auch ein kleiner Lichtreiz viele Empfangsfelder gleichzeitig trifft. Die Auswertung der Farbe erfolgt in der Sehrinde durch »Doppelgegenzellen«. Beispiele für die Empfangsfelder solcher Zellen zeigt die Abb. 13.1. Bei diesen Zellen wird sowohl Zentrum als auch Peripherie durch die beiden Gegenfarben beeinflußt, und zwar jeweils in entgegengesetzer Weise. So wird das Zentrum durch Grün erregt und durch Rot gehemmt, die Peripherie dagegen durch Grün gehemmt und durch Rot erregt. Durch das Auswerten verschiedener Zellen kann die Sehrinde den entsprechenden Farbeindruck bilden. Die Empfangsfelder erklären sehr gut die gegenseitige Hemmung bei gleichzeitigem Auftreten gegensätzlicher Farben,

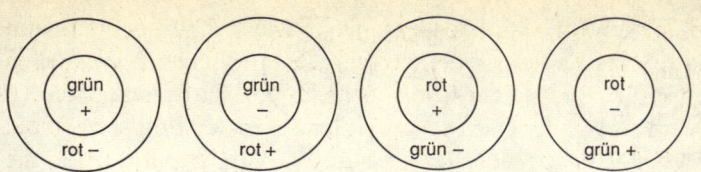

Empfangsfelder der „Einfachen Gegenzelle" für grün - rot

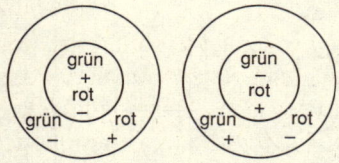

Empfangsfelder der „Doppelgegenzelle" für grün - rot

Abb. 13.1 Empfangsfelder farbempfindlicher Zellen.
+ Erregung durch das entsprechende Licht; – Hemmung. »Einfache Gegenzellen« befinden sich in der Netzhaut und im seitlichen Kniehöcker, »Doppelgegenzellen« in der primären Sehrinde. Zellen mit entsprechenden Empfangsfeldern existieren auch für das Farbenpaar Gelb-Blau.

wie etwa Rot und Grün. Außerdem läßt sich mit Hilfe dieser Empfangsfelder auch die Bedeutung des Kontrastes für das Farbensehen erklären, denn wie wir schon gehört haben, verblaßt die Farbwahrnehmung bei Fehlen des Kontrastes. Eine Farbe wirkt auch – je nach unterschiedlichem Hintergrund – verschieden. So kann ein Grau auf grünem Hintergrund leicht rötlich erscheinen. Außerdem läßt sich durch die Empfangsfelder auch erklären, warum zumindest geringfügige Veränderungen der Beleuchtung auf die Farbwahrnehmung kaum einen Einfluß haben. Diese Veränderung trifft ja Zentrum und Peripherie der Empfangsfelder in gleicher Weise, und die Effekte gleichen sich so aus.

Die farbempfindlichen Zellen im primären Sehfeld sind in ganz spezieller Weise angeordnet, und zwar befinden sich innerhalb der Säulen, die wir schon bei der Sehrinde kennengelernt haben, pflockartige Strukturen, die man »blobs« nennt. Sie wurden von

167

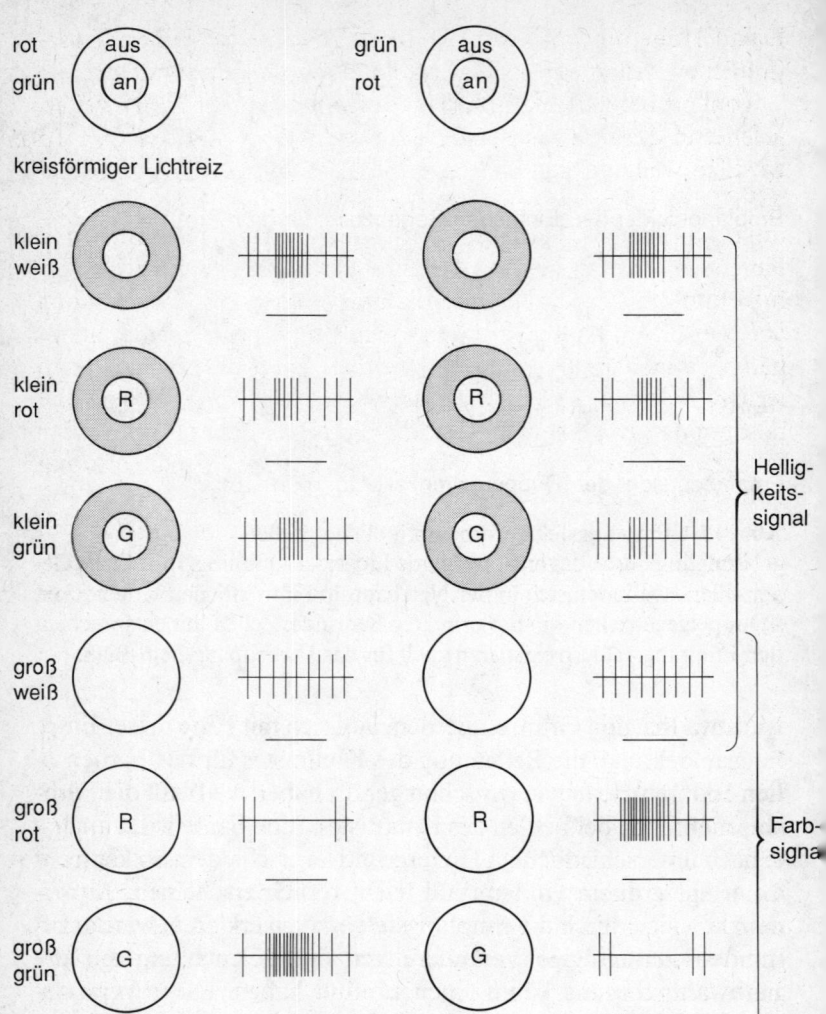

Abb. 13.2 Antworten einer »einfachen Gegenzelle« auf verschiedene Reize. Kleine senkrechte Striche sind Nervenimpulse. Je stärker erregt die Zelle ist, um so dichter folgen die Nervenimpulse aufeinander.

David Hubel und Margaret Livingstone entdeckt. Die farbempfindlichen Zellen weisen häufig keine Richtungsspezifität auf.

Vom primären Sehfeld wird die Information über Farbe weitergeleitet in ein höheres Sehfeld (die Area 18, Teil V2). Von dort wird sie weitergeleitet zu einem Bereich, der mit V4 bezeichnet wird. Dies ist nun ein sehr spezieller Bereich, der mit der Verarbeitung von Farbe beschäftigt ist. Tatsächlich läßt sich feststellen, daß Patienten, die in diesem Bereich eine Verletzung haben, zwar Formen und Muster gut erkennen können, ihre Farbwahrnehmung aber gestört ist. Es stellt sich die Frage, ob Farbe und Form unabhängig voneinander analysiert werden. Hierfür sprechen noch weitere Befunde. So haben Livingstone und Hubel gefunden, daß bestimmte Komponenten des Nervensystems, die mit Farbe befaßt sind, ihre Information parallel und unabhängig zu Informationen über die Form weiterleiten.

Die wichtigsten Kenntnisse über das Farbensehen sind damit in groben Zügen dargestellt. Unser Augenmerk wollen wir im folgenden Kapitel wieder auf das Erkennen von Formen und Mustern richten.

14. Kohärenz im Gehirn

Das Wort Kohärenz war uns bereits früher in diesem Buch begegnet, allerdings nicht im Zusammenhang mit dem Gehirn, sondern in Kapitel 2 zum Thema Laser. In der Lichtquelle Laser entsteht das typische, eben kohärente, Laserlicht dadurch, daß die Elektronen der einzelnen Laseratome völlig gleichmäßig im Takt schwingen. Was hat dies aber mit dem Gehirn zu tun? In den vorangegangenen Kapiteln über die Neuronen waren wir immer mehr zu der Überzeugung gekommen, daß die Wahrnehmung erst durch das Zusammenwirken von mehreren, ja wahrscheinlich sogar vielen Neuronen zustande kommt. Um das Zusammenwirken von Neuronen zu untersuchen, muß man deren Eigenschaften, z. B. deren elektrischen Potentiale, *gleichzeitig* messen. Der amerikanische Physiologe Walter Freeman hatte schon bei seinen elektrischen

Messungen am Riechkolben von Ratten festgestellt, daß hier ganze Gruppen von Neuronen sich gleichartig, also kohärent, verhalten. Was bedeutet aber dieses gleichartige Verhalten, und wie ist dieses mit äußeren Sinnesreizen verknüpft?

Ein wesentlicher Schritt vorwärts gelang Wolf Singer, C. M. Gray und Mitarbeitern in Frankfurt, die Gruppen von Neuronen in der Sehrinde der Katze, und zwar in der schon früher erwähnten Area 17, untersuchten. Wie wir bereits wissen, kann ein am Auge vorbeigeführter Balken bestimmte Neuronen in der Sehrinde zum Feuern anregen, d. h., die Neuronen senden dann ihre Nervenimpulse aus, wobei ein Neuron vorzugsweise auf eine bestimmte Richtung und Bewegungsrichtung des Balkens anspricht. Singer und Mitarbeiter führten ihre Messungen auf zweierlei Weise durch: Einmal maßen sie mit einer Elektrode das elektrische Potential einer Gruppe von Neuronen, und mit einer anderen Me-

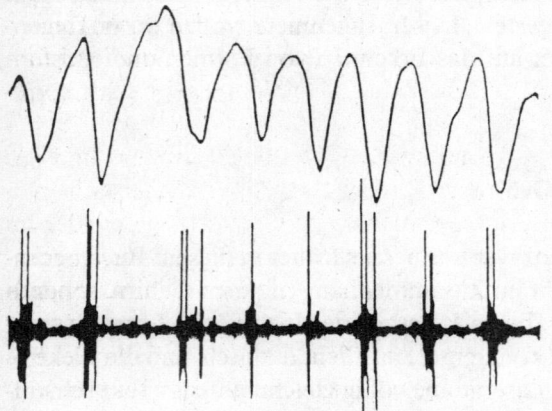

Abb. 14.1 Elektrische Messungen an Gruppen von Neuronen. Nach rechts ist die Zeit aufgetragen. In der oberen Kurve ist das lokale Feldpotential wiedergegeben, in der unteren Kurve die elektrischen Ableitungen einer Elektrode, die die Aktivität von einer Neuronengruppe (multi-unit) mißt. Der Abstand der Minima der oberen Kurve bzw. der Pulsgruppen der unteren Kurve ist in der Größenordnung von etwa 20 Millisekunden. Auffällig ist das jeweilige Zusammentreffen einer Pulsgruppe mit einem entsprechenden Minimum der oberen Kurven.

thode maßen sie gleichzeitig das von vielen Neuronen in einem bestimmten Gebiet aufgebaute elektrische Potential. Hierbei machten sie eine überraschende Entdeckung: Die jeweils gemessenen Potentiale waren sehr stark miteinander korreliert. Dies ist in Abb. 14.1 dargelegt. Nach rechts ist hier die Zeit aufgetragen; im oberen Teil der Abbildung ist die Schwankung des elektrischen Potentials sehr vieler Neuronen, in der Fachsprache des lokalen Feldpotentials, aufgetragen. Die Kurve schwankt ziemlich gleichmäßig hin und her; sie stellt also eine Schwingung dar. Darunter ist im gleichen Zeitmaßstab die jeweilige Pulsfolge der Nervenpulse aufgetragen. Diese sind gut ersichtlich gruppiert und haben einen ziemlich gleichmäßigen Abstand. Interessanterweise treten die Nervenpulse immer da auf, wo das elektrische Feldpotential gerade ein Minimum hat. Dies ist der Ausdruck für eine starke Korrelation der Neuronengruppe und des Feldpotentials sehr vieler Neuronen. Diese Korrelation zeigt, daß sehr viele Neuronen, nicht nur die aus der herausgegriffenen, gemessenen kleinen Gruppe, eine ganz gleichmäßige, kohärente Oszillation durchführen, daß also die Aussendung der Nervenpulse sehr stark korreliert ist, analog zu den Atomen im Laser.

Singer und Gray haben ihre Experimente ausgedehnt und das elektrische Verhalten von zwei Neuronengruppen untersucht, wobei die jeweiligen Gruppen mehrere Millimeter voneinander im Gehirn entfernt sein konnten. Zunächst wurden Neuronengruppen identifiziert, die auf die gleiche Balkenorientierung und parallele oder entgegengesetzt parallele Bewegung des Balkens ansprachen. Die Forscher fanden nun heraus, daß das korrelierte Aussenden der Signale der beiden Neuronengruppen dann besonders stark war, wenn ein entsprechender Balken die Empfangsfelder der beiden Neuronengruppen durchlief. Ähnliche Experimente wurden auch von R. Eckhorn und Herbert Reitböck in Marburg durchgeführt, die fanden, daß sogar Neuronengruppen in verschiedenen Arealen, nämlich Area 17 und Area 18, miteinander korreliert sind und entsprechend jeweils gleichzeitig Nervenimpulse aussenden.

Das gleiche Merkmal eines Bildes, nämlich im vorliegenden

Fall dieser eine Balken, vermag also auch entfernte Neuronengruppen zu einem kohärenten Aussenden zu bewegen. Dies könnte eine interessante Verallgemeinerung zulassen, die schon früher von Singer und anderen gefordert worden war, nämlich durch das gekoppelte Aussenden von Nervenimpulsen könnten Merkmale, die in einer Szene zusammengehören, wie z. B. gleiche Farbtöne, miteinander gekoppelt werden. Dies wäre dann ein möglicher Mechanismus, um ganze Bildinhalte aufzubauen. Francis Crick und Christoph Koch wollen hier noch einen Schritt weitergehen; sie sehen diesen Kopplungsmechanismus sogar als Erklärungsgrundlage für das Bewußtsein. Dies sind alles schon recht kühne Hypothesen, die sicher zu weiterem Nachdenken anregen.

Unsere eigene Ansicht ist etwas verschieden von diesen sehr weitreichenden Schlußfolgerungen. Halten wir uns an die Experimente, so stellen wir fest, daß hier gleiche Bewegungen, die als Reiz auftreten, im System der Neuronen als zusammengehörig identifiziert werden. Es liegt daher der Schluß nahe, daß es sich bei dem hier aufgezeigten Mechanismus um die Identifizierung von bewegten Objekten handelt, wobei die Teile, die zur gleichen Bewegung gehören, miteinander in Verbindung gebracht werden. Dies macht es dann dem Gehirn leicht, bewegte Objekte voneinander zu unterscheiden. Wie unsere im nächsten Teil zu besprechenden Untersuchungen im synergetischen Computer zeigen, brauchen wir für die Erklärung der Mustererkennung keine gekoppelten Oszillationen, und solche alleine genügen auch nicht zur Erklärung der Mustererkennung. Sie werden aber von Bedeutung, wenn es sich um die Identifizierung von verschieden bewegten Objekten handelt.

Auf jeden Fall haben diese Entdeckungen an der Sehrinde der Katze ein neues Gebiet der Gehirnforschung eröffnet. Mit Spannung müssen wir nun experimentelle Bestätigungen an Affengehirnen, die ja dem Menschen noch wesentlich näherstehen als das Katzengehirn, abwarten. Ebenso wichtig ist, inwieweit die hier aufgezeigten Kopplungsmechanismen auch bei anderen Sinneswahrnehmungen auftreten. Von jenen im Riechzentrum hatten wir ja schon gehört.

172

Teil III

Die Selbstorganisation der Wahrnehmung

15. Was kommt nach den hyperkomplexen Zellen?

Mit der Entdeckung der hyperkomplexen Zellen schien der Weg zur endgültigen Enträtselung des Gehirns vorgezeichnet. Man brauchte ja nur in höheren Schichten des Gehirn Zellen zu identifizieren, die auf noch kompliziertere Objekte ansprechen. Aber die systematische Suche nach diesen Zellen blieb bisher erfolglos. Zwar geistern durch die Fachliteratur gelegentlich Berichte, nach denen in Affen- oder Schafsgehirnen Zellen gefunden wurden, die heftig feuern, wenn dem Tier ein menschliches Gesicht gezeigt wird. Eindeutige Bestätigungen gibt es aber nicht. Da bei den zugrunde liegenden Messungen nur jeweils *ein* Neuron untersucht wurde, ist auch grundsätzlich nicht erwiesen, daß es sich hier um die Erkennungsleistung eines einzelnen Neurons oder einer ganzen Gruppe von Neuronen handelt, von denen das herausgegriffene nur ein Teil ist.

So setzt sich immer mehr die Überzeugung durch, daß die Erkennung von Objekten gar nicht die Leistung eines einzelnen Neurons ist, sondern die eines ganzen Neuronennetzes. Diese Vorstellung zu akzeptieren fällt uns allerdings nicht leicht, allzusehr hängen wir an der Idee, eine geistige Leistung jeweils einem bestimmten Ort, ja sogar jeweils einem bestimmten Neuron im Gehirn zuzuordnen. Wie wir es auch drehen und wenden, wir können nicht umhin, die Eigenschaften von Netzwerken, die aus sehr vielen Neuronen bestehen, zu studieren.

Dabei ist ein Blick auf die um vieles einfachere Physik höchst nützlich. Auch dort hatte man geglaubt, die Welt verstanden zu haben, wenn man erst einmal die Eigenschaften der Atome und deren Bestandteile verstanden hatte. Dies hat sich, wie man heute weiß, als eine voreilige Hoffnung erwiesen. Gerade wenn die makroskopischen Erscheinungen durch das Zusammenwirken vieler einzelner Teilchen zustande kommen, bedarf es oft ganz neuer Denkansätze, um die Kluft zwischen mikroskopischen Vorgängen und makroskopischen Phänomenen zu überbrücken.

Ein berühmtes Beispiel hierfür ist die Supraleitung. Kühlt man bestimmte Metalle ab, so verlieren diese ganz plötzlich ihren elektrischen Widerstand – in einem Metallring kann der Strom jahrelang fließen, ohne im geringsten schwächer zu werden. Fritz London gelang es bald, phänomenologische Gesetze aufzustellen, die auch die beobachtete Verdrängung eines Magnetfeldes aus dem Supraleiter wiedergaben. Aber eine mikroskopische Theorie? An ihrer Herleitung bissen sich Koryphäen wie Werner Heisenberg, zugleich mit Erwin Schrödinger, Begründer der Quantentheorie, oder Heinrich Welker, Entdecker der für die modernste Halbleitertechnologie unentbehrlichen III-V-Verbindungen, die Zähne aus. Erst Herbert Fröhlich hatte die richtige Idee, auf welcher fundamentalen Wechselwirkung die Supraleitung überhaupt beruht: nämlich auf der Wechselwirkung der den Strom tragenden Elektronen und den Schwingungen der Kristallatome des Metalls. Eine allgemein akzeptierte mikroskopische Theorie wurde schließlich von John Bardeen, Leon Cooper und Robert Schrieffer entwickelt. Daß aber auch diese »BCS«-Theorie die Kluft zwischen »mikroskopisch« und »makroskopisch« nicht endgültig zu schließen vermochte, wurde so richtig klar, als Johannes Georg Bednorz und Alex Müller die sensationelle Entdeckung der Hochtemperatur-Supraleitung machten. Die BCS-Theorie konnte weder Voraussagen machen, welche Metalle oder Verbindungen denn nun wirklich supraleitend werden, oder gar wie hoch deren Sprungtemperaturen, bei denen also die Supraleitung in die normale elektrische Leitung übergeht, wirklich sind.

Machen wir aber diese Theorie nicht zu schlecht: Sie stellt nicht nur zwischen ganz verschiedenen Erscheinungen Beziehungen her, sondern sie zeichnete erstmalig ein richtiges qualitatives Bild der Erscheinungen. Dabei brachte sie ganz neuartige Konzepte ins Spiel, die auf der Ebene der Elektronen selbst noch gar nicht adäquat sind, etwa das Konzept der »Kohärenz«, »makroskopische Wellenfunktionen« und dergleichen. Mit anderen Worten: Mit dem Übergang von der mikroskopischen zur makroskopischen Betrachtungsebene werden ganz neue Konzepte erforderlich. Es ist unsere tiefe Überzeugung, daß es sich beim Übergang von den Neuronen zum Neuronennetzwerk nicht anders verhält. Dies war der Grund für unseren kurzen Ausflug in die Physik. Konzepte für den Übergang vom Verhalten der Teile zum Verhalten des Ganzen in sich selbstorganisierenden Systemen stellt aber gerade die Synergetik bereit, und wir werden bald auf sie zurückgreifen. Da der Reduktionismus, also die Zurückführung des Makroskopischen auf das Mikroskopische, eine ganz wesentliche Rolle bei der modernen biologischen Forschung spielt, wollen wir die hierbei auftretende Problematik auch noch von einem anderen Gesichtspunkt aus betrachten. Die strenge Richtung des Reduktionismus wird unter anderem von Francis Crick vertreten, der gemeinsam mit James D. Watson die Struktur der Erbinformation in Form der DNS-Moleküle aufklärte. Dies hat zu einer ungeheuren Entwicklung der Molekularbiologie beigetragen. Nach deren Ansicht beruht das vollständige Verständnis biologischer Vorgänge auf der Aufklärung der zugehörigen Strukturen der Biomoleküle, wobei für bestimmte Leistungen eines biologischen Systems jeweils ein ganz bestimmtes Biomolekül verantwortlich gemacht wird. Wir teilen die Ansicht dieses strikten Reduktionismus nicht. Denken wir etwa an ein Haus: Verstehen wir dessen Aufbau und Funktion, wenn wir einen einzelnen Ziegelstein als Grundbaustein des Hauses verstanden haben? Sicher sind bestimmte Eigenschaften des Ziegelsteins, wie seine Form, seine Festigkeit, seine Wärmedämmung usw., wichtig für die Konstruktion eines Hauses. Dennoch ergibt erst die Anordnung der Ziegelsteine ein Haus. Darüber hinaus können wir ein Haus auch aus Holz, Beton, Lehm oder vielleicht sogar – wie bei den Eskimos – aus Eis bauen. Alle diese ganz verschiedenen Bausteine führen zu einem Gebilde, dem Haus, das die gleiche Funktion erfüllen kann. Wesentliche Eigenschaften des Hauses können wir also unabhängig von dem Baumaterial erkennen. Wir glauben, daß es mit dem Gehirn nicht viel anders ist.

Eine Reihe seiner Funktionen können wir gut mit Hilfe anderer Bausteine als den Nervenzellen realisieren, etwa durch die Bauteile von Computern. Dabei sollten wir aber auch die Analogie mit dem Computer in dem vorliegenden Buch nicht zu eng sehen. Der Computer selbst dient uns nur wieder als ein Hilfsmittel, um Vorgänge in einem sich selbstorganisierenden System zu simulieren. Genauer gesagt wollen wir also das Gehirn als ein sich selbstorganisierendes System betrachten, wobei wir von der Synergetik her wissen, daß Selbstorganisationsvorgänge auf ganz verschiedenen Substraten ablaufen können.

16. Synergetik der Bilderkennung

Die engen Analogien, die wir zwischen den Erscheinungen bestimmter Systeme in der unbelebten Natur, z. B. bei Flüssigkeiten, und denen bei der Wahrnehmung von Gestalt im Kapitel 5 kennenlernten, lassen natürlich die Frage aufkommen, ob es sich dort lediglich um oberflächliche Analogien handelte oder ob hier tiefliegende Prinzipien am Werke sind. Um es etwas anders zu formulieren: Können wir die aus der Synergetik gewonnenen Erkenntnisse, einschließlich der hier verwendeten mathematischen Methoden, dazu verwenden, um ein Gehirnmodell zu entwerfen, das die Wahrnehmungsleistungen, die insbesondere in der Gestaltpsychologie gefordert werden, erbringt. Damit wollen wir uns im folgenden befassen.

Was ist überhaupt Erkennen? Dazu bedienen wir uns des Konzepts des sogenannten *assoziativen Gedächtnisses,* das in einer ersten mathematischen Form von Karl Steinbuch formuliert wurde. Ein Beispiel hierfür liefert das Telefonbuch. Schlagen wir den Namen Alex Müller nach, so liefert uns das Buch die zugehörige Telefonnummer, d. h., der Name wird durch die Telefonnummer ergänzt. Auch wir Menschen assoziieren. Wenn wir einen Teil eines Gesichtes sehen, so ergänzt unser Gehirn das Gesicht zum Ganzen und nennt uns auch, wenn wir die Person kennen, deren Namen oder sagt uns zumindest, daß wir die Person schon früher getroffen haben. Ein assoziatives Gedächtnis bedeutet also die Ergänzung eines unvollständigen Satzes von Daten zu einem vollständigen Satz.

Die zweite wichtige Idee, die wir von der Synergetik in den Bereich der Wahrnehmung übernehmen wollen, ist die von Ordnungsparametern, deren Verhalten durch die Bewegung einer Kugel in einer Gebirgslandschaft wiedergegeben werden kann. Ein

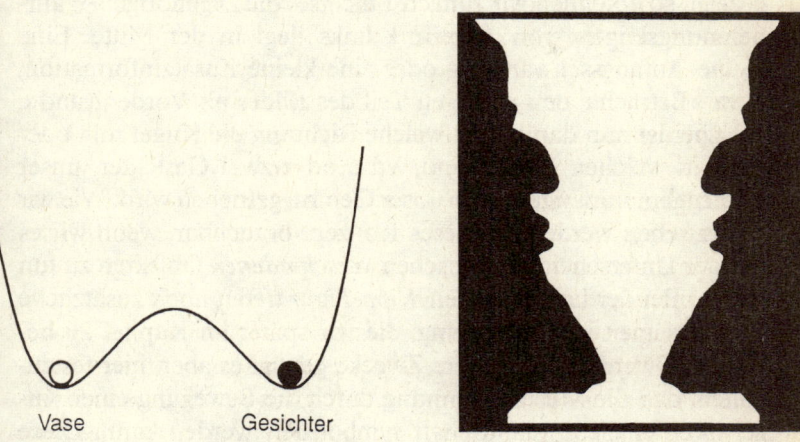

Vase   Gesichter

Abb. 16.1 Diese Abbildung soll erläutern, wie die Bilderkennung mit Hilfe einer Dynamik von Ordnungsparametern erreicht werden kann. Das rechte Bild, das uns in Abb. 5.11 bereits begegnet ist, kann von einem Betrachter, der es noch nie gesehen hat, oft nicht so schnell entschlüsselt werden. Gibt man ihm aber den Hinweis: »Betrachte den mittleren Teil des Bildes als Vordergrund«, so erkennt er rasch eine Vase. Sagt man hingegen: »Betrachte die beiden Seitenteile als Vordergrund«, so erkennt er rasch zwei Gesichter. Die Wahrnehmung ist also zunächst bistabil und kann durch die Bewegung einer Kugel in einem Gebirge (Abb. links) wiedergegeben werden. Den beiden stabilen Zuständen entspricht die Interpretation »Vase« bzw. »Gesichter«. Die Lagekoordinate q spielt wieder die Rolle eines Ordnungsparameters. Eine Anfangsinformation legt die Lage der Kugel etwas rechts bzw. etwas links vom Ursprung fest, wonach dann die Dynamik die Kugel in das endgültige Tal zieht und damit die Wahrnehmung erfolgt ist.

Beispiel hierfür ist in Abb. 16.1 dargestellt. Dort ist auf der rechten Seite ein uns schon bekanntes ambivalentes Bild dargestellt, das sich als Vase bzw. zwei Gesichter deuten läßt. Auf der linken Seite von Abb. 16.1 ist die zugehörige Gebirgslandschaft aufgetragen. Liegt die Kugel im linken Tal, so soll dies bedeuten: »Vase erkannt«, liegt sie im rechten Tal, so heißt das: »Gesichter erkannt.« Jede andere Lage der Kugel soll eine unvollständige Erkennung oder gar keine Erkennung bedeuten. Wird uns Abb. 16.1 rechts gezeigt, so erkennen wir zunächst nichts – die zugehörige »Wahrnehmungskugel« von Abb. 16.1 links liegt in der Mitte. Eine kleine Anfangsschwankung oder eine kleine Zusatzinformation, etwa »Betrachte den mittleren Teil des Bildes als Vordergrund«, entscheidet nun darüber, in welche Richtung die Kugel rollt oder eben in welchen Endzustand, Vase oder zwei Gesichter, unser Wahrnehmungssystem, also unser Gehirn, getrieben wird. Wie wir später sehen werden, ist dieses Konzept brauchbar, wenn wir es mit der Unterscheidung zwischen *verschiedenen* Objekten zu tun haben. Bei der hier gezeigten *Kipp-Figur* treten noch zusätzliche Mechanismen in Erscheinung, die wir später im Kapitel 26 besprechen werden. Für unsere Zwecke genügt es aber, hier festzuhalten, daß die Mustererkennung durch die Bewegung einer Kugel in einer Gebirgslandschaft symbolisiert werden kann. Diese Idee wurde von uns (H.H.) bereits in den frühen siebziger Jahren in Vorträgen vertreten und hat in unserem 1977 erschienenen Buch »Synergetics« ihren Niederschlag gefunden. Unsere Idee liegt auch, wie wir sehen werden (Kap. 31), dem 1981 von John Hopfield entwickelten Konzept eines Neurocomputers zugrunde.

Und schließlich kommt unsere wichtigste Idee, daß nämlich die *Mustererkennung* nichts anderes als *Musterbildung* ist. Dies mag auf den ersten Blick überraschen, aber ein wenig Nachdenken zeigt, daß diese Analogie ganz fundamental ist.

Betrachten wir zuerst die Musterbildung, die wir im Kapitel 2 über Synergetik näher kennengelernt hatten. Sehen wir uns als konkretes Beispiel die Entstehung des Rollensystems von Abb. 2.13 linke Spalte an. Hier war zunächst nur ein Teil der Flüssigkeit in einem geordneten Zustand. Dieser Zustand schuf sich den zugehörigen Ordnungsparameter, der dann einen Wettbewerb mit allen anderen möglichen Ordnungsparametern ausführte, diesen gewann und somit schließlich alle Teile der Flüssigkeit in den geordneten spezifischen Zustand brachte. Dies ist in Abb. 16.2 links noch einmal schematisch dargestellt. Was passiert aber bei der Mustererkennung? Hier sehen wir zunächst einen Teil eines Gesichtes, der durch bestimmte Merkmale, etwa die Form der Nase, gekennzeichnet ist. Nun stellen wir uns vor, daß in unserem Gehirn oder dann bei dem zu konstruierenden Computer diese be-

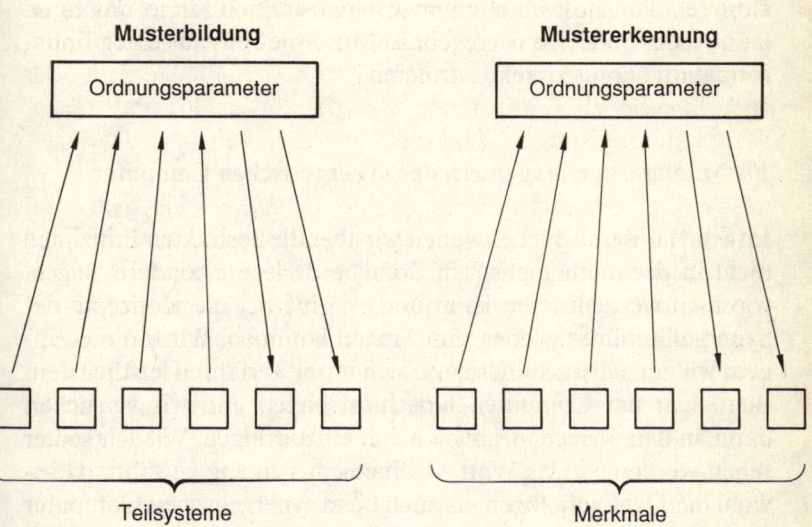

Musterbildung   **Mustererkennung**

Ordnungsparameter   Ordnungsparameter

Teilsysteme   Merkmale

Abb. 16.2 Die Analogie zwischen Musterbildung und Mustererkennung. Links sind einige Teile des Systems, wie etwa bei der Flüssigkeit von Abb. 2.13, bereits in einem geordneten Zustand. So schaffen diese den zugehörigen Ordnungsparameter, der in Wettbewerb mit anderen Ordnungsparametern tritt, diesen aber wegen seiner ursprünglichen Größe gewinnt und so das gesamte System in den geordneten Zustand zieht.

Rechts sind einige Merkmale von einem Gesicht gegeben. So schaffen sich diese ihren Ordnungsparameter, der nach einem Wettkampf mit anderen Ordnungsparametern diesen gewinnt und so das gesamte Muster, also das ganze Gesicht, erzeugt.

reits erkannten Merkmale sich den zugeordneten Ordnungsparameter schaffen. Dieser führt dann einen Wettbewerb mit allen anderen Ordnungsparametern, die zu anderen Gesamtbildern gehören, durch; er gewinnt diesen und stellt somit das Gesamtbild her.

Nun kann man natürlich einwenden, daß die Musterbildung bei den Flüssigkeitsrollen ja um vieles einfacher ist als etwa die Musterbildung eines Gesichtes oder einer viel komplexeren Szene. Unsere überraschende Entdeckung war nun, daß die Musterbildung überhaupt nicht von der Komplexität der Bilder oder Muster abhängt. Mit anderen Worten, wir können jeweils ein System konstruieren, zunächst im mathematisch abstrakten Sinne, das es erlaubt, jedes beliebige vorgegebene Muster jeweils aus einer Teilinformation heraus zu rekonstruieren.

17. Mustererkennung durch den synergetischen Computer

Im Sinne unseres Buches wollen wir aber die abstrakten Prinzipien nicht in der mathematischen Sprache darlegen, sondern zeigen, wie man sie realisieren kann und wie hierbei die Konzepte der Synergetik immer wieder zum Tragen kommen. Wir tun dies, indem wir zunächst schildern, wie sich unser Verfahren letztlich dem Betrachter am Computer-Bildschirm bietet, und wir versuchen dann, in den »Mechanismus« näher einzudringen. Wie wir später sehen werden, ist das Wort Mechanismus zu eng gewählt, da sowohl bei Denkvorgängen als auch beim synergetischen Computer bestimmte Vorgänge auftreten, die eben nicht wie in einer üblichen Maschine ablaufen, sondern typisch für Selbstorganisationsvorgänge sind. Daraus werden wir aber erst später im Laufe unseres Buches zu sprechen kommen.

Sehen wir uns also zuerst unser Vorgehen an. Zunächst fotografieren wir eine Reihe von Personen. Um die einzelnen Gesichter mit Namen zu verstehen, fügen wir jedem Bild noch einen Buchstaben hinzu, der den entsprechenden Namen kodiert. Diese Kodierung kann natürlich auch durch Zahlen oder andere Symbole erfolgen. Wir zerlegen dann die Fotografie in ein Raster aus sogenannten einzelnen Pixels, wobei typischerweise 60 Zeilen und 60 Spalten, in manchen Fällen aber auch mehr, verwendet werden (Abb. 17.1). In jedem Rasterelement, also Pixel, gibt es nun einen bestimmten Grauton. Das gesamte Bild ist also durch einen Satz aller dieser entsprechenden Grautöne gekennzeichnet. Es liegt hier die Analogie mit der Netzhaut nahe (vgl. Kap. 10). In den einzelnen Sehzellen der Netzhaut werden bestimmte Lichtintensivitäten empfangen. Der momentane Zustand der Netzhaut ist dann durch die Verteilung der verschiedenen Lichtintensitäten auf die einzelnen Sehzellen gekennzeichnet. Die Verteilungen der Grauwerte, die den einzelnen Gesichtern zugeordnet sind (Abb. 17.2), werden im Computer in einer bestimmten Weise gespeichert. Das Geheimnis des synergetischen Computers besteht nun darin, wie diese Grauwerte gespeichert und dann zur Bilderkennung verwendet werden.

Beschreiben wir aber zunächst die Aufgabe des Computers. Ihm wird ein Teilbild eines Gesichtes, wie die Augen- und Nasenpartie, vorgelegt. Dann soll es ihm gelingen, nicht nur das zugehörige Gesicht zu rekonstruieren, also mit Hilfe der gespeicherten Gesichter zu vervollständigen, sondern auch den Buchstaben, der den Familiennamen kodiert, anzugeben. Damit ist das Gesicht also erkannt. Daß der Computer dies tatsächlich kann, zeigen die Computerrechnungen, die in Abb. 17.3 dargestellt sind. Auch den

Abb. 17.1 Eine Illustration für unser Vorgehen, wie die Prototypmuster kodiert werden. Das zunächst fotografierte Gesicht wird in einzelne Zellen (sog. Pixel) zerlegt, die Grauwerte in jedem Pixel werden bestimmt und so die Menge aller Grauwerte, die zu diesem Bild gehören, festgelegt.

181

Abb. 17.2 Beispiele für die als Prototypmuster verwendeten Gesichter. Die Buchstaben dienen gleichzeitig zur Kodierung der Namen oder Bezeichnungen der jeweiligen Abbildung.

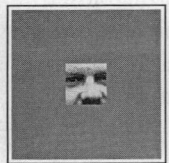

Abb. 17.3 Wenn dem synergetischen Computer der Teil eines Gesichtes wie ganz links angeboten wird, so kann er das gesamte Gesicht nebst dem kodierten Familiennamen vervollständigen. Die Bildfolge zeigt die Vorgänge im Computer anhand des Bildschirms. Interessant ist, daß der Erkennungsprozeß über eine verwaschene, d. h. unscharfe Bildfolge führt.

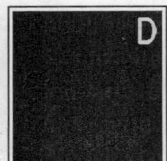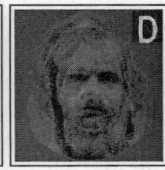

Abb. 17.4 Wird dem synergetischen Computer nur der Buchstabe, der den betreffenden Familiennamen kodiert, angeboten, so gelingt es dem Computer, hierzu das gesamte Gesicht zu rekonstruieren. Auch dabei erfolgt die Erkennung über einen verschwommenen Zwischenzustand.

anderen Vorgang, nämlich aus einem vorgegebenen Familiennamen das Gesicht zu rekonstruieren, vermag der Computer zu lösen, wie dies aus Abb. 17.4, ebenfalls einem Computerexperiment,
hervorgeht. Die einzelnen Bildfolgen sind nichts anderes als das,
was wir auf dem Computerbildschirm beobachten und als Zeitserie verfolgen können. Diese Bilder werden von uns heute noch auf
einem seriellen Computer berechnet, der aber lediglich das simuliert, was sich eigentlich im Sinne der Synergetik abspielt. Genauso, wie wir die Flüssigkeitsrollen (Abb. 2.13) auf einem seriellen Computer berechnet haben, diese sich aber natürlich gleichzeitig an allen Stellen der Flüssigkeit durch Selbstorganisation bilden,
können wir auch hier das zugrunde liegende Konzept viel besser
durch eine parallele Verarbeitung der einzelnen Bildpunkte verstehen. Diese parallele, d. h. in allen Bildpunkten (Pixeln) gleichzei-
tige Änderung der Grautöne können wir bei Abb. 17.3 deutlich sehen. Wie geschieht diese Verarbeitung?

18. Eine Netzwerkrealisierung des synergetischen Computers – ein Schritt zum Gehirn

Um den Bezug zum Gehirn deutlich hervortreten zu lassen, stellen
wir uns vor, daß die ursprünglich von der Retina empfangenen Signale zur Hirnrinde, die die visuellen Eindrücke verarbeitet, weitergeleitet werden. In unserem Computermodell geschieht dies
folgendermaßen: Jedem Pixel des empfangenen Bildes entspricht
ein Modellneuron (Abb. 18.1). Diese ist, gemeinsam mit den anderen, in einer ebenen Schicht angeordnet. Die einzelnen Modellneuronen besitzen einen inneren Erregungszustand, eine innere
Aktivität, die der Lichtintensität der jeweiligen Sehzellen bzw. dem
jeweiligen Grauwert entspricht. Die Neuronen sind untereinander, wie wir schon wissen, durch Synapsen verschaltet, wobei in
unserem Modell jedes Modellneuron mit jedem anderen eine Verbindung besitzt (Abb. 18.2). Je nach Stärke ihrer eigenen inneren
Anregung können die Modellneuronen Signale zu anderen Modellneuronen schicken. Diese multiplizieren und addieren ankom-

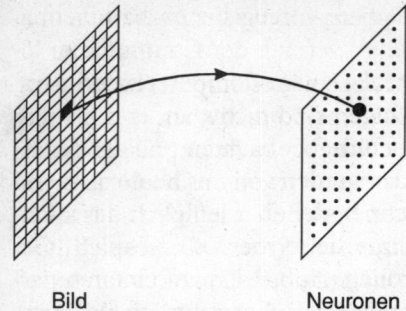

Abb. 18.1 Jeder Zelle des Bildes entspricht ein Modellneuron.

Bild   Neuronen

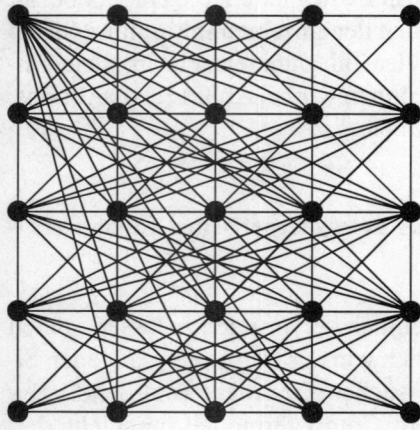

Abb. 18.2 Verknüpfungen zwischen den Modellneuronen. Jedes ist hierbei mit jedem anderen in bestimmter Weise verknüpft.

mende Signale, worauf jedes einzelne Modellneuron seinen Zustand, d. h. seine innere Aktivität, ändert. So entsteht im Laufe der Zeit aus dem Eingangsmuster links in Abb. 17.3 dann das Endmuster der Aktivitätsverteilung rechts in Abb. 17.3. Das Geheimnis des Erfolgs dieses Systems beruht darauf, daß die Stärken der Verbindung zwischen den Modellneuronen, d. h. die Stärke der Synapsen, durch die ursprünglich gespeicherten Bilder so festgelegt werden, daß aus jedem Anfangsmuster ein endgültiges Muster hergestellt werden kann, und zwar dasjenige, das dem Anfangsmuster am ähnlichsten ist.

184

19. Die Gebirgslandschaft der Wahrnehmungsprozesse

Wie hängt nun aber das, was wir soeben beschrieben haben, mit den Konzepten der Synergetik zusammen? Ja, wie beruht das eben Geschilderte auf diesen Ideen? So wie sich in einer Flüssigkeit an jeder Stelle Flüssigkeitsteilchen mit einer bestimmten Geschwindigkeit nach oben oder nach unten bewegen, so ändert sich lokal in jeder Zelle des neuronalen Netzes die Aktivität. Die Gesamtheit der Bewegung aller Flüssigkeitsteilchen oder aller Aktivitäten der Neuronen bezeichnen wir als den Gesamtzustand des Systems. Diesen können wir durch die Lage einer Kugel in einer Gebirgslandschaft symbolisieren. Für den Fall von nur zwei Modellneuronen mit ihren zugehörigen Aktivitäten ist diese Gebirgslandschaft in Abb. 19.1 dargestellt. Diese Gebirgslandschaft hat spezielle Täler, die den gespeicherten Mustern entsprechen. So entspricht das

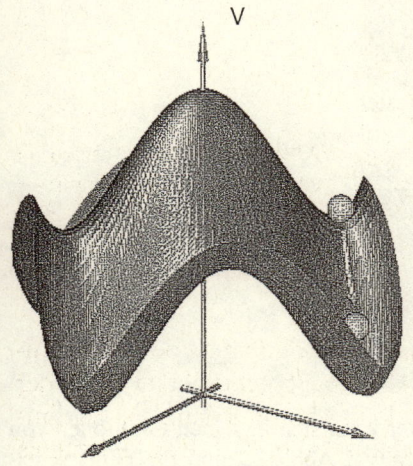

Abb. 19.1 Eine Gebirgslandschaft mit nur zwei Merkmalen und zwei Prototypen. Die Prototypen entsprechen den Tälern. Wird ein Muster angeboten, dessen Merkmale nicht genau mit den Merkmalen der Prototypen übereinstimmen, so entspricht es der Lage der Kugel außerhalb der beiden Täler. Die Kugel rollt dann den Abhang in das nächstgelegene Tal hinunter. Vgl. hierzu auch die Abb. 19.2 bis 19.4.

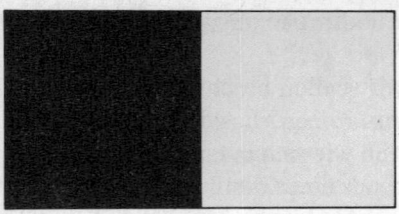

Abb. 19.2 Ein Muster, das nur zwei Merkmale enthält, links eine dunkle Fläche, rechts einen Grauton. Die Abbildung veranschaulicht ein Prototypmuster.

Abb. 19.3 Ein anderes Prototypmuster.

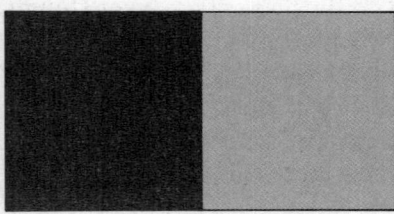

Abb. 19.4 Ein angebotenes Muster kann sich in seinen Grautönen von den gespeicherten Prototypmustern (vgl. Abb. 19.2 und 19.3) unterscheiden, etwa dadurch, daß der Grauton im rechten Kästchen stärker als in Abb. 19.2, aber schwächer als in Abb. 19.3 ist. Der synergetische Computer kann dann feststellen, welchem der beiden Prototypmuster (Abb. 19.2 und 19.3) das hier gebotene Muster am ähnlichsten ist und wird es entsprechend zu Abb. 19.2 korrigieren.

eine Tal einer Intensitätsverteilung von Abb. 19.2, das andere einer Intensitätsverteilung von Abb. 19.3.

Geben wir nun eine Intensitätsverteilung vor, die weder der einen noch der anderen von Abb. 19.2 oder Abb. 19.3 entspricht, etwa die von Abb. 19.4, so können wir dennoch fragen, welche Intensitätsverteilung von den Abb. 19.2 und Abb. 19.3 denn der angebotenen Intensitätsverteilung von Abb. 19.4 am ähnlichsten ist. Diese Aufgabe löst die Dynamik des Balles in der Gebirgslandschaft von Abb. 19.1. Hier entspricht der Intensitätsverteilung von Abb. 19.4 ein bestimmter Punkt in der Gebirgslandschaft. In ihr wird der Ball natürlich das ihm am nächsten benachbarte Minimum aufsuchen. Die Intensitätsverteilung von Abb. 19.4 wird dann, gemäß der Bewegung des Balles, in die von Abb. 19.2 übergehen, und damit ist Abb. 19.4 mit Abb. 19.2 als der ähnlichsten identifiziert. Man könnte auch sagen, ein fehlerhaftes Bild (Abb. 19.4) mit einem fehlerhaften Grauton ist durch das mit dem richtigen Grauton ersetzt worden.

Dieses ganz einfache Beispiel mit zwei Modellneuronen mag dem Leser ein Gefühl dafür geben, wie wir den Mustererkennungsvorgang bei einem Bild mit vielen Pixels und entsprechend vielen Modellneuronen interpretieren können. Jedem Pixel oder Modellneuron entspricht eine Koordinatenachse in einem Raum, der nun so viele Dimensionen hat, wie es Pixels gibt. Diesen hochdimensionalen Raum können wir uns zwar wohl kaum vorstellen, aber er läßt sich mathematisch leicht darstellen. Es gibt in ihm wieder eine Gebirgslandschaft, auf der die »Zustandskugel« rollen und das ihrer Ausgangslage nächstliegende Tal aufsuchen wird.

Der Leser wird ahnen, daß das Geheimnis des synergetischen Computers in der richtigen Konstruktion des Potentialgebirges liegt. Hierbei gehen Größen ein, die uns immer wieder begegnen werden. Die Richtungen, in denen in diesem Raum die Täler liegen, werden durch eine sogenannte Lernmatrix festgelegt, wobei die Lernmatrix in bestimmter Weise aus den ursprünglich gespeicherten Mustern, d. h. aus den Intensitätsverteilungen, aufgebaut wird. Jedem Tal ist eine bestimmte Tiefe zugeordnet; diese wird vornehmlich durch sogenannte Aufmerksamkeitsparameter festgelegt. In der Tat werden wir später direkten Zugang zur Festlegung solcher Aufmerksamkeitsparameter durch Wahrnehmungsexperimente bei Kipp-Figuren erhalten. Zwischen den Tälern müssen aber noch Gebirgskämme errichtet werden, die dafür sorgen, daß die verschiedenen Muster, die angeboten sind, zum richtigen Tal geleitet werden. Auch diese Gebirgskämme können mit Hilfe der ursprünglich gespeicherten Muster aufgebaut werden. Schließlich muß man noch dafür sorgen, daß die Erregung der einzelnen (Modell-)Neuronen nicht unendlich stark anwachsen kann.

Da beim Fortschreiten auf den jeweiligen Koordinatenachsen vom Nullpunkt weg die Erregung immer mehr anwächst (Abb. 19.5), muß man noch von außen her einen Gebirgswall errichten, der den Ball in die Täler zurücktreibt. Allen genannten »Bauvorschriften« für die Gebirgslandschaft entsprechen natürlich mathematische Ausdrücke. Den interessierten Leser verweisen wir auf die Fachliteratur im Anhang, Seite 287 ff. Aber auch der an Mathematik weniger interessierte Leser wird so ein Gefühl bekommen haben, wie der Aufbau dieses Gebirges vor sich geht.

Das Interessante ist, daß der Aufbau dieses Gebirges direkt in die synaptischen Stärken der Verbindungen zwischen den Modellneuronen umgesetzt werden kann, wir können also die synaptischen Stärken direkt aus unserer Konstruktionsvorschrift ablesen. Das ist der ungeheure Vorteil des synergetischen Computers gegenüber allen anderen bisher bekanntgewordenen neuronalen

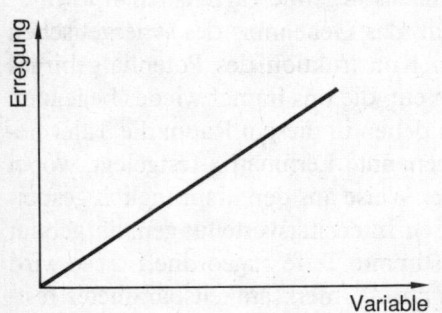

Abb. 19.5 Die Erregung in einer Zelle ist proportional zur zugehörigen Variablen.

Netzen. Die Unterschiede können wir allerdings erst dann herausarbeiten, wenn wir uns mit den anderen neuronalen Netzen befaßt haben. Man kann sich leicht vorstellen, daß die Berechnung der Bewegung eines Balles in einem Potentialgebirge in einem hochdimensionalen Raum, etwa von 10 000 Dimensionen, mathematisch äußerst aufwendig ist. Und wir hätten sicher unsere Resultate nicht erhalten, wenn uns nicht ein anderes grundlegendes Konzept der Synergetik zu Hilfe gekommen wäre, nämlich das des Ordnungsparameters. Genauso wie die Orientierungen der einzelnen Flüssigkeitsrollen von Abb. 2.11 oder Abb. 2.13 durch verschiedene Ordnungsparameter festgelegt wird, so wird auch jeder Satz von Grauwerten von Pixeln festgelegt. Jedes Muster, also auch ein Gesicht, wird durch einen einzigen Ordnungsparameter bestimmt. Genausogut können wir auch sagen, daß die Erregungen aller einzelnen Modellneuronen jeweils durch einen einzigen Ordnungsparameter festgelegt sind. Dies führt zu einer enormen Vereinfachung, da wir uns nicht mehr primär um die Änderungen der Aktivitäten in den einzelnen Neuronen kümmern müssen, sondern nur noch um den Wettkampf der Ordnungsparameter untereinander.

Die Dynamik dieser Ordnungsparameter in ihrem Wettkampf untereinander läßt sich aus der Bewegung der Kugel im Gebirge herleiten. Durch eine gegebene Anfangsverteilung von Grauwerten in einem Bild werden die Größen der einzelnen Ordnungsparameter, die sich auf die verschiedenen Gesichter beziehen, festgelegt. Es kommt dann zu einem Wettbewerb zwischen den Ordnungsparametern, wobei derjenige gewinnt, dessen angebotene Bildkonfiguration einem der gespeicherten Testmuster am ähnlichsten ist.

20. Eine weitere Netzwerkrealisierung des synergetischen Computers: Großmutter-Zellen

Interessanterweise läßt sich das Konzept der Ordnungsparameter nicht nur abstrakt, sondern auch konkret durch ein Netzwerk wiedergeben, das aus drei Schichten besteht (Abb. 20.1). In der obersten Schicht sind es einzelne Zellen, von denen jede einem Pixel zugeordnet ist. Wird dem Computer also ein, meist unvollständiges, Bild gezeigt, so geraten die einzelnen Zellen, d. h. die Modellneuronen, in die entsprechenden Erregungszustände. Die Zellen dieser Schicht senden nun Signale, etwa einen elektrischen Strom,

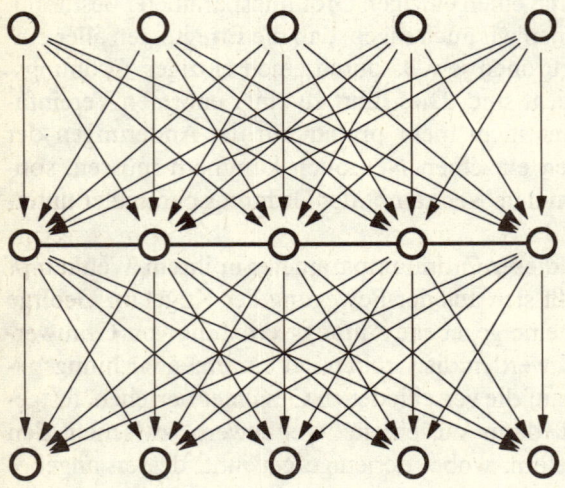

Abb. 20.1 Realisierung des neuronalen Netzes durch drei Schichten. Die oberste Schicht entspricht einem Querschnitt durch Abb. 18.1 rechts. Diese Schicht erhält also die Eingangssignale, die in eine zweite darunterliegende Schicht weitergeleitet werden, so daß in den einzelnen Zellen bestimmte Erregungen erzeugt werden. Die einzelnen Zellen konkurrieren miteinander im Sinne von Ordnungsparametern, wobei eine der Zellen den Wettkampf gewinnt. Ausgehend von dieser wird dann die letzte Schicht erregt, wobei das vollständige Muster in dieser letzten Schicht erscheint.

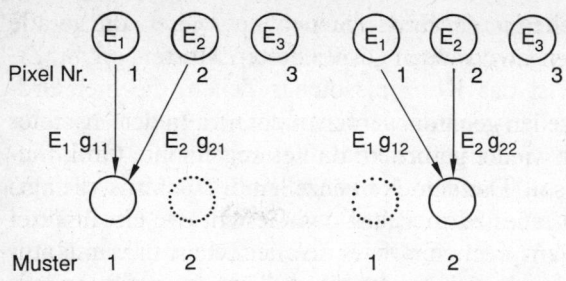

Abb. 20.2 Hier sind die Vorgänge, die von der ersten zur zweiten Schicht in Abb. 20.1 führen, näher erläutert. Die Erregungen der Zellen der Eingangsschicht E_1, E_2 usw. werden mit Gewichtsfaktoren $g_{1,1}$, $g_{1,2}$ usw. multipliziert und dann an Zellen 1, 2, 3 usw. der mittleren Schicht weitergeleitet. Diese Zellen addieren die eingehenden Signale auf. Der rechte Teil der Abbildung zeigt nochmals ein weiteres Detail, wenn die Projektion auf die Zelle 2 erfolgt. Alle diese Projektionen von den Zellen der ersten zur weiteren Schicht erfolgen gleichzeitig.

zu Zellen einer zweiten Schicht. Der wichtige Trick besteht darin, daß die Stromstärke nicht nur proportional zu dem Erregungszustand der Zelle der ersten Schicht ist, er hängt nämlich auch von den jeweils gespeicherten Mustern ab (vgl. Abb. 20.2). Der ursprünglich vorangegangene Lernvorgang hat sich also in den Verbindungsstärken zwischen der ersten und zweiten Schicht niedergeschlagen. Jede Zelle der mittleren Schicht (vgl. Abb. 20.1) repräsentiert einen Ordnungsparameter. Zelle 1 repräsentiert den Ordnungsparameter, der zum Muster (Gesicht) 1 gehört, Zelle 2 den zu Muster 2 gehörigen usw.

Unter diesen Zellen findet nun der Wettkampf der Ordnungsparameter statt. Bevor der Wettlauf beginnt, müssen die Zellen der mittleren Schicht ihre Ausgangsposition, d. h. ihre ursprüngliche Erregung, festlegen. Sie tun dies, indem sie alle aus der ersten Schicht eintreffenden Signale aufsummieren. Die Zelle mit der ursprünglich größten Erregung gewinnt den Wettlauf. Ihre Erregung wird maximal, während bei allen anderen die Erregung auf Null abklingt. Die so übrigbleibende erregte Zelle kann nun einen Ausgangssatz von Zellen in der dritten Schicht enervieren, die gerade die Verteilung des gewünschten gespeicherten Musters ergibt. Erstaunlicherweise ist das Konzept solcher Zellen, die hier Ordnungsparameterzellen genannt werden, nicht neu. In der Physiologie wurde immer wieder gefordert, daß es sogenannte Großmutter-Zellen geben soll. Das sind Nervenzellen des Gehirns, die also auf ein ganz spezielles Muster, auf das Gesicht der Großmutter des Betrachters, ansprechen. Ob es solche Zellen in der Natur wirklich gibt, ist noch nicht endgültig geklärt. Zwar gibt es, wie schon erwähnt wurde, Experimente an Schafen und Affen, bei denen eine bestimmte Zelle stark feuert, wenn der Affe ein spezielles Gesicht sieht. Allerdings könnte diese Zelle Teil eines ganzen Zellverbandes sein, der selbst stark feuert, so daß die Erkennung dann nicht die Leistung einer einzelnen Großmutter-Zelle ist, sondern eines ganzen Zellverbandes. Überdies erfordert unser Computermodell, daß in ihm die Großmutter-Zellen untereinander gekoppelt sind, so daß die Wahrnehmungsleistung auf dem Netzwerk *aller dieser* Zellen beruht.

Aber auch selbst dann, wenn wir uns nicht an die konkrete Realisierung der Ordnungsparameter durch spezielle Großmutter-Zellen klammern, bietet das Konzept der Ordnungsparameter bei der Wahrnehmung ganz entscheidende Vorteile. Jedem einzelnen Wahrnehmungsinhalt, z. B. einem Gesicht, wird ein ganz spezieller Ordnungsparameter zugeordnet. Wie wir später sehen werden, bleibt dieser Ordnungsparameter erhalten, auch wenn das Gesicht im Raum verschoben, vergrößert, verkleinert oder gedreht wird. Er bleibt auch erhalten, wenn das Gesicht verrauscht, gefiltert oder verzerrt ist. Mit dem Ordnungsparameter haben wir also eine Größe an der Hand, die gerade die Eigenschaften des Gestaltkonzeptes besitzt. Wie oft in der Wissenschaft müssen wir aber hierfür einen Preis zahlen: Der Ordnungsparameter ist eben eine sehr abstrakte Größe und setzt sehr abstraktes Denken voraus.

Fassen wir zusammen: Den synergetischen Computer, also einen Computer, der auf den Grundlagen der Synergetik beruht, können wir durch ein Netz aus miteinander verschalteten Zellen, den sogenannten Neuronen, realisieren. Die Änderung des Gesamtzustandes der Erregungen der Neuronen können wir uns durch die Bewegung einer Kugel in einer Gebirgslandschaft vorstellen. Auf einer abstrakteren Ebene entspricht dies einer Konkurrenz von Ordnungsparametern, von denen einer den Wettkampf gewinnt und so schließlich den gewünschten strukturellen Zustand herstellt. Die Bewegung der Kugel, bzw. der Konkurrenzkampf der Ordnungsparameter, kann dabei sowohl auf einem seriellen Computer simuliert als auch durch ein Netzwerk miteinander gekoppelter Zellen verwirklicht werden.

Im Hinblick auf die experimentellen Forschungsergebnisse an Katzen, die ergaben, daß Neuronen Pulse aussenden und daß es zu Kopplungen zwischen den Pulsen verschiedener Neuronen kommen kann, sei zum Schluß dieses Abschnitts noch angemerkt, daß sich auch diese Erscheinungen in unser Modell einbeziehen lassen. Da sich am hier besprochenen Konzept der Mustererkennung aber nichts Wesentliches ändert, wollen wir nicht näher darauf eingehen.

21. Einige Erkennungsaufgaben

Wenden wir uns nach diesen doch immer noch recht abstrakten Überlegungen der Diskussion einiger Resultate zu. Natürlich sind die Muster noch ganz frei wählbar, es muß sich hier nicht um Gesichter handeln, sondern wir können auch einzelne Gesichtsausdrücke wählen. Das Studium von Gesichtsausdrücken spielt natürlich in der Psychologie und auch bei krankhaften Zuständen in der Psychiatrie eine wesentliche Rolle. So wird gefragt, ob der Computer auch feine Unterschiede in Gesichtsausdrücken feststellen kann. Aus dem umfangreichen Material, das wir gemeinsam mit Robert Hönlinger und Philippos Vanger erarbeitet haben, sollen hier nur einige wenige, doch typische Beispiele gebracht werden. Kann man den Computer nicht nur Gesichtsausdrücke von ganzen Gesichtern miteinander vergleichen lassen, sondern auch Ausdrücke von verschiedenen Gesichtspartien, z. B. der Augenregion oder der Mundregion? In einer ersten Serie von Computer-»Experimenten« speicherten wir im Computer als Prototyp-muster verschiedene emotionale Ausdrücke in der Mund- oder Augen-Region der gleichen Person und boten ihm dann als Test-muster einen dieser Gesichtsausdrücke an. Der Computer reagiert hier immer noch erstaunlich empfindlich und kann genau zwischen den Ausdrücken unterscheiden (Abb. 21.1 bis Abb. 21.3).

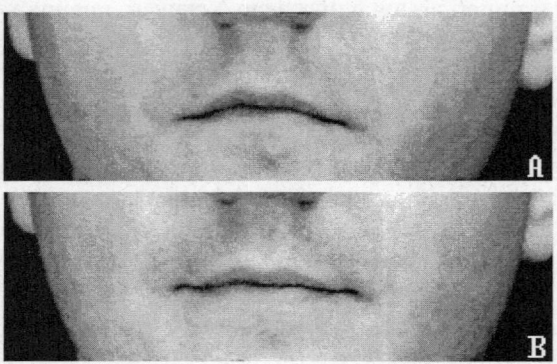

Abb. 21.1 Zwei Beispiele für Mundpartien, die der Computer gut unterscheidet.

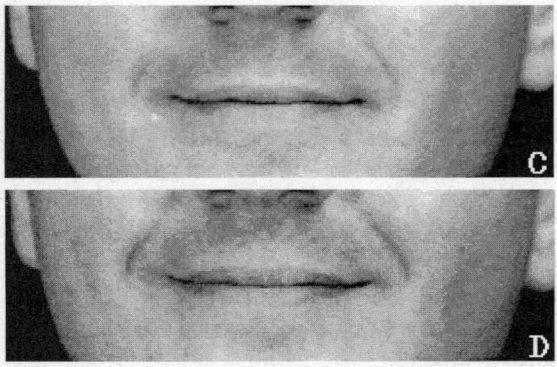

Abb. 21.2 Zwei weitere Mundpartien, die der Computer untereinander und gegenüber denen von Abb. 21.1 zu unterscheiden vermag.

194

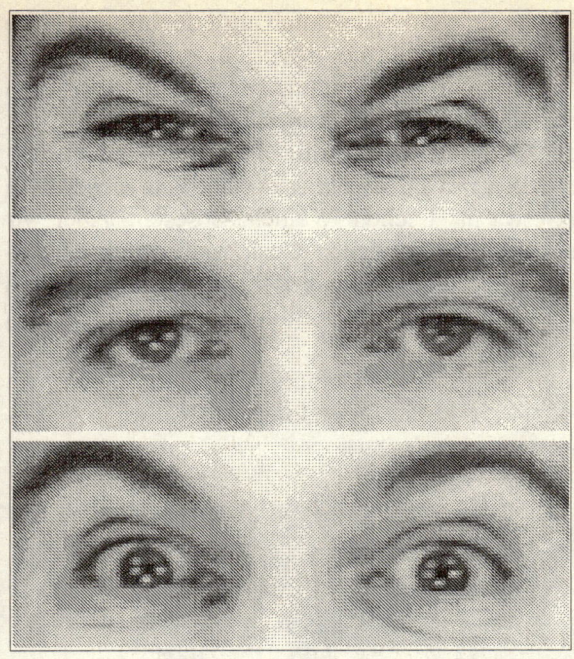

Abb. 21.3 Beispiel für verschiedene Augenpartien, die der Computer gut unterscheidet.

Schwieriger wurde es für den Computer, wenn er zwischen der Mimik *verschiedener* Personen unterscheiden sollte; hier hatte er nur teilweise Erfolg. Sein Erkennungsvermögen wurde aber schlagartig besser – mit einer Erfolgsquote von über 90 Prozent –, als wir in ihm »gemittelte« Prototypmuster speicherten. Hierzu nahmen wir jeweils einen bestimmten emotionalen Ausdruck, wie den der Mundpartie, von etwa 10 Personen und bildeten bei jedem einzelnen, festgehaltenen Bildpunkt (Pixel) den Mittelwert über die Grautöne, die die einzelnen Bilder dort besaßen. Dabei konnte der Computer auch Gesichtsausdrücke von solchen Personen klassifizieren, die gar nicht zu den Personen gehörten, deren Ausdrücke wir bei der Mittelbildung benutzt hatten. Diese Befunde legen die Vermutung nahe, daß auch unser Gehirn mit Hilfe solcher Mittelbildungen seine Prototypvorstellungen bildet – zumindest bei Gesichtern. Diese Vermutung wird in einem späteren Kapitel eine überraschende Verstärkung erfahren.

Wenngleich der Computer unmittelbar zwischen Gesichtsausdrücken *unterscheiden* kann, so vermag er natürlich *nicht*, diese zu interpretieren, etwa als Lachen, Weinen, Bösesein. Aber wir können ihm dies zu jedem speziellen Gesichtsausdruck einprogrammieren oder lernen lassen, so daß dann neben dem jeweils ihm vorgelegten Testmuster auf dem Bildschirm seine (richtige!) Interpretation erscheint.

Ein weiteres Beispiel ist die Erkennung von Stadtplänen, wie dies in den Abb. 21.4 bis Abb. 21.6 erläutert ist. Natürlich gibt es

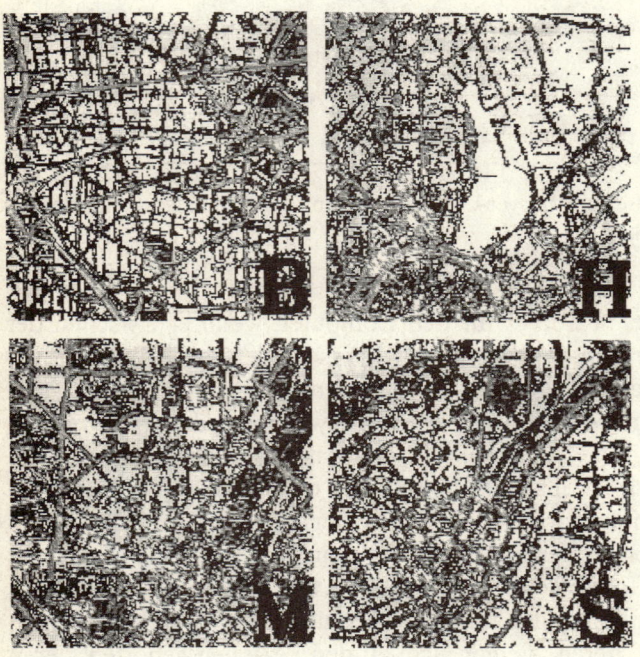

Abb. 21.4 Vier gespeicherte Stadtpläne.

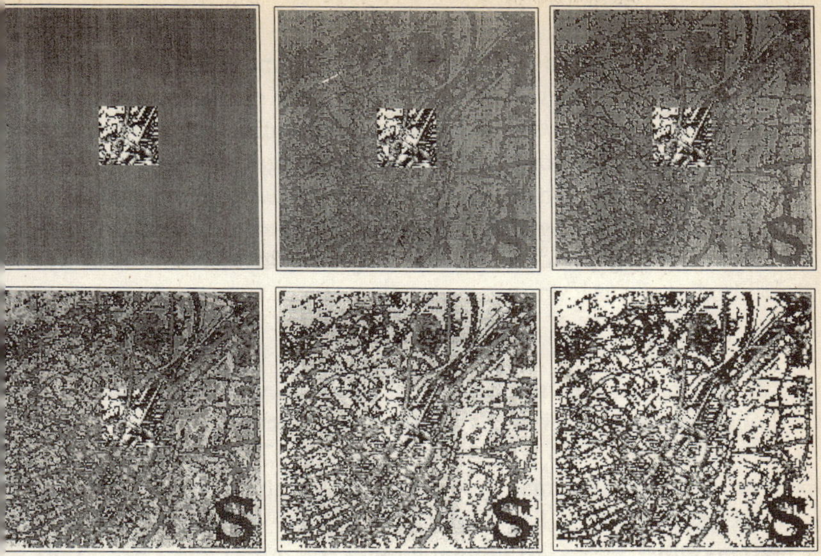

Abb. 21.5 Der Computer vervollständigt einen teilweise angebotenen Stadtplan und nennt die zugehörige Stadt.

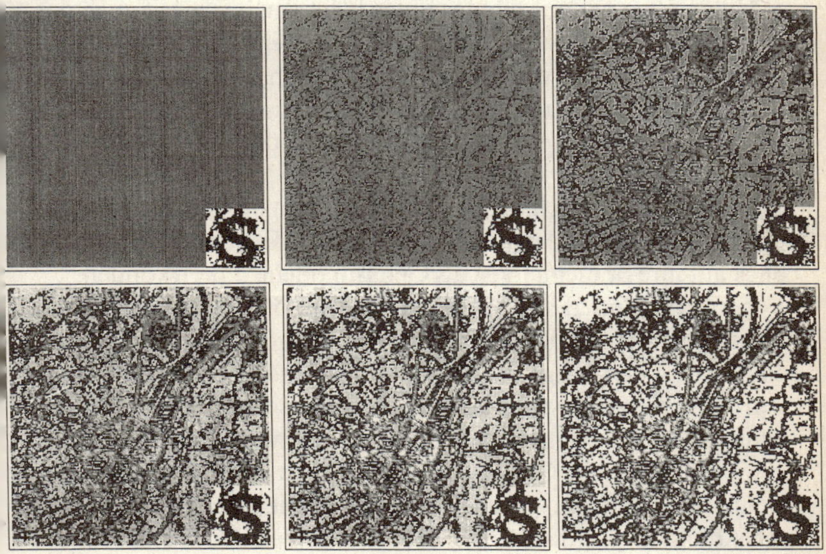

Abb. 21.6 Der Computer konstruiert aufgrund der gespeicherten Stadtpläne und der Kodierung den vollständigen Stadtplan.

hier praktisch unendlich viele Anwendungsmöglichkeiten, so bei der Unterscheidung von Werkstücken, die in einem Fabrikationsprozeß verwendet werden müssen, beim Auffinden fehlerhafter Werkstücke, beim Sortieren von Verpackungen, etwa bei Arzneimitteln, und anderem. Wir wollen uns aber nicht mit einer Diskussion der Anwendungsmöglichkeiten des synergetischen Computers aufhalten, sondern uns den grundsätzlichen Fragen im Hinblick auf das Gehirn zuwenden.

22. Lösung des Gestaltproblems durch den synergetischen Computer: verrauschte oder gefilterte Gesichter

Wie wir schon mehrfach gesehen haben, können wir das Konzept der Gestalt mit dem Begriff der Invarianz in Verbindung bringen. Wir erkennen eine Gestalt unabhängig von ihrer Lage, Größe und Orientierung im Raum und auch, wenn das Bild verrauscht, verzerrt oder frequenzgefiltert ist. Beispiele hatten wir schon in den Abb. 5.4 bis 5.7 kennengelernt.

Hier wollen wir uns mit der Frage befassen, inwieweit auch der synergetische Computer diese Eigenschaften der Gestalterkennung aufweist. Dies wird, so hoffen wir, auch Licht auf die Verarbeitungsfähigkeiten unseres Gehirns werfen und zeigen, wo die Verarbeitung relativ einfach erfolgen kann oder wo Schwierigkeiten auftreten. Ja, wir werden erkennen, wie der synergetische Computer uns verschiedene Denkmodelle zur Verfügung stellt, die wir dann anhand psycho-physikalischer Experimente im Hinblick auf ihre Brauchbarkeit als Gehirnmodelle prüfen können.

Zunächst einmal können wir feststellen, daß der synergetische Computer, wie wir ihn im letzten Kapitel vorgestellt haben, mit einer Reihe von Aufgaben dieser Art spielend fertig wird. Wir haben getestet, inwieweit er auch noch verrauschte Bilder erkennen kann. Abb. 22.1 zeigt, daß der Computer ein verrauschtes Gesicht, gewissermaßen ein Gesicht im Nebel, auch noch dann erkennt, wenn diese Aufgabe uns als Menschen bereits schwerfällt. In dieser Abbildung sind nämlich nach rechts verschieden stark ver-

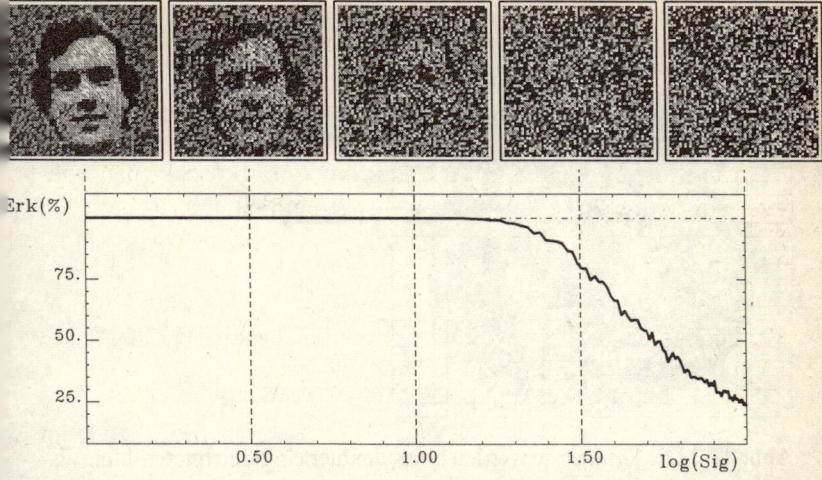

Abb. 22.1 Erkennung verrauschter Gesichter durch den synergetischen Computer. Der obere Teil der Abbildung zeigt das gleiche Gesicht, das von links nach rechts zunehmend verrauscht ist. Darunter ist der jeweilige Prozentsatz, mit dem das Bild erkannt wurde, gegenüber dem Verrauschungsgrad aufgetragen.

rauschte Gesichter aufgetragen und darunter der Grad der Verrauschung, bei dem der Computer das Gesichts jeweils noch erkennt. Erst bei einer sehr starken Verrauschung erkennt der Computer das Gesicht nicht mehr hundertprozentig, sondern nur noch zu einem bestimmten Prozentsatz. Bei diesen Computerexperimenten wird dem Computer immer wieder ein Gesicht mit einem bestimmten Verrauschungsgrad angeboten, wobei die Verrauschung der Grautöne an verschiedenen Stellen jeweils unterschiedlich stark sein kann.

Überraschend leicht fällt es dem Computer auch, sogenannte hoch- und tief-pass-gefilterte Gesichter zu erkennen. Hierzu müssen wir allerdings zuerst erläutern, was wir unter hoch- und tief-pass-gefilterten Gesichtern verstehen. Betrachten wir dazu eine Reihe von Pixeln längs einer Linie, so wie dies in Abb. 22.2 gezeigt ist. Tragen wir die Stärke der Grautöne nach oben und die Koordi-

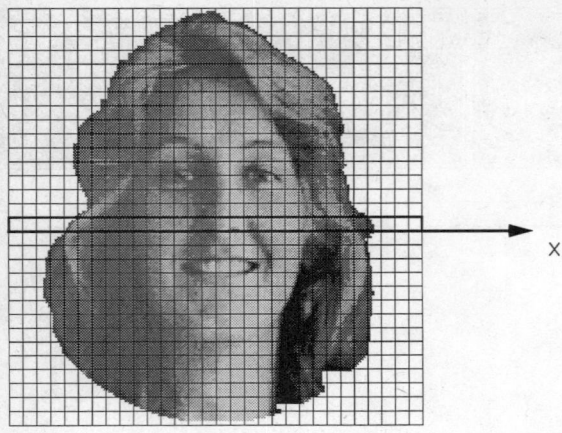

Abb. 22.2 Die Grauwerte werden längs der hier eingezeichneten Linie abgetastet.

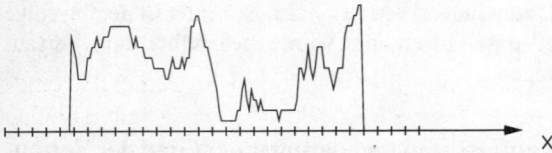

Abb. 22.3 Die in Abb. 22.2 abgetasteten Grauwerte sind nach oben gegenüber der x-Achse aufgetragen.

nate des jeweiligen Pixels nach rechts ab, so ergibt sich eine Kurve von Grautönen, wie sie in Abb. 22.3 wiedergegeben ist. Wie in der Mathematik gezeigt wird, läßt sich jede solche Kurve als eine Überlagerung von Wellen, so wie dies in Abb. 22.4 angedeutet ist, darstellen. Dieses Verfahren wird als Fourier-Analyse bezeichnet. Hoch-pass-Filterung bedeutet nun, daß Wellen mit großer Wellenlänge aus dem Bild herausgefiltert, d. h. weggelassen werden, und umgekehrt bedeutet Tief-pass-Filterung, daß Wellen mit kurzer Wellenlänge herausgefiltert werden. Nach dieser Filterung wird das Bild wieder aus den einzelnen noch vorhandenen Wellen zusammengesetzt, wobei bei der Hoch-pass-Filterung die scharfen

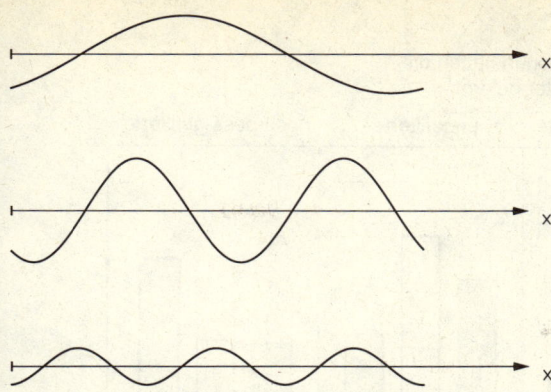

Abb. 22.4 Die Kurve der Abb. 22.3 läßt sich als eine Überlagerung von Wellen auffassen, von denen hier einige als Beispiele aufgeführt sind.

Konturen übrigbleiben. Bei der Tief-pass-Filterung nimmt das Bild hingegen weichere Konturen an.

Um die menschliche Erkennungsfähigkeit zu testen, haben Psychologen, wie A. J. O'Toole und Mitarbeiter in den USA eine Reihe von Versuchen mit Testpersonen durchgeführt, wobei hoch- oder tief-pass-gefilterte Bilder verwendet wurden. Hierbei waren mehrere Aufgaben zu lösen. So wurden den Testpersonen zunächst normale Gesichter, d. h. nicht-gefilterte Gesichter, gezeigt, die von den Personen gelernt wurden. Sodann wurden hoch-pass-gefilterte Gesichter gezeigt, und die Testpersonen mußten sagen, mit welchem gelernten Gesicht das jeweils gezeigte gefilterte Gesicht übereinstimmt. Entsprechendes wurde auch mit tief-pass-gefilterten Gesichtern durchgeführt. In einer anderen Testreihe wurden den Personen als zu lernende Muster tief-pass-gefilterte Gesichter gezeigt; diese waren dann mit hoch-pass-gefilterten Gesichtern zu vergleichen oder umgekehrt. Das Ergebnis der Experimente von O'Toole ist in Abb. 22.5 wiedergegeben.

Wir haben nun die entsprechende Testreihe mit unserem synergetischen Computer anhand der gespeicherten Gesichter von Abb. 17.2 durchgeführt. Beispiele für angebotene tief- oder hoch-

Experiment 1

Die Versuchspersonen hatten die
folgenden Gesichter gelernt:

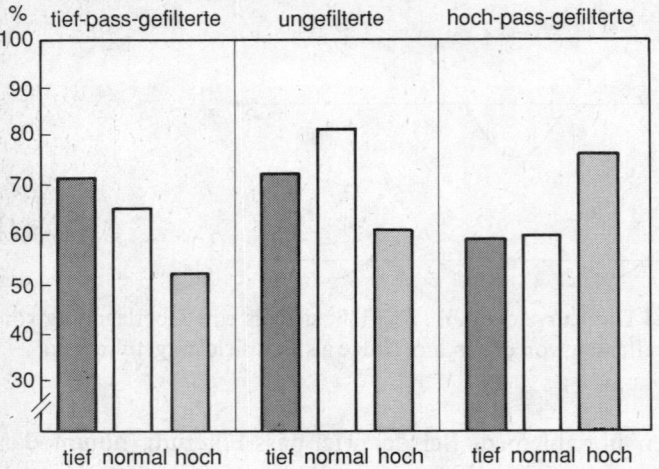

Abb. 22.5 Die experimentellen Ergebnisse von A. J. O'Toole und Mitarbeitern. Die drei Kästchen entsprechen den drei Gruppen von Versuchspersonen, von denen die eine (linkes Kästchen) tief-pass-gefilterte Gesichter lernte, die mittlere Gruppe ungefilterte und die rechte Gruppe hoch-pass-gefilterte Gesichter. Jeder der drei Gruppen wurden dann jeweils tief-pass-gefilterte, ungefilterte und hoch-pass-gefilterte Gesichter gezeigt. So sehen wir im linken Kästchen, daß diejenige Gruppe, die tief-pass-gefilterte Gesichter gelernt hatte, auch die tief-pass-gefilterten Gesichter am besten erkannte, während hoch-pass-gefilterte Gesichter schlecht erkannt wurden. Bei der Gruppe, die die ungefilterten Gesichter gelernt hatte, wurden auch die ungefilterten Gesichter am besten erkannt. Daneben wurden tief-pass-gefilterte Gesichter zwar schlechter als die ungefilterten Gesichter, aber immer noch besser als die hoch-pass-gefilterten Gesichter erkannt. In der rechten Gruppe, die hoch-pass-gefilterte Gesichter gelernt hatte, wurden die hoch-pass-gefilterten Gesichter am besten erkannt, die ungefilterten und tief-pass-gefilterten Gesichter schlechter, aber unter sich gleich gut.

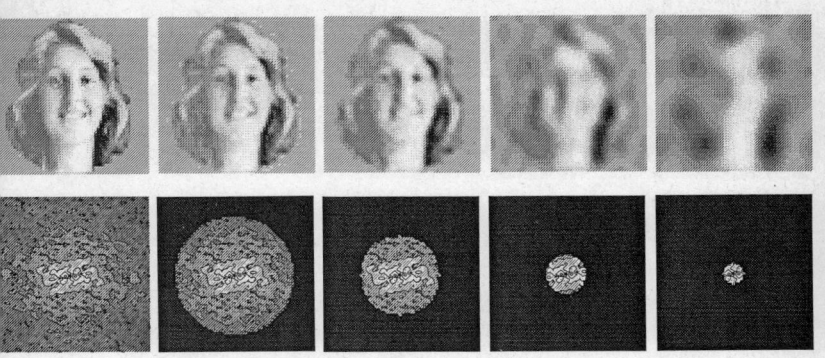

Abb. 22.6 Beispiel für ein tief-pass-gefiltertes Gesicht, wobei der Grad der Filterung von links nach rechts hin zunimmt. Die Bildfolge darunter zeigt die beibehaltenen Pixel aus Abb. 22.4.

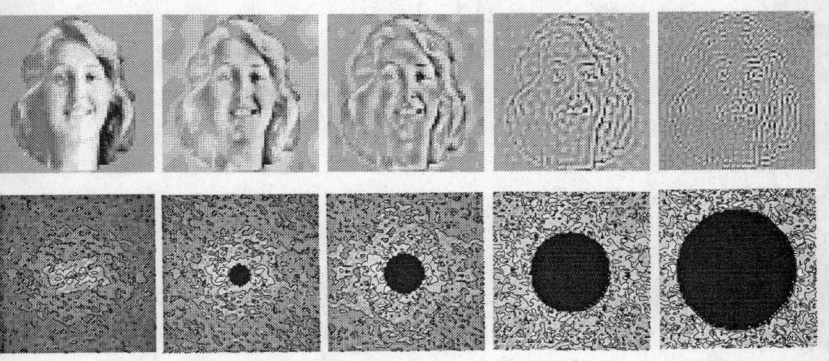

Abb. 22.7 Ein hoch-pass-gefiltertes Gesicht, wobei der Grad der Filterung von links nach rechts hin zunimmt. Die Bildfolge darunter zeigt die beibehaltenen Pixel aus Abb. 22.4.

Abb. 22.8 Erkennen eines tief-pass-gefilterten Gesichts (links) durch den synergetischen Computer. Im Lauf der Zeit (von links nach rechts) gelingt ihm, das angebotene Muster zum richtigen Gesicht nebst Namenkodierung zu ergänzen. Offensichtlich ist hier der synergetische Computer dem menschlichen Erkennungsvermögen überlegen.

Abb. 22.9 Erkennen eines ursprünglich vorgegebenen hoch-pass-gefilterten Gesichts (links).

pass-gefilterte Gesichter sind in den Abb. 22.6 bis 22.7 angegeben. Wie wir vor allen Dingen bei den tief-pass-gefilterten Gesichtern sehen, wird hier das menschliche Erkennungsvermögen in bestimmten Fällen schon sehr strapaziert. Um ein Maß für die Erkennungsfähigkeit des Computers zu finden, wurde die Zeit bestimmt, die er braucht, um aus dem angebotenen Bild das ursprünglich gespeicherte Bild zu rekonstruieren. Diese Zeit wächst mit immer kleiner werdendem Informationsangebot natürlich an. Beispiele für die zeitliche Entwicklung vom gefilterten zum ursprünglichen Gesicht finden sich in den Abb. 22.8 und 22.9. Um die Computerresultate mit denen von O'Toole zu vergleichen, tragen wir in Abb. 22.10 nach oben nicht die errechnete Zeit direkt auf, sondern eins dividiert durch diese Zeit. Die Übereinstimmung mit den Experimenten von O'Toole ist recht gut. Wie wir sehen, hat unser Computer hier ein Erkennungsvermögen, das dem von Menschen durchaus entspricht und ähnliche Resultate zeigt.

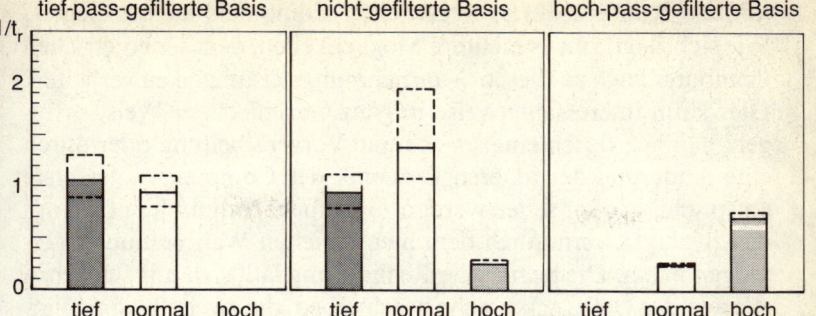

Abb. 22.10 Theoretische Resultate des synergetischen Computers. Nach oben ist die inverse Zeit aufgetragen, die der Computer brauchte, um ein Gesicht zu erkennen. Das Verhalten der »Blöcke« ist ganz ähnlich wie in Abb. 22.5 und zeigt so eine gute Übereinstimmung. Die einzige Ausnahme bilden die Resultate bezüglich der hoch-pass-gefilterten Basis, wobei die tief-pass-gefilterten Testmuster vom Computer nicht identifiziert werden konnten. Der Grund liegt darin, daß bei unserem Vorgehen diesmal dem Computer durch die Filterungen keine für ihn brauchbare Information zur Verfügung stand.

23. Bildtransformationen in der Ebene – eine erste Lösung

Für uns Menschen ist das Erkennen von Gegenständen ohne weiteres möglich, auch wenn diese im Raum verschoben sind. Dazu brauchen wir nicht einmal, zumindesten bei kleinen Verschiebungen, die Augen zu bewegen. Genauso mühelos erkennen wir Gesichter oder Gegenstände unabhängig von ihrer Entfernung oder ihrer Größe, sofern die Gegenstände oder Gesichter nicht zu weit weg sind, so daß das Auflösungsvermögen unseres Auges darunter leidet. Schließlich erkennen wir auch Gesichter oder Gegenstände, wenn diese gedreht sind. Kann dies auch der oben beschriebene synergetische Computer?

Wenn wir ehrlich sind, lautet die Antwort schlicht »nein«. Zwar kann er noch Gesichter erkennen, wenn diese geringfügig gegeneinander verschoben sind oder geringfügig gegeneinander gedreht sind, aber bei größeren Abweichungen versagt er. Müssen wir da-

205

mit das Konzept des synergetischen Computers ad acta legen? Wie sich zeigt, gibt es mehrere Möglichkeiten, dem synergetischen Computer auch zu diesen Wahrnehmungsleistungen zu verhelfen. Dies kann interessanterweise in ganz verschiedener Weise erfolgen, nämlich durch eine sogenannte Vorverarbeitung oder durch eine Änderung der inneren Dynamik des Computers. Das erste entspricht, wie wir sehen werden, einer mehr technischen Lösung; das zweite ist vermutlich dem menschlichen Wahrnehmungsvermögen näher. Die technische Realisierung läßt sich nur schwer in Worten der Umgangssprache beschreiben, die zweite Lösung hingegen ist sehr anschaulich beschreibbar.

Wagen wir es aber trotzdem, uns mit dem ersten Lösungsweg etwas genauer zu befassen, wobei wir den an Mathematik wenig interessierten Leser um Nachsicht bitten müssen; er könnte dieses Kapitel auch überspringen. Betrachten wir zunächst die Mustererkennung, die unabhängig gegenüber Verschiebungen der Objekte im Raum ist. Hierzu bedienen wir uns wieder dem Zerlegen der Grauwerte eines Bildes nach einzelnen Wellen, der Fourier-Analyse. Abb. 23.1a und 23.1b zeigen das gleiche Gesicht, das aber eine unterschiedliche Lage im Raum hat. Um eine Idee zu bekommen, wie hier die Fourier-Analyse anzuwenden ist, denken wir uns, wie in den Bildern schon angezeigt, einen Querschnitt durch eine Reihe von Pixeln und tragen die Verteilung der Grauwerte, wie sie in Abb. 23.2a bzw. 23.2b angegeben ist, in Abb. 23.3a bzw. 23.3b auf. Dabei entsprechen also Abb. 23.3a der Abb. 23.2a und Abb. 23.3b der Abb. 23.2b. Natürlich ist die Grauwertverteilung der Abb. 23.3b gegenüber der von Abb. 23.3a verschoben, und zwar um das gleiche Stück wie 23.2b gegenüber 23.2a auch. Zerlegen wir nun diese Grauwertverteilungen nach einzelnen Wellen mit Hilfe der uns schon oben begegneten Fourier-Analyse, so ergibt sich, zumindest schematisch, eine Verteilung von Wellen wie sie in Abb. 23.4a bzw. 23.4b gegeben ist, wobei Abb. 23.4a der Abb. 23.3a und Abb. 23.4b der Abb. 23.3b zugeordnet sind, wie dies aus der Anordnung der Abbildungen deutlich wird.

Die gesamte Information, die vorher in der Verteilung der

206

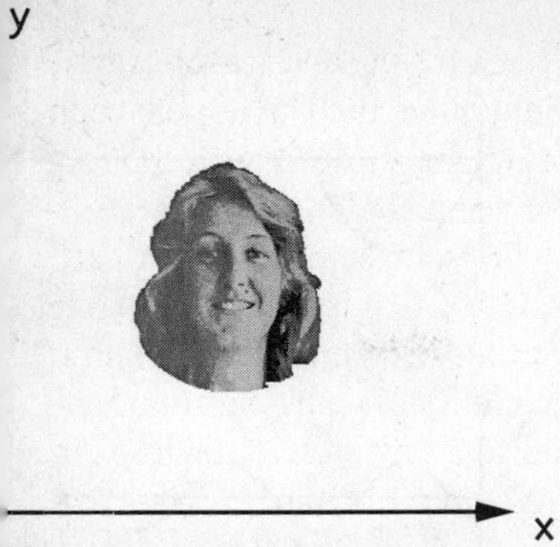

y

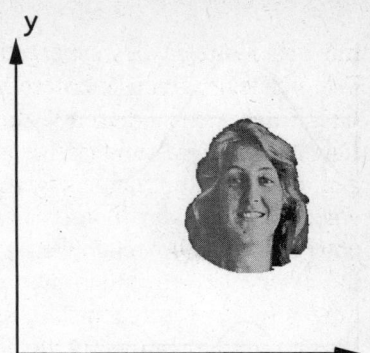

Abb. 23.1a Beispiel für ein Proto-typmuster

y

Abb. 23.1b Nach rechts verscho-ben.

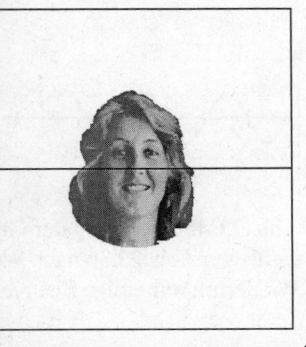

x

Abb. 23.2a Horizontaler Schnitt durch Abb. 23.1a.

x

Abb. 23.2b Horizontaler Schnitt in gleicher Höhe wie bei Abb. 23.2a, aber durch die Figur von Abb. 23.1b.

Grauwerte

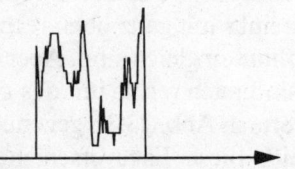

x

Abb. 23.3a Verteilung der Grau-werte längs des Schnittes von Abb. 23.2a.

Grauwerte

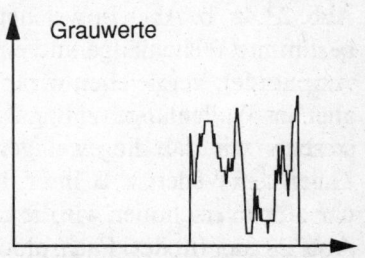

x

Abb. 23.3b Verteilung der Grau-werte längs des Schnittes von Abb. 23.2b.

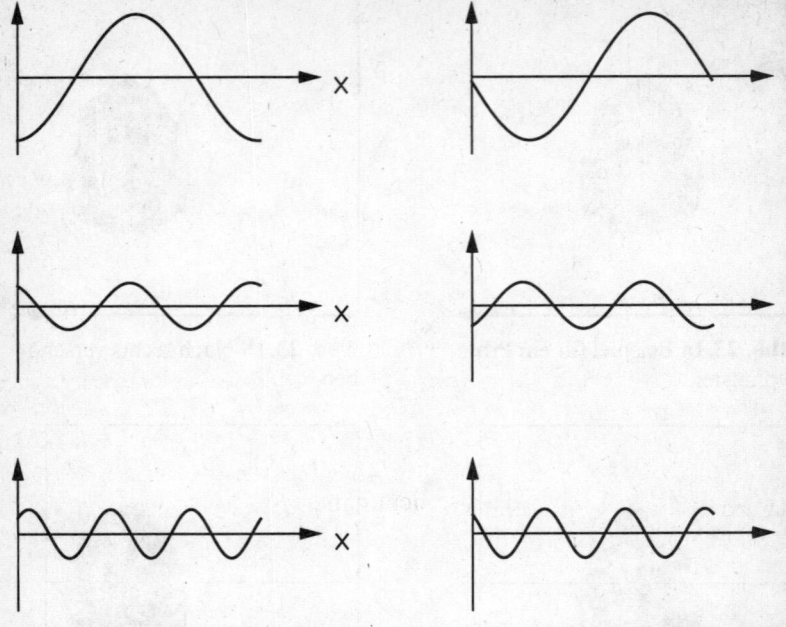

Abb. 23.4a Zerlegung der Grauwertverteilung von Abb. 23.3a nach Wellen. Gezeigt sind nur einige Beispiele.

Abb. 23.4b Zerlegung der Grauwerte von Abb. 23.3b nach Well. Wiederum nur einige Beispiele.

Grauwerte längs des herausgegriffenen Streifens (vgl. Abb. 23.2a, b) vorhanden war, steckt nun in den Wellendarstellungen der Abb. 23.4a, b. Aber in welcher Weise? Jede der Wellen hat eine bestimmte Wellenlänge und eine bestimmte Wellenhöhe (die sog. Amplitude). Vergleichen wir in den Abb. 23.4a und 23.4b Wellen gleicher Wellenlänge (z. B. ganz oben links mit ganz oben rechts), so sehen wir, daß die jeweiligen Amplituden gleich sind. Aber die Lagen der Wellen, z. B. ihrer Berge, sind nach rechts um das gleiche Stück verschoben wie die Grauwerte in Abb. 23.3b gegenüber Abb. 23.3a. In der Fachsprache heißt diese Lageverschiebung »Phasenverschiebung«.

208

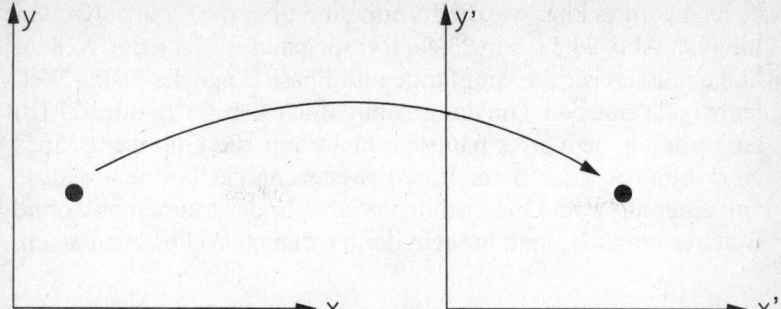

Abb. 23.5 Bei der logarithmischen Abbildung wird einem Punkt in einer Ebene mit den Achsen x, y ein anderer Punkt in einer anderen Ebene mit den Achsen x', y' zugeordnet.

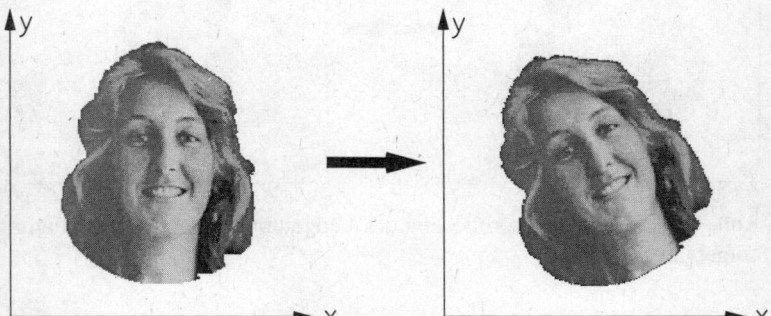

Abb. 23.6 Drehung einer Figur in der x, y-Ebene.

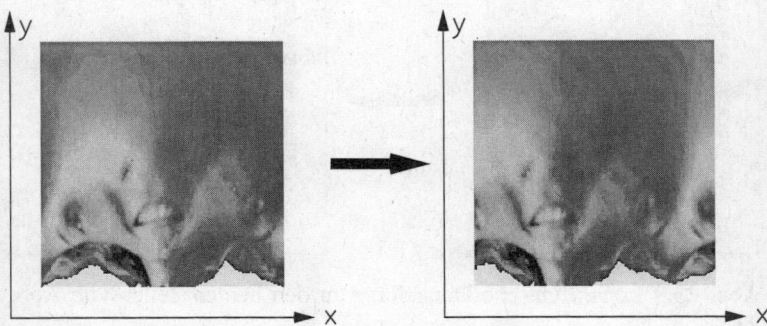

Abb. 23.7 Logarithmische Darstellung von Abb. 23.6.

Jetzt wird es klar, wie die Information über die Grauwertverteilung der Abb. 23.3a, b in 23.4a, b gespeichert ist. Zu jeder Wellenlänge müssen wir die Amplitude und Phase (Lage des ersten Wellenberges) angeben. Um das gesamte Bild (Abb. 23.1a oder 23.1b) zu kodieren, genügt es natürlich nicht, nur die Grauwerte längs einer Linie zu analysieren. Die Erweiterung der Fourier-Analyse von einer auf zwei Dimensionen ist aber in der Mathematik ohne weiteres möglich; man braucht dann lediglich Wellen zuzulassen,

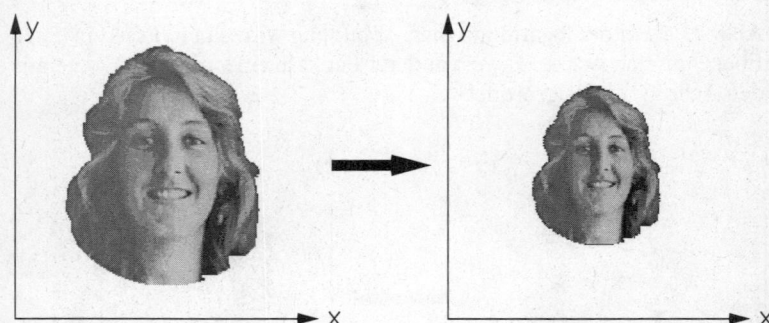

Abb. 23.8 Bei einer Vergrößerung des Längenmaßstabes wird die Figur aufgeblasen.

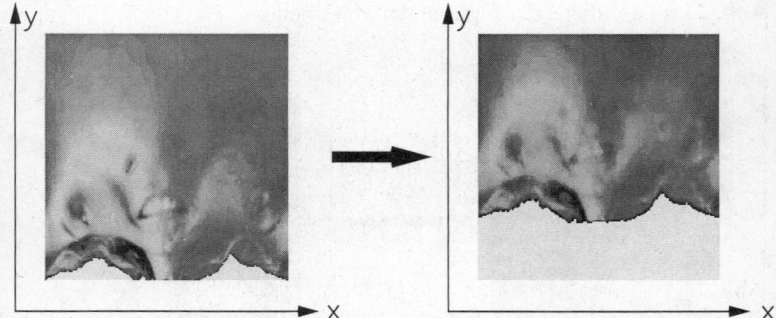

Abb. 23.9 Logarithmische Darstellung zu den beiden Teilen von Abb. 23.8.

210

die nicht nur in x-Richtung »laufen«, sondern auch in einer beliebigen Richtung schräg dazu.

Kehren wir aber zu unserem Problem zurück, Gestalten unabhängig von ihrer Lage im Raum zu erkennen. Wir können feststellen, daß die beiden Abb. 23.4a und 23.4b bis auf Verschiebungen der Phasen gleich sind. Wenn es also gelingt, eine Darstellung für ein Bild zu finden, in dem die Größe der Phase herausfällt, so können wir dieses Bild als unabhängig von seiner Lage im Raum anse-

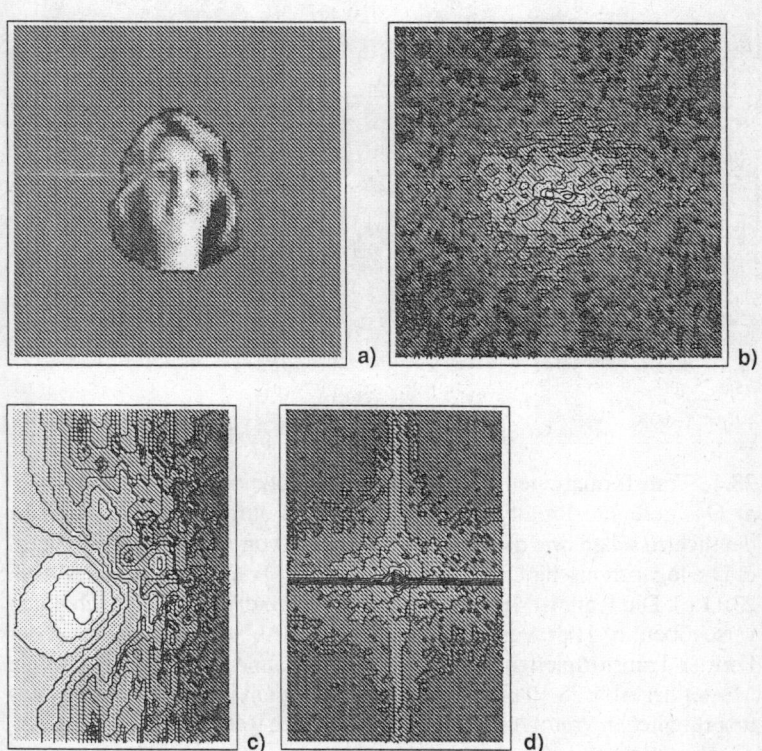

Abb. 23.10 Transformationen von Prototypmustern.
a) Das ursprüngliche Prototypmuster. b) Nach Ausführung der Fourier-Transformation. c) Logarithmische Darstellung von b). d) Der Absolutbetrag der Fourier-Transformierten des Musters c).

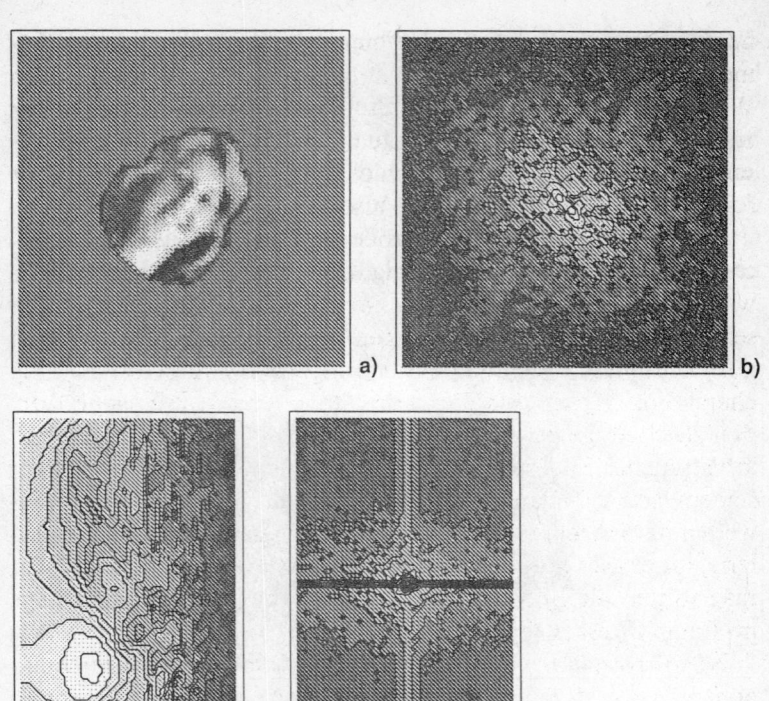

23.11 Transformationen eines gedrehten Prototypmusters.
a) Das gedrehte Prototypmuster. b) In der Fourier-Transformation ist deutlich zu sehen, wie die Figur gegenüber der von Abb. 23.10 gedreht ist. c) Die logarithmische Darstellung der Fourier-Transformierten aus Abb. 23.11 b). Die Figur ist gegenüber der Abb. 23.10 c) ersichtlich nach unten verschoben. d) Hier wurde wiederum wie in Abb. 23.10 der Betrag der Fourier-Transformierten des Musters c) genommen. Ersichtlich sind die Muster der Abb. 23.10 und 23.11 identisch. Damit ist eine Kodierung des ursprünglichen Prototypmusters gelungen, auch wenn dieses gedreht ist.

hen. Das ist gerade das, was wir hier tun. Wir führen eine (zweidimensionale) Fourier-Transformation durch, aus der wir sofort Wellenhöhen und Phasen ablesen können. Sodann behalten wir zur Bildkodierung nur die Wellenhöhen bei. Mathematisch geschieht dies übrigens durch einen ganz einfachen Trick, indem wir nämlich den Betrag der Fourier-Koeffizienten bilden.

Werfen wir mit den Phasen aber nicht zu viele, das ursprüngliche Bild kennzeichnende Informationen weg? In einer Dimension wäre das tatsächlich so, aber in zwei Dimensionen ist dies (unter sehr allgemeinen Voraussetzungen) möglich. Ein Bild wird also nun nicht mehr mit Hilfe der ursprünglichen Grauwertverteilung charakterisiert, sondern durch die Gesamtheit der Wellenhöhen, d. h. der Beträge der Fourier-Koeffizienten. Nach dieser »Vorverarbeitung des Bildes« kommt nun der synergetische Computer zu seinem Recht. Genauso wie er früher aus den gespeicherten Grauwerten der einzelnen Muster seine »Gebirgslandschaft« konstruierte, tut er dies nun für die gespeicherten Wellenhöhen und vermag so nun die Bilder wie Gesichter unabhängig von ihrer Lage im Raum zu erkennen.

Noch abstrakter wird es, wenn wir die Bilderkennung auch unabhängig von der Größe des Objekts und seiner Orientierung in der Bildebene machen wollen. Dann greift man zur sogenannten logarithmischen Abbildung, bei der jedem Punkt einer Ebene ein Punkt einer anderen Ebene zugeordnet wird (vgl. Abb. 23.5). Bei dieser Abbildung entspricht der Drehung des Objekts in der Ebene (Abb. 23.6) eine Verschiebung der Bildpunkte längs der senkrechten Achse in der neuen abgebildeten Ebene (Abb. 23.7). Zugleich entspricht einer Vergrößerung oder Verkleinerung des Längenmaßstabes (Abb. 23.8) eine Verschiebung längs der waagerechten Achsenrichtung in der abgebildeten Ebene (Abb. 23.9).

Damit ist für einen Mathematiker etwas sehr Schönes passiert, nämlich es gelingt so, ein neues Problem auf ein bereits gelöstes altes Problem zurückzuführen. Wie man nämlich die Erkennung invariant, d. h. unabhängig von einer Verschiebung in der Ebene macht, hatten wir ja oben schon gesehen. Wir brauchen also nur noch einmal diesen Trick der Fourier-Transformation anzuwenden, die Absolutbeträge zu nehmen und uns damit von der Verschiebung in dem abgebildeten Raum unabhängig zu machen. Für den Nicht-Mathematiker ist das natürlich alles furchtbar abstrakt, aber die Ergebnisse lassen sich doch sehr einfach darstellen und interpretieren. Betrachten wir dazu Abb. 23.10 und Abb. 23.11, in denen links ein ungedrehtes und darunter ein gedrehtes Gesicht gezeigt ist. Da die Bilder zweidimensional sind, müssen auch die Fourier-Koeffizienten über einer zweidimensionalen Ebene aufgetragen werden, und zwar machen wir dies, unserem Programm gemäß, mit den Beträgen der Fourier-Koeffizienten, wobei also

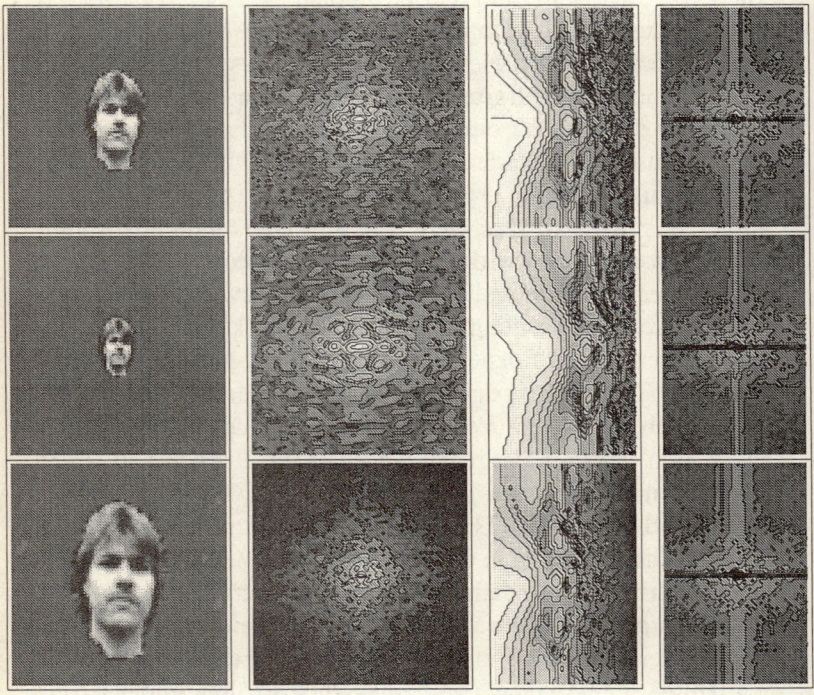

Abb. 23.12 Wie in Abb. 23.11, aber für ein normales, ein verkleinertes und ein vergrößertes Gesicht.

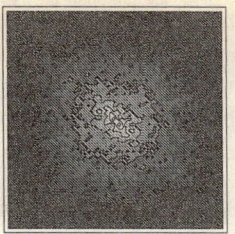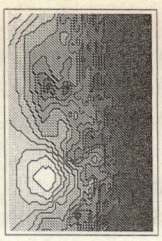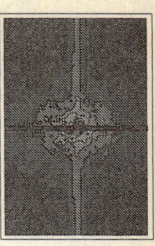

Abb. 23.13 Die Darstellung eines gedrehten, vergrößerten und verschobenen Gesichts.

die Phasenfaktoren weggelassen sind. Um die Abhängigkeit der Fourier-Koeffizienten von den entsprechenden Wellenlängen in x- bzw. y-Richtung aufzutragen, sind zwei Dinge zweckmäßig. Wir benutzen längs der Achsen nicht die Wellenlängen selbst, sondern deren Reziproke, die sogenannten Wellenzahlen, und wir führen für die Höhe der Wellenberge Höhenlinien ein. Jede Linie entspricht also dem Betrag eines bestimmten Fourier-Koeffizienten. Wie wir in Abb. 23.10 sehen, gibt es hier ein ausgeprägtes Maximum, das dann in verschiedener Weise nach außen abfällt. Schauen wir uns das entsprechende Quadrat in Abb. 23.11b) an, so sehen wir, daß die beiden Intensitätsverteilungen der Fourier-Koeffizienten noch voneinander verschieden sind; sie sind gegeneinander verdreht.

Sodann führen wir in einem nächsten Schritt, d. h. im Quadrat c), die logarithmische Abbildung durch. Auch hierbei unterscheiden sich die beiden Bilder noch deutlich voneinander. Die Verteilung ist in 23.11c) gegenüber der von 23.10c) nach unten gerutscht. Machen wir aber den letzten Schritt, nämlich wiederum eine Fourier-Transformation und Bildung der Beträge (Abb. 23.10d, 23.11d), so sind die Bilder einander völlig gleich. Das ist, was wir unter Invarianz verstehen. Das Gesicht der Dame ist also hier in invarianter Weise kodiert. Würde man andere Gesichter entsprechend analysieren, so ergäbe sich auch in dieser Kodierung ein anderes Bild. Zwar ist die Schönheit des ursprünglichen Bildes verlorengegangen, aber das neue Bild hat den Vorteil, daß es die Person in einer Weise charakterisiert, die unabhängig von der Drehung in der Bildebene ist.

Genau das gleiche kann man auch mit vergrößerten und verkleinerten Gesichtern durchführen, wie dies in Abb. 23.12 wiedergegeben ist. Auch hier unterscheiden sich die vergrößerten und verkleinerten Gesichter in der letzten Kodierung nicht mehr voneinander. Schließlich kann man sich auch davon überzeugen, daß ein gedrehtes, verschobenes und vergrößertes Bild mit dem Urbild übereinstimmt, wenn wir nur zur Kodierung in der letzten Spalte übergehen (Abb. 23.13). Statt dem synergetischen Computer die ursprünglichen Bilder mit ihren Grauwertverteilungen anzubieten, wird hier eine Vorverarbeitung durchgeführt, bei der zunächst zu jedem Gesicht das »invariante« Gesicht, nämlich die Verteilung der Abbildungen, rechtes Quadrat, gegeben wird. Dies geschieht sowohl mit den gespeicherten Gesichtern als auch mit dem dann angebotenen Gesicht. Der Computer kann auch mit diesen kodierten Gesichtern genauso wie mit den Originalen umgehen und so eindeutig zwischen den verschiedenen Gesichtern unterscheiden, selbst wenn nur ein Teil eines Gesichtes angeboten wird.

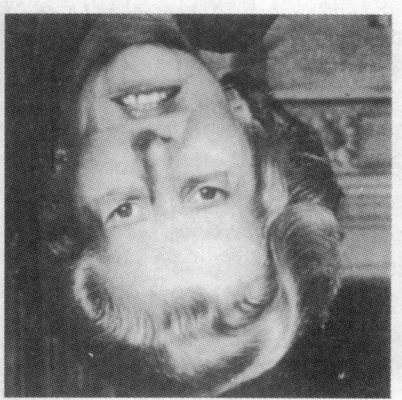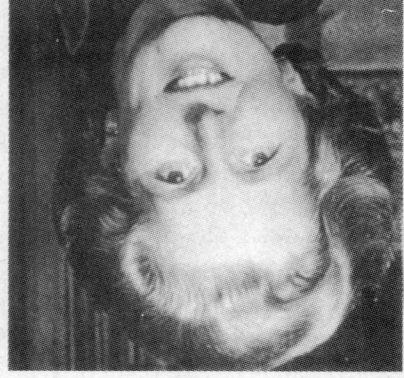

Abb. 23.14 Grenzen unserer Wahrnehmungsfähigkeit für auf dem Kopf stehende Gesichter. In der verdrehten Lage erscheinen die Gesichter nicht unterschiedlich. Drehen Sie die Bilder aber einmal um!

Abb. 23.15 Hier erkennen wir eine Schale mit Gemüse und Früchten. Was erkennen wir aber nach dem Umdrehen? (Nach einem Gemälde von Giuseppe Arcimboldo)

Ganz offensichtlich erkennt unser Verfahren auch dann noch ein Gesicht, wenn es völlig auf dem Kopf steht. Ja, es könnte sogar zwischen feinen Gesichtszügen unterscheiden bei einer Person, die aufrecht oder auf dem Kopf steht. Kann dies auch der Mensch? Betrachten wir dazu Abb. 23.14, wobei uns die Dame in beiden Fällen praktisch unverändert erscheint. Drehen wir aber das Buch, so erkennen wir hier gravierende Unterschiede. Ein anderes Beispiel ist in Abb. 23.15 gegeben. Auch hier treten frapierende Unterschiede auf. Ganz offensichtlich ist das menschliche Erkennungsvermögen hier dem des Computers unterlegen; es vermag nicht zwischen feinen oder sogar auch nicht zwischen groben Zügen bei verschiedenen Gesichtern, die aufrecht oder auf dem Kopf stehen, zu unterscheiden. Dies wirft natürlich die Frage auf, ob es nicht auch noch andere Computerverfahren gibt, die dem Erkennungsvermögen des Menschen ähnlicher sind als das eben geschilderte. Dies sehen wir uns im nächsten Kapitel genauer an.

24. Alternative Lösung: Bildtransformationen in der Ebene

Die grundlegende Idee hierzu ist eigentlich ganz einfach: Wir konstruieren zusätzlich zu der Gebirgslandschaft, die uns in Kapitel 19 zur Mustererkennung vorgestellt wurde, noch eine zweite, die nur von der Verschiebung des angebotenen Musters gegenüber den gespeicherten Mustern abhängt. Auch hier ist die Idee wieder, daß eine Kugel den Abhang herunterrollt und so mit ihrer Lage den »richtigen« Nullabstand aufsucht. Das angebotene Muster wird so in die ursprünglich gespeicherten Muster »hineingezogen«. Dann kommt die ursprüngliche Gebirgslandschaft zum Tragen und kann das dem angebotenen Muster ähnlichste gespeicherte Muster herausfinden helfen. Das gleiche gilt auch für Drehungen im Raum, wobei allerdings der Drehwinkel nicht zu groß werden darf, da sonst auch unerwünschte Nebentäler in der Gebirgslandschaft entstehen können, so wie dies in Abb. 24.1 gezeigt ist. Im großen und ganzen funktioniert aber dieses Verfahren sehr gut, und man kann es sogar verfeinern, um die Nebentäler zu

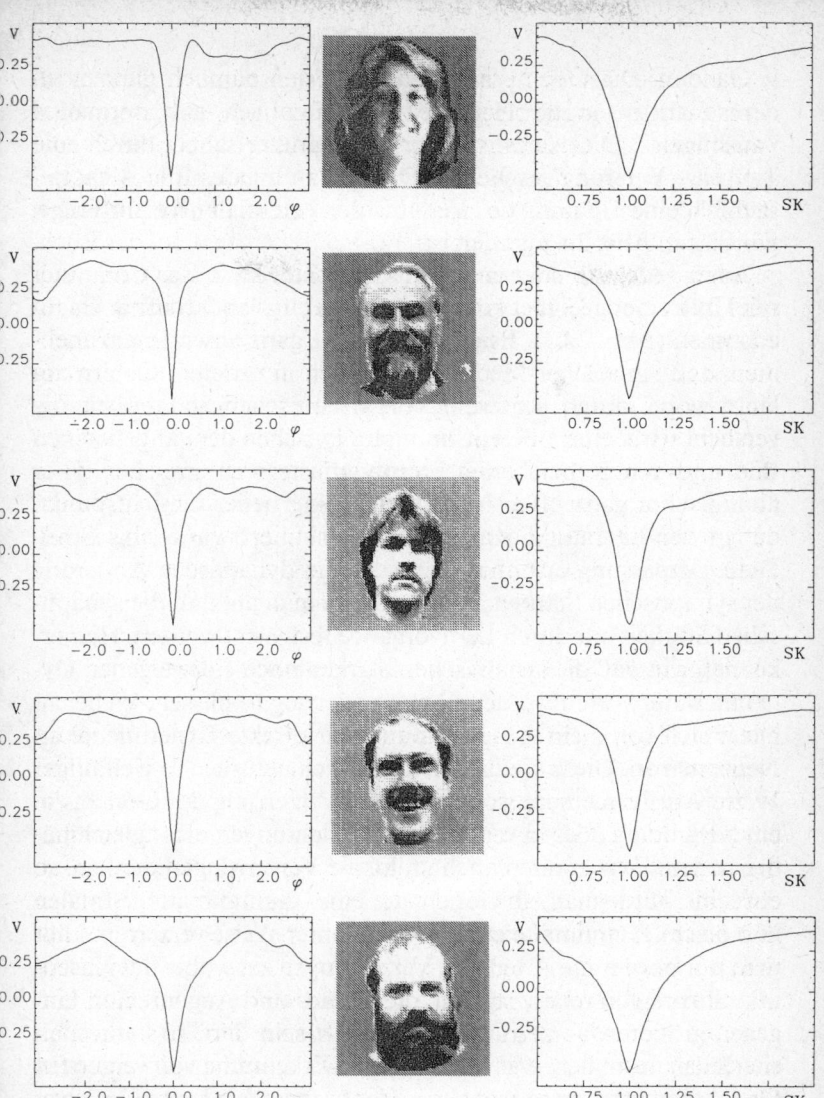

Abb. 24.1 Die mittlere Spalte zeigt eine Anzahl von Gesichtern, die in gedrehter Form dem Computer angeboten wurden. Die linke Spalte zeigt die Gebirgslandschaft in Abhängigkeit vom Drehwinkel. Wir erkennen, daß es hier einige störende Minima gibt neben dem Hauptminimum in der Mitte. Die rechte Seite zeigt die Gebirgslandschaft in Abhängigkeit von der Skalierung (d. h. Verkleinerung bzw. Vergrößerung).

vermeiden. Die Gebirgslandschaft läßt sich nämlich glätten, indem man zu große Helligkeitsschwankungen gewissermaßen »ausbügelt«. Dies kann, wie wir schon früher sahen, durch eine Tief-pass-Filterung geschehen. Diese Glättung des Bildes hat tatsächlich eine Glättung des Verlaufs der Potentialkurve zur Folge, wie dies in Abb. 24.2 gezeigt ist.

Auch gedehnte oder gestreckte Gesichter kann der Computer mit Hilfe einer geeignet konstruierten Gebirgslandschaft noch gut erkennen (Abb. 24.3). Es erscheint nicht ganz abwegig anzunehmen, daß ein solcher Mechanismus auch in unserem Gehirn abläuft, wobei durch Änderung von synaptischen Stärken ständig versucht wird, eine Übereinstimmung zwischen dem angebotenen Bild und den gespeicherten Prototypmustern zu erreichen. Hier kommt aber ganz offensichtlich ein völlig neuer Gesichtspunkt, der in der Literatur noch gar nicht diskutiert wurde, ins Spiel. Diese Anpassung erfordert eine ständige dynamische Änderung der synaptischen Stärken. Bislang nahm man an, daß die synaptischen Stärken nur durch Lernvorgänge festgelegt werden. Hier erkennen wir, daß die synaptischen Stärken noch einer eigenen Dynamik unterworfen werden können oder sogar müssen. Vielleicht bietet sich sogar ein Ausgangspunkt für direkte Experimente an Neuronen an. Diese Gedanken lassen sich natürlich in vielfältiger Weise verallgemeinern, so braucht die Verzerrung des Gesichts in einer Richtung oder in verschiedenen Richtungen nicht gleichmäßig zu sein. Wir können auch an lokale Verzerrungen denken, so etwa, als würde man ein Gesicht auf einer Gummimatte aufmalen und diese Gummimatte dann in bestimmter Weise verzerren. Läßt man nur bestimmte Arten von Verzerrungen zu, wobei die Nasen- und Stirnregion relativ steif ist, die Mund- und Augenregion hingegen größeren Verzerrungen ausgesetzt sein darf, so kann man sich leicht ausmalen, wie auch hier eine Erkennung von verzerrten Gesichtern, etwa beim Sprechen oder bei verschiedenen Gesichtsausdrücken bei Gemütsbewegungen, möglich ist. Hier ist die Entwicklung noch im Fluß.

Gerade wenn wir uns diesen zweiten Weg der invarianten Mustererkennung ansehen, so liegt hier immer wieder eine Reihe

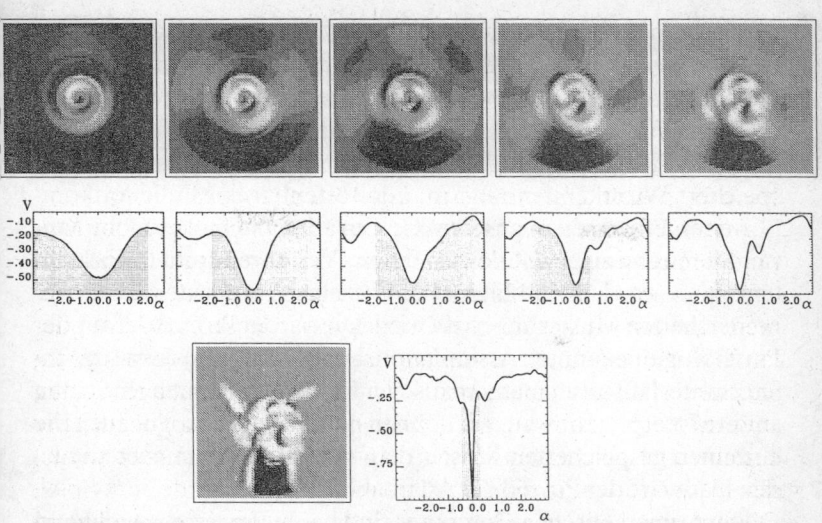

Abb. 24.2 Dieses Bild zeigt, wie es durch eine bestimmte Verschmierung des Gesichts (»Asterix«, unten links) gelingt, die Gebirgslandschaft, die im unteren Teil rechts dargestellt ist und dem gesamten Bild entspricht, zu glätten. Aufgetragen ist wieder wie in der vorhergehenden Abb. 24.1 die Gebirgslandschaft mit verschieden starken Glättungen über dem Drehwinkel.

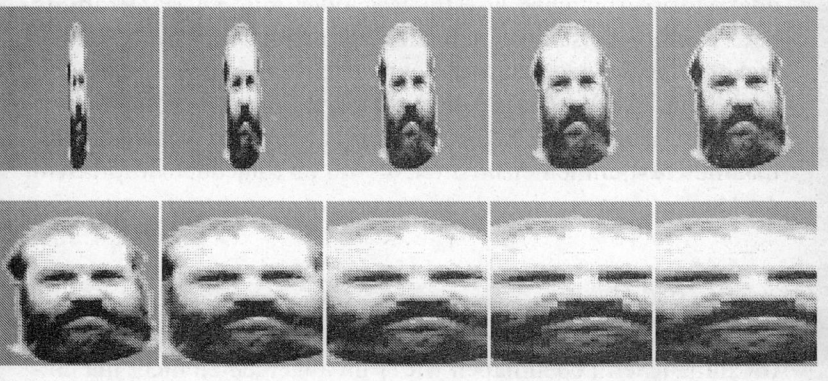

Abb. 24.3 Verzerrte Gesichter, die der Computer noch ohne weiteres erkennt.

von dynamischen Prozessen zugrunde, eine ständige Anpassung etwa von synaptischen Stärken. Dieses Bild steht ganz im Gegensatz zu dem, was wir eigentlich von der Wahrnehmung her erwarten. Hier denken wir ja ganz naiv, daß unser Gehirn so etwas ist wie eine fotografische Platte, die einfach die ihr mitgeteilten visuellen Eindrücke speichert. Wir erkennen dabei nun, daß offenbar eine Fülle von komplizierten Prozessen in unserem Gehirn ablaufen muß, um die Mustererkennung zu gewährleisten. Unser Verfahren kann auch so interpretiert werden, daß hierbei das gezeigte Testmuster einem der gespeicherten Muster angepaßt wird. Dies ist der Prozeß der aus der Psychologie bekannten Assimilation. Umgekehrt, und das ist das Interessante, läßt unser mathematischer Formalismus auch eine völlig andere Interpretation zu, wir können nämlich genausogut auch die einzelnen gespeicherten Muster dem gezeigten Testmuster anpassen. Das wäre der Prozeß der Adaptation.

Beim synergetischen Computer sind beide Prozesse weitgehend äquivalent, und daher kann also der eine Prozeß ohne Einbußen durch den anderen Prozeß ersetzt werden. Dies scheint beim Menschen nicht unbedingt der Fall zu sein, obwohl uns hier Material über solche Untersuchungen nicht näher bekannt ist. Wir glauben nicht, daß die künftige Lösung des Wahrnehmungsproblems darin besteht, daß wir für den Computer statische Filter, Schablonen oder etwas Ähnliches konstruieren oder uns etwas Derartiges beim Gehirn vorstellen. Vielmehr müssen wir uns wohl immer mehr mit dem Gedanken vertraut machen, daß in unserem Gehirn hochkomplexe Vorgänge bei der Wahrnehmung ablaufen. Dies wird auch durch eine Reihe von experimentellen Tatsachen und Computerexperimenten erhärtet, die wir im folgenden besprechen wollen.

25. Die Erkennung von zusammengesetzten Szenen

Im alltäglichen Leben haben wir es im allgemeinen nicht mit einzelnen Gesichtern oder Gegenständen zu tun, sondern die Gesichter treten oft in Gruppen auf. Wenn wir am Bahnhof eine Person abholen wollen, so müsesn wir sie aus einer Gruppe von Menschen herausfinden, selbst dann, wenn die Person oder ihr Gesicht noch teilweise verdeckt ist. Kann der synergetische Computer eine solche Aufgabe lösen, und wie tut er das?

Betrachten wir einfach als Beispiel das Bild 25.1. Da die beiden Köpfe gegenüber den ursprünglich gespeicherten Gesichtern, von denen wir etwa ein Dutzend gespeichert hatten, verschoben sind, haben wir das ganze Erkennungsverfahren zunächst unabhängig

Abb. 25.1 Eine komplexe Szene, die von dem synergetischen Computer erkannt wird.

Abb. 25.2 Beispiel für eine Szene, die aus fünf Gesichtern besteht und vom Computer nacheinander entschlüsselt wurde.

223

Abb. 25.3 Ist es das Gesicht Albert Einsteins oder sehen wir drei Badenixen?

von der Lage der Gesichter im Raum durchgeführt. Wie dies geschieht, hatten wir schon in Kapitel 23 besprochen. Zeigen wir das in dieser Art kodierte Bild einem Computer, so erkennt er zunächst die Dame im Vordergrund. Nun kommt ein ganz wichtiger Gesichtspunkt ins Spiel, der uns immer wieder im weiteren Verlauf des Buches begegnen wird. Wir hatten ja bei der Darlegung der Konstruktionsprinzipien des synergetischen Computers erwähnt, daß dort bestimmte Aufmerksamkeitsparameter auftreten. Wir haben nun den Aufmerksamkeitsparameter, der dem Gesicht der Dame entspricht, im Computer gleich Null gesetzt und dem Computer nochmals die ganze Szene gezeigt. Daraufhin erkannte er, gewissermaßen als zweitbestes Bild, den Herrn im Hintergrund. Interessanterweise läßt sich dieses Verfahren fortsetzen. So konnte der Computer Szenen mit bis zu fünf Gesichtern verarbeiten, wozu auch so ausgefallene Gesichter wie das von Asterix gehörten (Abb. 25.2). Wieder war das Verfahren unabhängig von der Lage der Gesichter ausgeführt worden. Der Computer erkannte zunächst ein Gesicht, dann wurde der Aufmerksamkeitsparameter gleich Null gesetzt; er erkannte bei wiederholter Anbietung des Bildes nun das zweite Gesicht, und das Verfahren konnte so fortgesetzt werden, bis er schließlich alle Gesichter richtig erkannt hatte.

Wir werden bald sehen, daß das Konzept des Aufmerksamkeitsparameters eine ganz fundamentale Bedeutung bei der Bilderkennung hat, und es erscheint nicht abwegig, daß auch unser Gehirn eine Szene analysiert, indem es die Aufmerksamkeit jeweils auf bestimmte Gegenstände lenkt, dann nach Erkennung des Gegenstandes die entsprechende Aufmerksamkeit erlöscht, um sich nun einem neuen Objekt zuzuwenden.

Wir dürfen nicht verschweigen, daß es gelegentlich Fälle gab, wo der Computer bei einer angebotenen Szene die falsche Antwort erteilte. Er konnte dann bei zwei bestimmten Gesichtern nicht das eine und das andere Gesicht erkennen, sondern er nannte uns sogleich ein drittes Gesicht. Das hat uns natürlich sehr frustriert, da uns dies als ein entscheidender Mangel des Computers erschien. Inzwischen haben wir aber gelernt, daß auch das menschliche Erkennungsvermögen getäuscht werden kann, wie dies etwa aus Abb. 25.3 hervorgeht. Bei einem ersten Blick auf dieses Bild erkennen wir wohl alle das Gesicht von Albert Einstein. Schauen wir aber näher hin, so erkennen wir, ausgehend von der Augenpartie, drei Köpfe und schließlich dann drei Badenixen. Wir kommen so in das Gebiet ambivalenter Bilder oder auch in den Bereich der Kipp-Figuren, die Psychologen schon seit langem fasziniert haben.

26. Die Faszination der Kipp-Figuren

Figuren dieser Art lassen sich schon bis in die römische Zeit zurückverfolgen, wie Abb. 26.1 zeigt. Hier erkennt der Betrachter entweder eine alte Frau oder ein Liebespaar. Ein anderes Beispiel,

Abb. 26.1
Eine frühe ambivalente
Figur: Liebespaar
oder eine alte Frau?

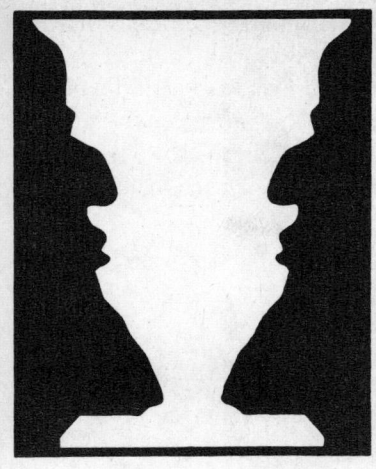

Abb. 26.2 Vase oder zwei
Gesichter?

das uns in diesem Buch schon begegnet ist und das wir hier wiederholen, ist Abb. 26.2. Betrachten wir den mittleren Teil als Vordergrund, so erkennen wir hier eine Vase, im anderen Fall zwei
Gesichter. Eine berühmte Kipp-Figur ist der Sklavenmarkt von
Salvadore Dali von 1904 (Abb. 26.3), auf dem man den Kopf von
Voltaire erkennt oder statt dessen mehrere Personen. Weitere Beispiele, die den Psychologen gut bekannt sind, sind das Bild von
der jungen oder alten Frau (Abb. 26.4), einer Ente oder eines Ha-
sen (Abb. 26.5) sowie eines Gesichts oder einer Maus (Abb. 26.6).
Hier handelt es sich jeweils um verschiedene mögliche inhaltliche
Interpretationen eines Bildes. Auch bezüglich der Perspektive gibt
es solche Kipp-Figuren. Abb. 26.7 zeigt den sogenannten Necker-
Würfel, bei dem man z. B. die eine Seite einmal als Vorderseite,
zum anderen aber als Rückseite des Würfels wahrnimmt. Auch die
Brille läßt sich in zweierlei Positionen interpretieren. Die wohl
wichtigste Beobachtung, die man bei der Wahrnehmung aller dieser Kipp-Figuren macht, ist, daß man einen Wahrnehmungsinhalt,
z. B. den der Vase in Abb. 26.2, nicht ständig behalten kann, sondern daß dann nach einer gewissen Zeit, einige Sekunden, automatisch die beiden Gesichter erscheinen, diese dann aber wieder

Abb. 26.3 Sehen wir zuerst eine Skulptur von Voltaire zusammen mit anderen Figuren oder einen Sklavenmarkt? (Nach einem Gemälde von Salvadore Dali, Ausschnitt).

verschwinden, worauf die Vase wieder erscheint usw. Der schon früher erwähnte Gestaltpsychologe Wolfgang Köhler führte dies auf eine Sättigung der Aufmerksamkeit zurück. Wenn wir etwa die Vase erkannt haben, so erlischt unsere Aufmerksamkeit an dieser Wahrnehmung automatisch, und es tritt an ihre Stelle die Wahrnehmung der beiden Gesichter, dann erlischt aber die Aufmerksamkeit für die beiden Gesichter, und die Vase erscheint wieder. Köhler schlug für den Sättigungseffekt ein spezielles physikali-

Abb. 26.4 Ist es eine junge oder eine alte Frau?

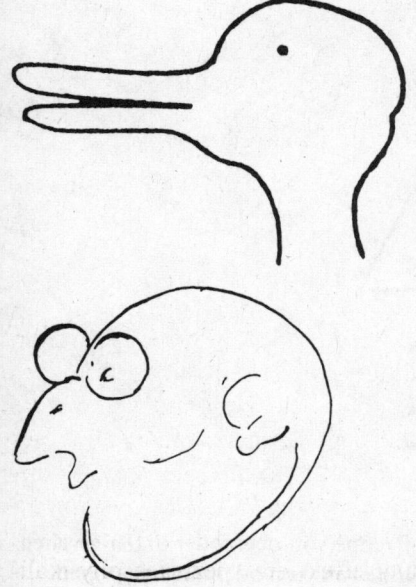

Abb. 26.5 Ente oder (gedreht) Hase?

Abb. 26.6 Gesicht oder Maus?

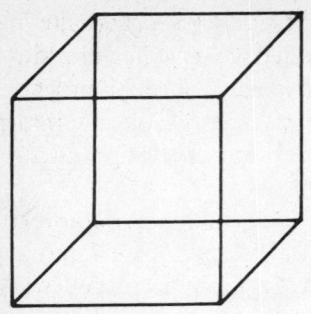

Abb. 26.7 Der Necker-Würfel.

Abb. 26.8 Von oben nach unten: Treppe von oben oder unten gesehen, gefaltetes Blatt vorn oder hinten, Brille von vorn oder hinten gesehen.

sches Modell vor, das aber aus heutiger Sicht die Sachverhalte in den Neuronen wohl nicht trifft. Wir werden weiter unten ein Modell entwickeln, das ebenfalls die Sättigung der Wahrnehmung beinhaltet, aber in einer Weise, die es gestattet, unser Computermodell in detaillierter Weise, d. h. quantitativ, mit psycho-physikalischen Experimenten zu vergleichen.

Für die detaillierte experimentelle Untersuchung derartiger Kipp-Figuren ist wichtig, daß die Zeit, während der eine Alternative wahrgenommen wird, näherungsweise bei einer gegebenen Person und bei einem gegebenen Muster unter den gleichen Bedingungen weitgehend konstant ist. Andererseits können beträchtliche Unterschiede in der Wahrnehmung bei verschiedenen Personen und Mustern auftreten. Dies erklärt sicher auch, warum die Ergebnisse verschiedener Autoren sehr stark voneinander abweichen können und die Umkehrzeiten zwischen 1,5 und 5,7 Sekunden variieren. Dabei beruht wohl der von H. Gräser ermittelte Wert auf der besten Statistik, da er ein Mittel über 133 Personen nahm, denen jeweils 48 verschiedene Muster gezeigt wurden.

Die beiden Wahrnehmungsalternativen sind meist nicht von gleicher Bedeutung, das heißt, die eine Alternative, »junge Frau«, wird von den Beobachtern gegenüber der anderen, »alten Frau«, in Abb. 26.4 bevorzugt. Was zuerst erkannt wird, »junge Frau« oder »alte Frau«, kann von zufälligen Faktoren abhängen, auch von der jeweiligen Versuchsperson. Trotzdem kann man aber einen Trend feststellen, wenn eine größere Zahl von Personen über ihre erste Wahrnehmung bei der gleichen Kipp-Figur gefragt wird. Dann nämlich ergibt sich ein von der Kipp-Figur abhängiger Prozentsatz eines zuerst erkannten Wahrnehmungsinhalts. Zeigt man das Kipp-Bild »Junge Frau – alte Frau« einer Reihe von Testpersonen, so erkennen 60 Prozent die junge Frau zuerst, hingegen nur 40 Prozent die alte Frau als erstes. Schließlich kippt aber dann die eine Wahrnehmung in die andere, also junge Frau in alte Frau im Wechsel. Dabei wird die stärkere Alternative jeweils über eine längere Zeit wahrgenommen als die schwächere. Es gibt auch Grenzfälle, bei denen eine Alternative so stark dominiert, daß die Umkehr zur anderen nie erscheint.

Die Psychologen haben eine weitere wichtige Eigenschaft gefunden, nämlich die gesamte Periode, d. h. die Summe aus den Zeiten, während das eine oder das andere Muster wahrgenommen wird, wächst, wenn die Muster verschieden stark sind. Wenn die beiden Wahrnehmungsinhalte gleichwertig sind, dann ist also die Periode am kürzesten. Dabei ist allerdings zu beachten, daß diese Resultate auch davon abhängen können, was die Testpersonen unmittelbar vor dem Test wahrgenommen haben. Wenn einer Gruppe von Testpersonen erst die Abb. 26.9a und dann die Abb. 26.4 gezeigt wurde, erkannten alle Personen die junge Frau zuerst. Wurde aber Abb. 26.9b einer anderen Gruppe zuerst gezeigt und dann die Abb. 26.4, erkannten 94 Prozent von ihnen die alte Frau

Abb. 26.9a Junge Frau als eindeutiges Muster.

Abb. 26.9b Alte Frau als eindeutiges Muster.

zuerst. Ohne vorhergegangene Vorbereitung von dieser Art ergab sich das oben genannte Verhältnis von 40 Prozent »alte Frau« zu 60 Prozent »junge Frau«.

Betrachten wir die Zeiten, in denen die jeweilige Wahrnehmung stattfindet, genauer, so stellen wir fest, daß dieses Hinundhergehen im Anfang einer Übergangsphase unterliegt, die ein bis drei Minuten dauern kann. Während dieser Phase erscheint ein Wahrnehmungsinhalt wesentlich länger als dann später, wenn die Oszillationen eingesetzt haben.

Man kann sich natürlich fragen, ob das Umschlagen von Wahrnehmung von einem Inhalt zum anderen nicht willentlich verhindert werden kann. Wie sich dabei herausstellt, kann man zwar die Dauer etwas beeinflussen, aber nichts an der Tatsache ändern, daß der Wahrnehmungsinhalt dann doch umschlägt.

Der Vollständigkeit halber zählen wir noch einen Effekt auf, den wir schon früher erwähnt haben, nämlich den der Hysterese. Wir erinnern dazu den Leser an die Abb. 2.18 und 2.19. Hierbei schlug der Wahrnehmungsinhalt von der einen Interpretation zur anderen an verschiedenen Stellen in der Reihenfolge um, abhängig davon, in welcher Reihenfolge wir die Figuren betrachteten.

27. Wahrnehmung von Kipp-Figuren im Computermodell

Bevor wir auf noch feinere Details eingehen, wollen wir uns hier ein wenig mit der Modellierung dieser Phänomene durch den synergetischen Computer befassen. Die erste Frage ist natürlich, wie wir überhaupt so komplizierte Wahrnehmungsinhalte bewerten können, so daß wir sagen, das eine Mal überwiegt der eine, das andere Mal der andere. Hier verhilft uns das Konzept des Ordnungsparameters, den Wust an Information, der in jedem einzelnen Bild steckt, drastisch zu reduzieren. Wir hatten ja schon früher gesehen, daß die Erkennung eines Gesichtes oder Gegenstandes durch den Ordnungsparameter beschrieben wird. Ist ein Gesicht erkannt, so hat der zugehörige Ordnungsparameter einen Maximalwert, den wir auf 1 nominieren können. Zu allen anderen Gesichtern gehört dann für deren Ordnungsparameter der Wert 0. Denken wir als konkreten Fall an die Abb. 26.2, so können wir der Wahrnehmung »Vase« einen bestimmten Ordnungsparameter zuordnen mit dem Wert 1. Sind hingegen die beiden Gesichter erkannt, so entspricht das einem *anderen* Ordnungsparameter, der nun den Wert 1 annimmt, während der Ordnungsparameter »Vase« in diesem Fall den Wert 0 hat.

Die Dynamik der Kipp-Figuren läßt sich somit auf eine Dynamik von Ordnungsparametern zurückführen, allerdings nicht ganz; es fehlt ja noch das wichtige Konzept der Sättigung der Aufmerksamkeit. Jedem Wahrnehmungsinhalt, etwa Vase oder Gesichter, ordnen wir nun einen Aufmerksamkeitsparameter zu, wie auch schon bei der Erkennung zusammengesetzter Szenen in Kapitel 25. Im allgemeinen können wir davon ausgehen, daß anfänglich beide Aufmerksamkeitsparameter gleich groß sind. Wird aber nun ein Objekt oder ein Gesicht erkannt, wie etwa die Vase, dann wächst der zugehörige Ordnungsparameter sehr rasch auf seinen Maximalwert 1. Nach der Sättigungshypothese nehmen wir nun an, daß der Aufmerksamkeitsparameter für die Vase mit wachsendem Ordnungsparameter abnimmt. Damit wird dem Gehirn – oder in unserem Computer – die Wahrnehmung der Vase auf die Dauer unmöglich gemacht, umgekehrt aber die Wahrnehmung des zweiten Inhalts, nämlich Gesichter, ermöglicht. Diese erscheinen nun dem Betrachter, wobei aber auch deren Aufmerksamkeitsparameter der Sättigungserscheinung unterliegt und so ganz offensichtlich ein Wechselspiel zwischen den beiden Wahrnehmungsinhalten »Vase« und »Gesichter« erfolgt. Das Resultat unserer Computerzeichnungen ist in Abb. 27.1 gezeigt. Der obere Teil der Abbildung bezieht sich dabei auf die Ordnungsparamter für Vase und Gesichter. Ist der eine Ordnungsparameter gleich 1, so erscheint also in der Wahrnehmung die Vase (ausgezogene Linie), im Falle der gestrichelten Linie die beiden Gesichter. Im unteren Teil des Bildes ist der zeitliche Verlauf der Aufmerksamkeitsparamter gezeigt. Auch diese zeigen natürlich eine ausgesprochene Oszillation.

Sind die Wahrnehmungsinhalte verschieden (im Sinne verschie-

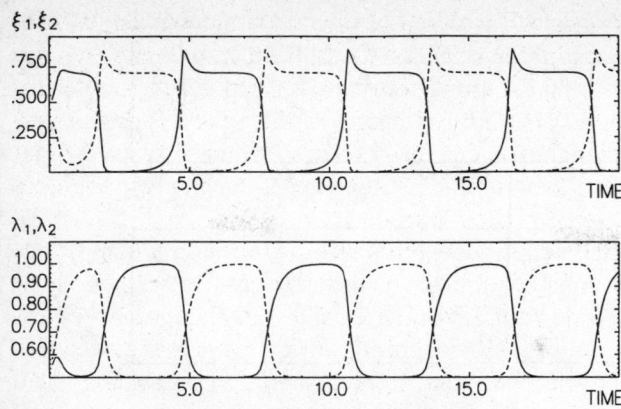

Abb. 27.1 Oszillationen bei der Wahrnehmung nach dem Computermodell.

Oben: Hier sind die Ordnungsparameter, die zu den beiden Interpretationen eines ambivalenten Bildes gegenüber der Zeit gehören, aufgetragen. Die ausgezogene Linie bedeutet: Vase in Abb. 26.2; die gestrichelte Linie: die beiden Gesichter in Abb. 26.9. Ein großer Wert entspricht der Erkennung des jeweiligen Wahrnehmungsinhalts. In dem unteren Teil des Bildes sind die entsprechenden Oszillationen der Aufmerksamkeitsparameter aufgetragen.

dener Prozentsätze für die zuerst erkannte Figur), so läßt sich dieser Unterschied in den Gleichungen für die Ordnungsparameter berücksichtigen. Dies läßt sich anschaulich ziemlich einfach darstellen, wenn wir uns an das Potentialgebirge zur Mustererkennung von Abb. 19.1 erinnern. Hier entsprachen die beiden Täler den beiden Mustern, die im Prinzip erkannt werden können. Der Bergkamm zwischen diesen Tälern wurde damals symmetrisch gelegt, da beiden Mustern die gleiche Erkennungschance eingeräumt werden sollte. Sind aber nun, im Falle einer Kipp-Figur, die beiden Alternativen verschieden stark, so liegt es nahe, den Bergkamm asymmetrisch anzulegen. Natürlich erhebt sich die Frage, wir stark diese Asymmetrie sein soll. Im Hinblick auf die Experimente bietet sich hier die Möglichkeit an, die Lage des Bergkamms aus dem Prozentsatz des zuerst wahrgenommenen Musters gegen-

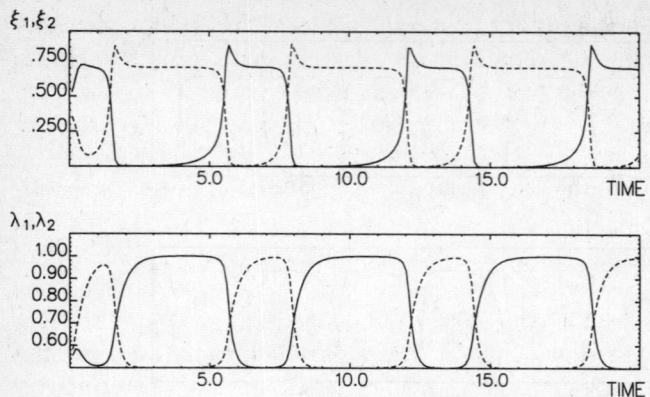

Abb. 27.2 Das gleiche wie in Abb. 27.1, aber für den Fall, daß der eine Wahrnehmungsinhalt (ausgezogene Linie) gegenüber dem anderen Wahrnehmungsinhalt (gestrichelte Linie) bevorzugt ist.

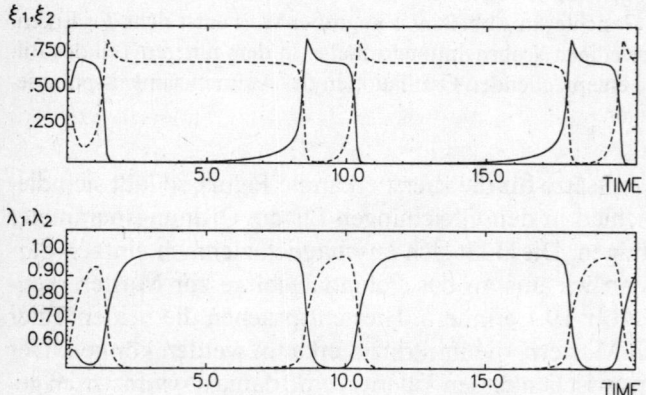

Abb. 27.3 Das gleiche wie in Abb. 27.2, aber mit noch stärkerer Bevorzugung des einen Wahrnehmungsinhalts.

236

über dem Prozentsatz des dann als zweites wahrgenommenen Musters zu wählen. Hat man diese Lage bestimmt und rechnet nun wieder durch die Lösung der zugehörigen Gleichung die Umklappzeiten aus, so ergibt sich in der Tat eine Verlängerung der Umklappzeit für das zuerst wahrgenommene Muster, ganz in Übereinstimmung mit den experimentellen Befunden. Beispiele solch verlängerten Perioden für das bevorzugte Muster sind in Abb. 27.2 und 27.3 gegeben, wobei auch jeweils neben den Ordnungsparametern die Aufmerksamkeitsparameter aufgetragen sind. Wird der Bergkamm immer mehr gedreht, so kommt schließlich eine Situation zustande, in der nur noch ein Muster erkannt wird. Seine Erkennungszeit ist sozusagen unendlich lange geworden; das andere Muster hat dann keine Chance mehr, erkannt zu werden.

Mit diesen Ansätzen wird es auch möglich, den Hysterese-Effekt zu erfassen, die Verschiebung des Bergkammes wird nämlich bei einem einzelnen Individuum durch die vorangegangene Wahrnehmung bestimmt; diese legt so eine Voreingenommenheit fest. Haben wir in Abb. 2.18 oben links das Bild des Mannes erkannt, so hat die Erkennung dieses Bildes einen Vorzug gegenüber anderen Bildern. Erst wenn die Evidenz für die Mädchenfigur zu stark wird, wird diese Voreingenommenheit gewissermaßen gebrochen, die Wahrnehmung muß dann im Hinblick auf »Mädchen« erfolgen. Umgekehrt ist es, wenn wir unten rechts in dieser Abbildung beginnen, dann werden wir auf die Wahrnehmung »Mädchen« festgelegt, und der Umschlag in die andere Figur erfolgt erst später. Die Ergebnisse unserer Modellrechnungen sind in Abb. 27.4 und Abb. 27.5 dargestellt. Wir sehen, der Umschlag von der einen Wahrnehmung in die andere erfolgt zu ganz verschiedenen Zeiten, je nachdem, mit welchem ursprünglichen Muster wir beginnen.

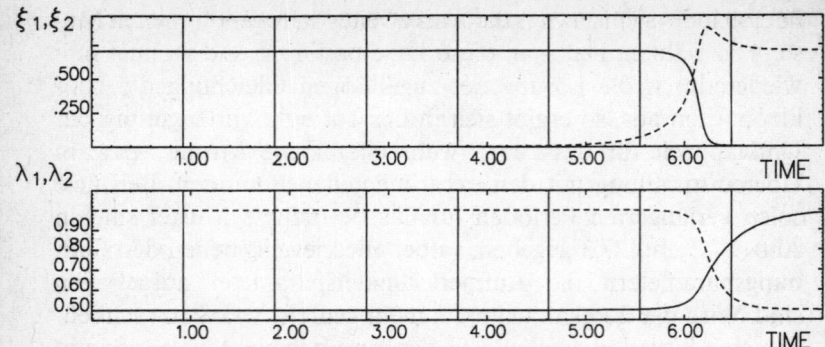

Abb. 27.4 Erfassen des Hysterese-Effekts durch den synergetischen Computer. Nach rechts ist die Zeit aufgetragen, nach oben die Ordnungsparameter, wobei der eine sich auf die ausgezogene, der andere auf die gestrichelte Linie bezieht. Die ausgezogene Linie bezieht sich dabei auf das Gesicht von Abb. 2.18, die gestrichelte Linie auf die Interpretation Mädchen. Zu einer bestimmten Zeit erfolgt bei etwa 6,0 in dem hier gewählten Zeitmaßstab ein Umschlag von einen Perzept zum anderen.

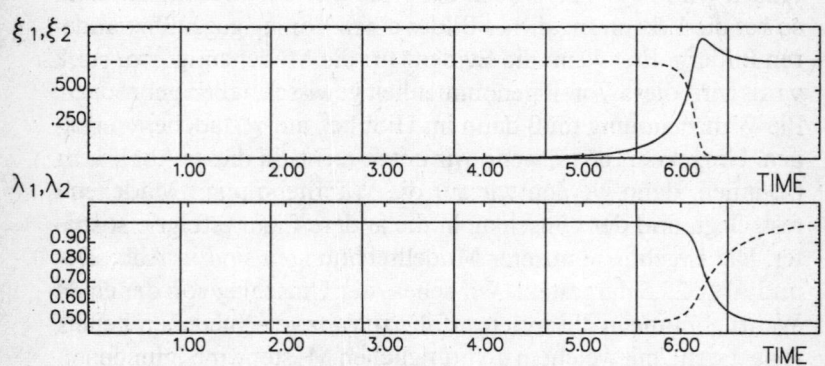

Abb. 27.5 Das gleiche wie in Figur 27.4, aber in umgekehrter Reihenfolge, d. h., zuerst wird dem Computer rechts unten das Mädchen gezeigt; dann geht die Reihenfolge von rechts nach links unten und weiter von rechts oben nach links oben bis zum Gesicht der Abb. 2.18.

238

28. Periodenschwankungen bei der Wahrnehmung

Wie bei so vielen anderen rhythmischen Erscheinungen in der Biologie sind die Umschlagperioden nicht ganz präzise festgelegt, sondern unterliegen noch Schwankungen. Auch diese Schwankungen haben das Interesse der Psychologen wachgerufen und diese veranlaßt, der Frage nachzugehen, wovon denn diese Schwankungen abhängen könnten. Hierbei sticht besonders ein Experiment von A. Borsellino und seinen Mitarbeitern hervor. Er ließ Versuchspersonen den Necker-Würfel, der uns schon in Abb. 26.7 begegnete, betrachten und untersuchte die Umschlagperiode von Vorderfront zu Rückfront des Würfels in der Wahrnehmung. Er zeigte aber den Versuchspersonen Würfel verschiedener Größe und machte hierbei eine überraschende Entdeckung: Je größer der Würfel war, um so stärker schwankten die Wahrnehmungsperioden in ihrer Dauer.

Wir haben uns diese Frage im Rahmen des Computermodells genauer vorgenommen und uns gefragt, woher diese Schwankungen der Zeiten herrühren, in denen jeweils ein Ordnungsparameter dominiert. Die Antwort hierauf war eindeutig: Die Schwankungen in der Wahrnehmung stammen von Schwankungen der Aufmerksamkeitsparameter. Es ist offenbar so, daß bei einem kleinen Würfel die Aufmerksamkeit weniger schwankt als bei einem großen Würfel. Dies kann man sich vielleicht so erklären, daß beim großen Würfel das Auge mehr Suchbewegungen machen muß und damit die Aufmerksamkeit stärkeren Schwankungen ausgesetzt ist. Die von Borsellino und Mitarbeitern gefundenen experimentellen Verteilungen der Länge der Schwankungen lassen sich gut durch unser Modell wiedergeben, auch die Tatsache, daß es rasche und langsame Beobachter gibt, also Beobachter, bei denen die Umkehrzeiten kurz oder lang sind.

29. Die Wahrnehmung von Kipp-Figuren als Spiegel von Emotionen

Wie uns scheint, ist das Studium von Kipp-Figuren keineswegs eine Art von Spielerei, sondern enthält wichtige Einsichten in die Art, wie wir Dinge wahrnehmen. Wir kommen immer mehr zu der Einsicht – sowohl durch die Computerergebnisse hinsichtlich Wahrnehmung von Szenen von Kapitel 25 als auch bei der Deutung der Experimente an Kipp-Figuren –, daß die Aufmerksamkeit eine enorm wichtige, ja zentrale Rolle bei der Erkennung von Bildern spielt. Hier ist noch ein weites Betätigungsfeld sowohl für die Arbeit der Psychologen, evtl. auch Psychiater, einerseits und der Theoretiker, die Computermodelle entwerfen und testen, andererseits. Wie wir wissen, hängt die Aufmerksamkeit sehr stark von früheren Erfahrungen, von Emotionen und noch vielen anderen Einflüssen ab. So kann man hoffen, daß man durch die Messung der Reversionszeiten von Kipp-Figuren bei Testpersonen Rückschlüsse auf deren emotionalen Zustand oder aber auch im Sinne eines Rorschach-Tests auf deren innere Voreingenommenheit ziehen kann. Ein berühmtes Beispiel hierfür ist die Abb. 29.1, bei der es zwar nicht um die Schwankungen des Aufmerksamkeitsparameters direkt geht, wohl aber darum, einen Symmetriebruch innerhalb einer Persönlichkeit zu testen.

Das Bild ist ursprünglich so konzipiert worden, daß es zwei Frauen in einer zueinander neutralen Haltung zeigt. Je nach innerer Einstellung des Betrachters wird aber nun eine Interpretation in das Bild hineingelegt, z. B. die alte Frau schaut mißtrauisch oder sie schaut sorgenvoll. Hier kommt es im Sinne der Synergetik zu einem Symmetriebruch; das eigentlich neutrale, d. h. symmetrische Bild hat nun verschiedene Wahrnehmungsinhalte. Sicher wäre es interessant, auch das Umklappen von Figuren in Abhängigkeit vom emotionalen Zustand des Beobachters zu untersuchen, wie das schon bei dem Bild »junge Frau, alte Frau« sicher der Fall ist. Von diesen Betrachtungen aus ist es nur ein kleiner Sprung zu dem Konzept mentaler Repräsentationen oder, vielleicht genauer, innerlich geschauter Bilder. Hier sind es, wie es

Abb. 29.1 Beispiel für den Symmetriebruch bei der Wahrnehmung. Das Bild ist hinsichtlich der jungen und alten Frau relativ neutral gehalten, aber durch die innere Einstellung des Beobachters werden bestimmte Sachverhalte in das Bild hineininterpretiert.

scheint, auch wieder die Aufmerksamkeitsparameter, die das Erkennen bestimmter Bilder ermöglichen, wobei dann einige wenige Anfangsmerkmale genügen, damit sich das Bild zu einem ganzen fügt. Die Aufmerksamkeit wirkt sozusagen wie ein innerer Suchscheinwerfer, der immer wieder neue Bewußtseinsinhalte beleuchtet.

30. Die Wahrnehmung von Bewegungsmustern durch Menschen und Computer

Als Menschen können wir uns in verschiedener Weise fortbewegen: Wir können gehen, laufen, springen oder darüber hinaus auch tanzen, sind wir verletzt, müssen wir hinken. Pferde zeigen verschiedene Gangarten wie Gehen, Traben, Galoppieren und noch weitere. In all diesen Fällen sind die Bewegungen der Gliedmaßen in einer ganz spezifischen Weise miteinander koordiniert. Als Menschen haben wir sehr feine Fähigkeiten entwickelt, um zwischen verschiedenen Gangarten zu unterscheiden, ja, wir können sogar Menschen an ihrem Gang schon von der Ferne erkennen. Ein besonders spektakuläres Experiment hierzu hat G. Johansson schon vor einigen Jahrzehnten durchgeführt. An den Gelenken einer Versuchsperson befestigte er kleine Lämpchen, ließ diese Person im dunklen Raum Bewegungen ausführen und filmte diese. Zeigt er Standbilder dieses Films mit ruhenden Lichtpünktchen, konnte niemand sagen, um was es sich handelte. Bewegten sich die Punkte aber, so erkannte die Testperson sofort: Dort geht oder läuft jemand oder hebt ein Gewicht auf. Die Versuchspersonen konnten sogar sagen, ob die gezeigten Lichtpunkte

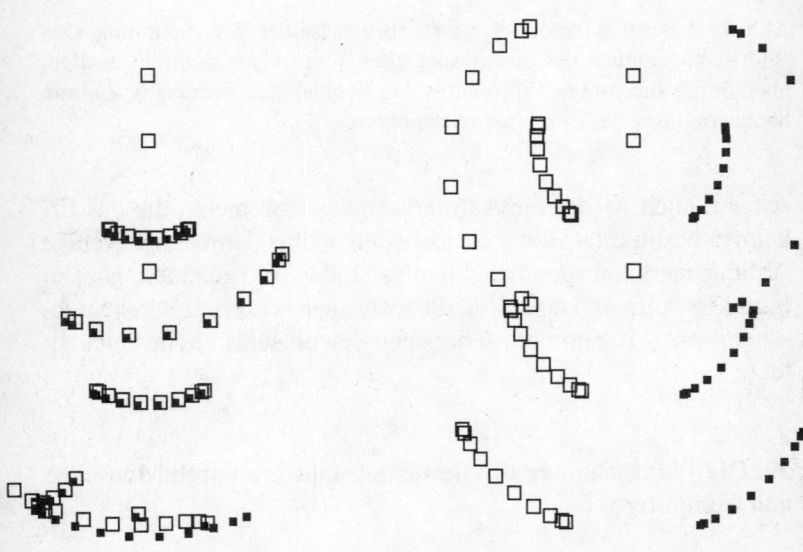

Abb. 30.1 Stroboskopisches Bild der Bewegung von Punkten.

Abb. 30.2 Eine andere Bewegung von Punkten im stroboskopischen Bild.

zu einer Person gehörten, die ein schweres oder leichtes Gewicht aufhob. Wie mir der namhafte Psychologe Michael Stadler sagte, können Menschen auf diese Weise auch zwischen dem Gang einer Frau und dem eines Mannes unterscheiden. Wie kommt es nun dazu, daß das menschliche Gehirn so feine Gangarten oder, allgemeiner gesprochen, Bewegungsmuster erkennen und voneinander unterscheiden kann, und ist es möglich, Computer zu konstruieren, die entsprechende Eigenschaften haben?

Wenden wir uns dem ersten Problem zu. Wenn wir an den Sehvorgang des Menschen denken, so können wir uns vorstellen, daß zunächst einmal an jeder Stelle des Bildes erkannt werden muß, ob sich dort etwas bewegt oder nicht. Dazu gibt es schon sehr detaillierte Untersuchungen von Werner Reichardt an viel einfacheren Lebewesen als dem Menschen, nämlich bei Fliegen. Wie die Experimente und deren theoretische Deutung durch Reichardt zeig-

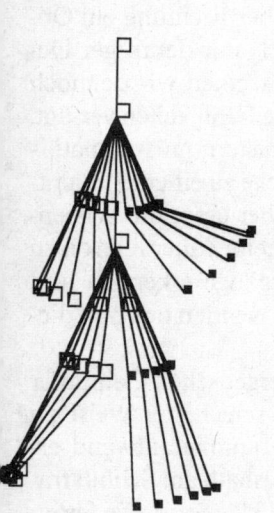

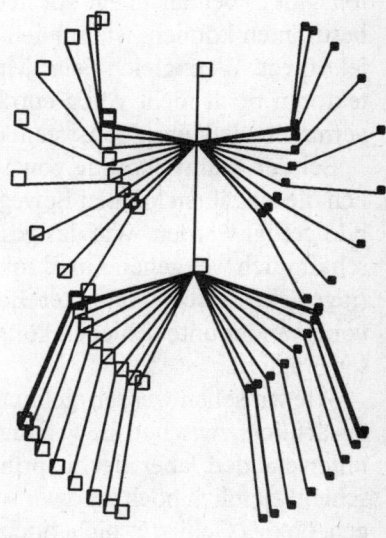

Abb. 30.3 Stroboskopische Rekonstruktion der Stabfigur, die zu Abb. 30.1 gehört.

Abb. 30.4 Stroboskopische Rekonstruktion der Stabfigur zu Abb. 30.2.

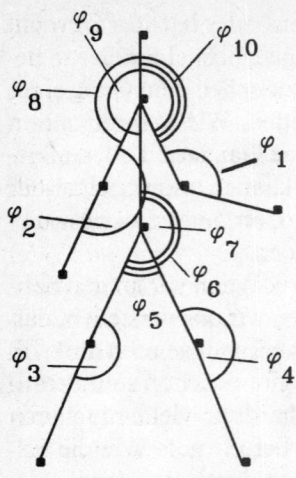

Abb. 30.5 Die Definition der
Winkel zwischen den einzelnen
Gliedmaßen.

ten, gibt es bei der Fliege spezielle Bewegungsdetektoren, die also
bestimmen können, wie schnell und in welcher Richtung ein Objekt fliegt. Wenngleich beim Menschen die Natur derartiger Detektoren noch nicht völlig enträtselt ist, so können wir dennoch
vermuten, daß unser Sehsystem über ähnliche Fähigkeiten verfügt.

Bei der Wahrnehmung von Bewegungsmustern müssen natürlich die einzelnen lokalen Bewegungseindrücke zu einem Gesamtbild gefügt werden. Wie das geschieht, darüber tappt die Wissenschaft noch weitgehend im dunkeln. Es erscheint daher reizvoll zu
fragen, inwieweit Computer Bewegungsvorgänge erkennen und
voneinander unterschieden können, und wir wenden uns nun dieser Frage zu.

Wie wir sehen werden, gelingt es dem synergetischen Computer
tatsächlich, zwischen Bewegungsmustern in sehr feiner Weise zu
unterscheiden, aber der ursprüngliche Programmieraufwand erscheint ziemlich hoch, und wir werden uns deshalb am Schluß fragen, ob das Gehirn es nicht doch auf eine viel klügere Weise fertigbringt, dieses Problem zu lösen. Das Rennen um neue Ideen ist
also durchaus noch offen.

Befassen wir uns aber nun mit unserer gegenwärtigen Lösung

dieser Frage. Hierbei nehmen wir an, daß sich die Menschen mit den an ihren Gelenken befestigten Lämpchen in einer Ebene bewegen und vor dem Betrachter vorbeilaufen. Wie können wir aus der Bewegung der Lichtpunkte allein schließen, daß es sich überhaupt um die Bewegung eines Menschen handelt? Das einzige, was wir zunächst wissen, ist, daß Lichtpunkte, die zu den jeweils gleichen Gliedmaßen, etwa dem Ober- oder Unterarm, gehören, den gleichen Abstand beibehalten müssen. Der Unterarm oder Oberarm wird ja während der Bewegung nicht länger oder kürzer. Es ist nun gar nicht einmal so schwer, den Computer die Lichtpunkte sortieren zu lassen, daß sie jeweils zum gleichen Körperteil gehören. Diese Rechnung setzt aber voraus, daß die einzelnen Lichtpunkte sich bewegen, sonst könnte man ja gar nicht feststellen, ob sie einen konstanten Abstand während der Bewegung beibehalten. Es gelingt dem Computer recht schnell, aus den einzelnen Punkten der Abb. 30.1 oder der Abb. 30.2 ein jeweils zugehöriges Strichmännchen wie in der Abb. 30.3 oder der Abb. 30.4 zu konstruieren. Aus ihm kann der Computer in einem nächsten Schritt die Winkel zwischen den aneinanderstoßenden Gliedern berechnen, wie dies in Abb. 30.5 dargestellt ist. Im Laufe des Bewegungsvorganges verändern sich natürlich die einzelnen Winkel, z. B. die der Kniebeuge, des Ellenbogens oder aber auch an einem Oberarm. Bei jeder Art von Fortbewegung sind diese einzelnen Winkel miteinander korreliert, beim Gehen schwingen wir ja die Arme gegenläufig zu den jeweils gleichseitigen Beinen.

Ein Bewegungsmuster ist also durch die Gesamtheit der Zeitverläufe aller dieser Winkel gekennzeichnet. Stellen wir uns den Zeitverlauf kontinuierlich vor, so fordert die Beschreibung von ihm eine unendlich große Datenmenge. Zu jedem Zeitpunkt müssen wir ja jeweils die Winkel angeben, und da es bei kontinuierlicher Zeit unendlich viele Zeitpunkte gibt, brauchen wir, wie gerade festgestellt, unendlich viele Daten oder Bits. Wir müssen also den Informationsgehalt drastisch reduzieren. Dies geschieht mit einem Kunstgriff, der uns übrigens schon bei der räumlichen Bildverarbeitung im Zusammenhang mit Hoch- und Tiefpass-Filtern begegnet ist. Wir zerlegen nämlich die zeitliche Kurve für die Veränderung der Winkel (vgl. Abb. 30.6) in eine Überlagerung von einzelnen Wellen, mit anderen Worten, wir führen eine Fourier-Analyse durch. Dabei können die Wellen jeweils durch ihre Wellenhöhe (Amplitude) und durch die Lage des Wellenberges (durch ihre Phase) gekennzeichnet werden. Um den Verlauf der Winkelbewegung wiederzugeben, genügt es hierbei, nur ganz wenige solcher Wellenbewegungen aus der Zerlegung mitzunehmen und diese durch die Amplitude und Phase zu kennzeichnen.

Damit ist uns die entscheidende Kodierung des Bewegungsvorganges gelungen, und wir können nun den synergetischen Computer einsetzen. Wie geschieht das? So wie wir damals ein Bild durch die Verteilung seiner Grauwerte bezüglich der einzelnen Bildelemente, den Pixeln, kennzeichneten, so können wir jetzt den Bewegungsvorgang durch die Gesamtheit der Amplituden und Phasen, die wir hier in dem speziellen Fall jeweils mitnehmen, kennzeichnen. Wir können also nun wieder bestimmte Prototypen, also Gehen, Laufen usw., als gegebene Prototypmuster im Computer speichern und dann ein Testmuster vorgeben, bei dem ein Mann zwar auch läuft, aber in einer etwas anderen Weise als die gespeicherten Prototypen. So können wir einerseits eine Kategorisierung zwischen Gehen, Laufen usw. einführen, andererseits können wir aber genauso wie bei der Bilderkennung auch sehr feine Unterschiede in den Prototypmustern eingeben, die es uns dann gestatten, zwischen dem Gehen verschiedener Menschen zu unterscheiden. Der Computer kann auch einen hinkenden Menschen von einem normal gehenden unterscheiden.

Bislang hatten wir angenommen, daß die Person mit ihren Lichtpunkten sich in einer Ebene, senkrecht zum Beobachter bewegt. Mit Hilfe einfacher Beziehungen aus der Geometrie wird es übrigens auch möglich, die Bewegungsverläufe durch den Computer erkennen zu lassen, wenn die Bewegung in einer anderen Ebene erfolgt, ja sogar wenn sich die Person während der Bewegung dreht. Da hier aber vom Konzept her nichts grundsätzlich Neues passiert, belassen wir es bei dieser Bemerkung. Wie Michael Stadler und Mitarbeiter mit Hilfe eines anderen Programms zeigen, ist es dem Computer möglich, zwischen dem Gang eines Mannes und dem einer Frau zu unterschieden.

Dem Leser wird aufgefallen sein, daß es bis zur schließlichen Verwendung des synergetischen Computers eine Reihe von Vorverarbeitungsschritten bedarf, die genau programmiert werden müssen. Nachdem es aber beim menschlichen Gehirn zweifellos keinen Programmierer gibt, der unsere Nervenverbindungen verknüpft, entsteht hier die Frage nach der Selbstorganisation der Wahrnehmung von Bewegungsmustern. Dies ist, wie uns scheint, eine durchaus noch ungelöste Frage. Allerdings haben wir kürzlich Konzepte für neuartige Netzwerke in Erweiterung des synergetischen Computers entwickelt. Werden einem solchen Netzwerk immer wieder bestimmte Bewegungsvorgänge vorgeführt, so lernt es, diese selbst ablaufen zu lassen und dann auch zu erkennen. Hier ist allerdings die Untersuchung noch zu sehr im Fluß, um Endgültiges sagen zu können.

In diesem Kapitel und den vorangegangen haben wir uns mit dem synergetischen Computer und seinen Leistungen befaßt. Sehen wir uns nun der Vollständigkeit halber ein zweites Konzept an, das der Neurocomputer.

31. Neurocomputer – der traditionelle Weg

Wie schon der Name sagt, dient bei der Konstruktion von neuronalen Computern, kurz Neurocomputer genannt, das aus einzelnen Neuronen bestehende menschliche Gehirn als Vorbild. Dabei müssen wir uns darüber im klaren sein, daß bei diesem »Nachbau« enorme Vereinfachungen in Kauf genommen werden müssen – was manche Fans der Neurocomputer leicht übersehen. Im Gegensatz zum menschlichen Gehirn mit seinen rund hundert Milliarden Neuronen haben neuronale Computer in ihrer Hardware-Realisierung oder bei ihrer Software-Simulation auf einem seriellen Computer höchstens einige tausend. Die Neuronen des menschlichen Gehirns können zu ganz verschiedenen Typen gehören und sind selbst hochkomplizierte Gebilde – die »Neuro-

nen« von Neuronencomputern sind höchst einfache Schaltelemente, bei denen man aber hofft, daß sie einige der wichtigsten
Eigenschaften der echten Neuronen erfassen. Die Konstruktionsprinzipien heutiger Neuronencomputer beruhen im Gegensatz auf
der fundamentalen Arbeit von W. S. McCulloch und W. H. Pitts
aus dem Jahre 1943. Diese Autoren nahmen an, daß ein neuronales Netz aus einzelnen miteinander verknüpften Elementen besteht, die untereinander Signale austauschen können. Jedes Element soll dabei nur zwei Zustände haben, einen Ruhezustand und
einen angeregten Zustand. Im Ruhezustand sendet das Element
keine Signale aus, hingegen im angeregten Zustand ein Signal bestimmter Stärke. Ist die Summe der Eingangssignale, die ein Neuron empfängt, kleiner als ein bestimmter Schwellwert, so bleibt das
Neuron in Ruhe, andernfalls gerät es in den angeregten Zustand
(Abb. 31.1).

McCulloch und Pitts konnten zeigen, daß durch ein Netzwerk
von solchen miteinander verknüpften Modellneuronen, die also
Signale austauschen, alle logischen Prozesse realisiert werden können. Solche logischen Prozesse oder Verknüpfungen sind insbesondere »und« sowie »oder«. Für den Fachmann sei hinzugefügt,

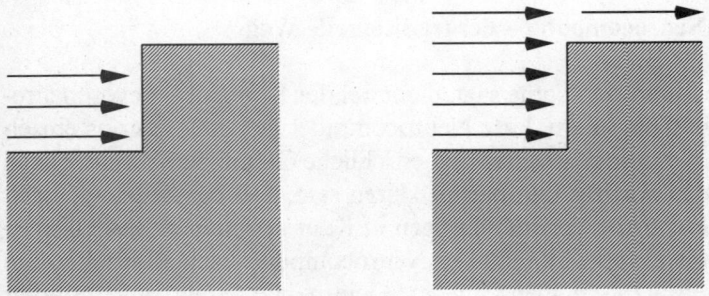

Abb. 31.1 Darstellung der Eigenschaften eines Modellneurons mit zwei
Zuständen. Ist die Summe der von links ankommenden Signale kleiner
als ein Schwellwert, so bleibt das Neuron in seinem Ausgangszustand
(links). Übersteigt die Höhe der Signale die Schwelle, so geht das Neuron
in einen angeregten Zustand über und kann ein Signal aussenden (rechts).

daß es sich hier um alle Operationen handeln darf, die einer Booleschen Algebra angehören. Das Konzept von McCulloch und Pitts führte zum Bau eines Modells durch R. Rosenblatt, dem sogenannten Perzeptron. Rosenblatt führte mit diesem auch schon Lernvorgänge durch.

In den USA herrscht ein sehr scharfer Wettbewerb auch innerhalb der Wissenschaft. Im Rahmen der Förderung der Arbeiten zur künstlichen Intelligenz gab es damals Mittel vor allen Dingen aus militärischen Budgets, die nun aufzuteilen waren zwischen den sogenannten seriellen Computern und den Parallel-Computern. Bei den seriellen Computern, zu denen alle mechanischen Rechenmaschinen, aber auch fast alle damals und heute benutzten elektronischen Rechner gehören, werden die einzelnen Rechenoperationen nacheinander ausgeführt. Nachdem in den fünfziger Jahren klar wurde, daß solche Rechner auch Symbole verarbeiten können – jeder heutige »wordprocessor« kann dies natürlich! –, schien die Stunde der künstlichen Intelligenz gekommen. Denn nach Auffassung führender Vertreter dieses neuen Wissenschaftszweiges besteht das menschliche Denken aus einer Verarbeitung von Symbolen, die überdies seriell erfolgen sollte.

Die andere Richtung war die der Parallel-Computer, d. h. insbesondere der Neurocomputer, die die Information nicht nacheinander, sondern gleichzeitig, d. h. parallel, in den einzelnen Elementen (Neuronen) verarbeiten. Damals waren also beide Computer-Konzepte Zwillingsbrüder. Bald versetzte aber Marvin Minsky in seinem Buch »Berechnung: Endliche und Unendliche Maschinen« (gemeinsam mit S. Papert) dem Parallelcomputer in Form des Perzeptron-Konzepts einen vernichtenden Schlag. Er zeigte nämlich, daß das Perzeptron unter anderem eine bestimmte logische Operation, nämlich das sogenannte exklusive Oder, nicht ausführen konnte. Das exklusive Oder bedeutet, daß der Ausgang 0 sein muß, wenn zwei Eingänge den gleichen Wert haben, und nur dann = 1 ist, wenn entweder der eine oder der andere Eingang den Wert 1, der jeweils andere aber den Wert 0 besitzt. Die Forschungen auf diesem Gebiet des Perzeptrons wurden dann praktisch aufgegeben, abgesehen von einigen wenigen unermüdlichen Wissenschaftlern.

Erst zu Anfang der achtziger Jahre gab es ein enormes Comeback der neuronalen Netze, als nämlich einige Annahmen über die Elemente (Neuronen) etwas abgeändert wurden und so auch das exklusive Oder-Problem nun spielend gelöst werden konnte. Einerseits trug hierzu bei, daß die exakte Schwellwertkurve, die nur »ja« oder »nein« beinhaltet, durch eine glatte S-förmige Kurve (Abb. 31.2) ersetzt wurde. Die anschauliche Bedeutung einer solchen Kurve kann am besten so beschrieben werden, daß an die Stelle der früher harten »Ja- oder Nein«-Entscheidung jetzt das weichere »vielleicht« tritt. Ein Neuron kann schon dann ein

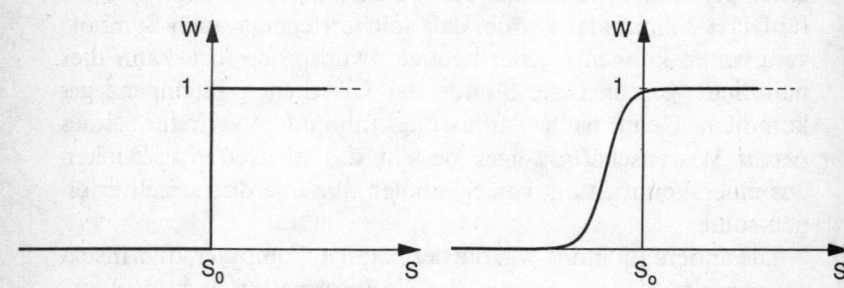

Abb. 31.2 Die sogenannte Schwellwertkurve. Nach rechts ist die Größe des ankommenden Signals S aufgetragen; S_0 ist dabei der Schwellwert. Nach oben ist die Wahrscheinlichkeit aufgetragen, mit der ein Neuron bei ankommendem Signal in den angeregten Zustand übergeht.

Links: Ist der Signalwert S kleiner als S_0, so ist die Wahrscheinlichkeit für den Übergang gleich Null, für S größer als S_0 springt sie schlagartig auf 1, d. h., das Neuron geht dann mit Sicherheit in den angeregten Zustand über.

Rechts: Hier ist der Sprung der Kurve nicht mehr scharf, sondern verschmiert. Schon bei einem Signalwert S kleiner als S_0 kann das Neuron mit einer gewissen Wahrscheinlichkeit in den angeregten Zustand übergehen. Ist umgekehrt der Schwellwert überschritten, so muß das Neuron nicht mit Sicherheit in den angeregten Zustand übergehen, sondern nur mit einer allerdings sehr hohen Wahrscheinlichkeit.

Signal aussenden, wenn die Summe der ankommenden Signale unterhalb des Schwellwerts liegen (Gebiet links der senkrechten Achse), und es braucht kein Signal auszusenden, selbst wenn die Summe der ankommenden Signale den Schwellwert überschreitet. Ferner wurde das Netzwerk, das beim Perzeptron aus einer Schicht bestand, nun oft durch ein Netzwerk mit drei Schichten ersetzt (Abb. 31.3).

Ein besonders interessantes Beispiel für ein solches Netzwerk ist der sogenannte adaptive Filter (Abb. 31.3). Dieser besteht aus der Eingangsschicht, einer weiteren Schicht mit sogenannten verborgenen Variablen und schließlich einer Ausgangsschicht. Die Zellen sind hierbei untereinander in der jeweiligen Schicht *nicht* verknüpft, sondern nur von der jeweils höheren Schichten zur darunterliegenden Schicht. Die Verknüpfungen sind durch synaptische Stärken gekennzeichnet und können durch einen Lernvorgang angepaßt werden. Die Idee hierbei ist, daß man dem Filter bestimmte Eingangswerte gibt und weiß, was bei der dritten Schicht herauskommen soll. Der Filter liefert bei jedem Versuch Ausgangswerte, die mit den gewünschten Sollwerten verglichen werden. Stimmen die Ausgangswerte nicht mit den Sollwerten überein, so werden die Synapsenstärken immer wieder verändert, bis die Sollwerte erreicht sind. Das Netz wird also trainiert, und zwar im »überwachten Lernen«.

Ein berühmtes Beispiel hierfür stammt von Terrence Sejnowski, der ein Netz so trainierte, daß es im Englischen geschriebene Sprache aussprechen konnte. Die Schwierigkeit im Englischen besteht ja darin, daß die Aussprache der einzelnen Buchstaben nicht absolut festliegt, sondern vom Kontext mit anderen Buchstaben abhängt. So wird der Buchstabe a in dem englischen Wort »arm« ganz anders ausgesprochen als in dem Wort »ash«. Man kann intuitiv sehr leicht verstehen, wie nun der Lernvorgang erfolgt: Der Eingangsschicht werden immer wieder geschriebene Wörter angeboten. Hierbei erklären sich im Laufe der Zeit beim Auftreten bestimmter Buchstabenkombinationen einzelne Neuronen der Mittelschicht für eine spezielle Kombination als nicht kompetent, so daß dann die synaptischen Stärken entsprechend Null sind, in an-

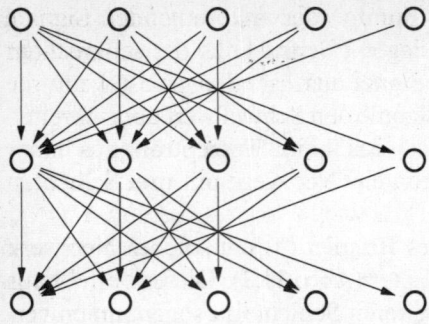

Abb. 31.3 Ein aus drei Schichten bestehender adaptiver Filter. Bei dieser Anordnung sind die Neuronen der verschiedenen Schichten jeweils nicht untereinander verknüpft, sondern nur mit der jeweils tieferliegenden Schicht. Die Modellneuronen des hier vorliegenden adaptiven Filters haben gänzlich andere Eigenschaften als diejenigen des synergetischen Computers.

deren Fällen als kompetent und geben dann Anlaß zu dem Ausgangssignal, das zunächst in Lautschrift kodiert wird und dann in einer Sprechmaschine direkt in Laute umgesetzt wird. Nachdem bei unkorrekter »Aussprache« die Korrekturen von der unteren Schicht zur mittleren und von dieser zur oberen Schicht zurückgegeben werden, nennt man das hier genannte Lernverfahren auch »back propagation«, das übrigens mehrfach neu entdeckt worden ist, was zugleich zeigt, daß dieses Prinzip ziemlich auf der Hand liegt. Obwohl das Prinzip klar zu formlieren ist, ist bei seiner praktischen Anwendung manches noch unklar. Wie viele Elemente der Zwischenschicht braucht man für die vorliegende Aufgabe der Mustererkennung? Wie lange dauert der Lernprozeß? Wie viele Muster können gespeichert werden? Wenn Angaben gemacht werden, so beziehen sich diese auf Mittelwerte, während man bei einer konkreten Angabe exakte Zahlen braucht. Wie man aus Computerexperimenten weiß, kann der Versuch, ein Muster zusätzlich zu den bereits vorhandenen zu speichern, den ganzen vorangegangenen Lernvorgang zunichte machen.

Im Rahmen der Physik hat das Konzept der neuronalen Netze

besonders durch die Arbeit von John Hopfield einen enormen Aufschwung erfahren. Hopfield zeigte nämlich 1981, daß man ein neuronales Netz auch durch ein Modell eines sogenannten Spinglases realisieren kann. Die enorme Resonanz, die Hopfields Arbeit bei den Physikern fand, ist auch vom Standpunkt der Wissenschaftstheorie her sehr interessant. Ein Computermodell, das mit dem von Hopfield gleichwertig ist, war zuvor von William A. Little aufgestellt worden, hatte aber kaum Beachtung gefunden: Es war nicht in der Sprache der Spinglastheorie formuliert. Mit dem höchst komplizierten Problem der Spingläser hatten sich hervorragende Physiker befaßt, leider gab es aber nur ganz wenige Beispiele konkret realisierter Spingläser. Und nun kam eben Hopfields Arbeit, die mit ihrer Anwendung auf Gehirnmodelle den theoretischen Physikern eine neue Perspektive eröffnete. Zugleich brachte er die Mustererkennung in Verbindung mit den Tälern eines »Energiegebirges« – ein Konzept, das wir allerdings schon 1977 vorweggenommen hatten.

Was sind denn nun aber diese rätselhaften Spingläser? Und warum haben sie etwas mit Netzwerken aus Neuronen zu tun? So wie die Modellneuronen von McCulloch und Pitts zwei Zustände besitzen, so besitzt auch ein Spin, der nichts anderes als ein Miniaturmagnetchen ist, zwei Zustände, nämlich Spin nach oben oder Spin nach unten. An den Atomen in einem festen Körper können nur derartige Spins lokalisiert sein und paarweise in Wechselwirkung treten. Zeigen zwei Spins in die gleiche Richtung, so wird deren Energie erhöht, genauso, wie wir das von Eisenmagneten gewohnt sind, wo sich Nordpol und Nordpol abstoßen, Nordpol und Südpol anziehen. Allerdings kann bei Spingläsern auch der umgekehrte Fall eintreten. Dabei können die Stärken der Wechselwirkung, d. h. die Energieabnahme oder -zunahme, zwischen den Spins j und k, je nach Abstand (Abb. 31.4) und Lage der Spins, ganz verschieden sein. Ja, man kann sich sogar vorstellen, daß sich diese Wechselwirkungen künstlich von außen her festlegen lassen, obwohl eine Realisierung hiervon noch in weiter Ferne liegt.

Was können wir nun mit einem Netz von solchen aufeinander wechselwirkenden Spins anfangen? Dazu stellen wir uns vor, daß diese Spins ein Muster, etwa ein Quadrat, repräsentieren sollen (Abb. 31.5). Dann kann man die einzelnen Wechselwirkungen zwischen den Spins so wählen, daß das gesamte Spinglas ein Minimum der Energie annimmt, wenn alle Spins innerhalb dieses Rechtecks in eine Richtung zeigen, alle übrigen in die andere Richtung. Wird nun ursprünglich im Spinglas nur ein Teil der Spins in die richtige Richtung des Quadrats ausgerichtet, so wird das Spinglas das Minimum seiner Energie suchen und auch alle übrigen Spins im Rahmen des Quadrats in diese Richtung drehen. Man kann diese Idee verallgemeinern, indem man auch mehrere Muster mit den entsprechenden Konfigurationen im Spinglas speichert. Jedesmal wird man dann erwarten, daß ein ursprünglich angebotenes Teilmuster durch das Spinglas beim Aufsuchen des Energieminimums vervollständigt wird. Das Spinglas wirkt, wie man auch sagt, als assoziatives Gedächtnis.

Allerdings funktioniert diese Musterergänzung nicht immer. Es gibt nämlich viele Energieminima, die gar nicht gespeicherten Mustern entsprechen und die aber trotzdem von dem Spinglas erreicht werden. Das Spinglas »erfindet« also neue Muster, die man gar nicht finden möchte. Statt zum Namen Alex Müller die richtige Telefonnummer 8743 zu liefern, gibt das Spinglas die Nummer 7643 an. Die Physiker haben deshalb zu einer Reihe von Methoden Zuflucht genommen, damit das Spinglasmodell dann doch noch seinen richtigen, gewünschten Zustand findet, z. B. zum »simulierten Aufheizen«. Beim Aufheizen eines Kristalls oder auch eines amorphen Festkörpers wie Glas wird die Wärmebewegung der Atome immer stäker, d. h., die einzelnen Atome führen immer stärkere Zufallsschwankungen aus. Solche Zufallsschwankungen lassen sich mathematisch simulieren und auch auf die einzelnen Spins des Computermodells anwenden, die auf diese Weise zufällig hin und her geklappt werden. Da die Energie der Spins aber von ihrer zufälligen Lage abhängt, leuchtet ein, daß durch diese Zufallsschwankungen auch tiefere Energiewerte eingenommen werden können. Damit wird eine Art Suchprozeß ausgelöst, der die (unerwünschte!) Spinkonfiguration aus dem falschen Minimum hinaustreibt und dann (hoffentlich!) der richtigen Spinkonfi-

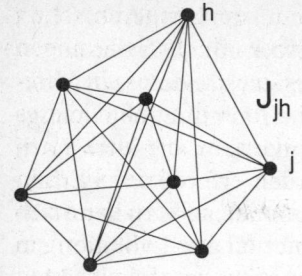 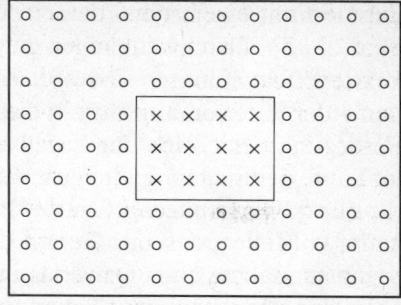

Abb. 31.4 Beispiel für ein Hopfield-Netz, dessen Modell-neuronen (Spins) durch bestimmte Kopplungsstärken J_{jh} verbunden sind.

Abb. 31.5 Anordnung der Spins in einem Quadrat, wenn das Muster eines Rechtecks gespeichert werden soll. Die Kreuze zeigen Spins nach oben, die Kreise Spins nach unten an.

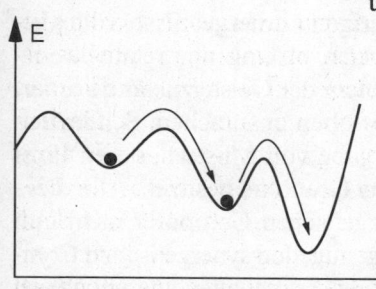

Abb. 31.6 Das Auftreten unerwünschter Minima in der Energieverteilung beim Neurocomputer. Nach rechts ist eine Koordinate aufgetragen, die die Spinkonfigurationen charakterisieren soll, nach oben die jeweilige Energie E. Nur das tiefste Minimum in der Energieverteilungskurve entspricht einem tatsächlich gespeicherten Muster. Die anderen Minima entsprechen unerwünschten Musterkonfigurationen. Um die Wirkung der unerwünschten Mimima zu vermeiden, wurden verschiedene Verfahren entwickelt, insbesondere das sogenannte simulierte Aufheizen, bei dem der Ball in der Gebirgslandschaft Stößen ausgesetzt wird, die ihn dann über die nächste Kuppe tragen sollen, so daß er in ein tieferes Tal rutscht. Dieses Verfahren ist sehr zeitaufwendig, wobei der Erfolg nicht voll garantiert ist.

guration mit einem noch tieferen Minimum zuführt (Abb. 31.6). Sind die Zufallsschwankungen zu groß, so kann auch der umgekehrte Effekt eintreten und *höhere* Energiezustände besetzt werden – der Suchvorgang läuft in die falsche Richtung! Die richtige Festlegung der Größe der Zufallsschwankungen, die auch noch im Laufe des Suchvorgangs geändert werden, erfordert viel Erfahrung und Fingerspitzengefühl des Programmierers. Man kann sich kaum vorstellen, daß das Gehirn bei seiner langen Evolution ein so umständliches und unzuverlässiges Verfahren entwickelt hätte.

Fassen wir zusammen: Sehen wir uns den heutigen Stand der Forschung auf dem Gebiet der neuronalen Computer an, so stellen wir mehrere Schwierigkeiten fest. Es gibt heutzutage keine allgemeine Lerntheorie, die sagt, wie viele Neuronen oder verborgene Variablen man benutzen muß, damit der Computer eine bestimmte Aufgabe löst. Man weiß auch nicht, wie lange ein Lernprozeß dauert und ob er nicht mit dem Erlernen eines neuen Vorgangs, im Hinblick auf seine bisherigen Lernergebnisse, völlig gestört wird. Neuronale Netze besitzen bislang nur relativ wenig Neuronen, und sie haben das Problem der Geisterzustände (unerwünschte Energieminima), das wir oben ansprachen. Schließlich gestatten sie auch nur die Wiedergabe von Mustern, deren Pixel weiß oder schwarz sind, aber keine Grautöne besitzen. Alle diese Schwierigkeiten treten beim synergetischen Computer nicht auf. Dies wäre natürlich schon Grund genug, den synergetischen Computer als Gehirnmodell zu entwickeln. Es gibt aber einen noch viel fundamentaleren Grund. Spingläser sind abgeschlossene Systeme, deren Zustände ohne jegliche Energie- oder Materiezufuhr von außen her aufrechterhalten werden; sie sind – mit anderen Worten – ganz typisch ein Stück toter Materie. Die Zustände synergetischer Systeme können nur durch eine ständige Energie- oder Stoffzufuhr aufrechterhalten werden, sie sind also viel näher an den typischen Lebensvorgängen. Kehren wir also zum synergetischen Computer zurück. Bislang hatten wir dem Leser den Lernvorgang beim synergetischen Computer vorenthalten, was wir nun aber nachholen wollen.

32. Der Lernvorgang beim synergetischen Computer

Wie wir in Kapitel 7 gesehen haben, werden Lernvorgänge bei Menschen und Tieren auf Änderungen in den Synapsen zurückgeführt. Wie sieht nun ein Lernvorgang beim synergetischen Computer aus? Zunächst einmal können wir festhalten, daß wir für den synergetischen Computer eine ganz bestimmte Vorschrift für die »synaptischen« Stärken besitzen, die wir direkt aus den angebotenen Prototypmustern bestimmen können. Wir hatten dies schon in Kapitel 18 andeutungsweise erläutert. Ganz zweifellos gibt es beim menschlichen Gehirn nichts, das etwas Ähnliches leistet; die Verbindungen zwischen den Synapsen entstehen von alleine – durch Selbstorganisation.

Können wir auch den synergetischen Computer dazu bringen, in einem solchen Sinne Muster zu lernen? Dies ist in der Tat möglich, erfordert aber eine ziemlich umfangreiche mathematische Theorie, die wir im Rahmen dieses Buches natürlich nicht darstellen können. Aus diesem Grunde benutzen wir wieder eine mehr bildhafte Vorstellung, die sich eng an die früheren Darstellungen von Kapitel 19 anlehnt. Wie wir dort sahen, läßt sich die Wirkungsweise des synergetischen Computers veranschaulichen, indem wir uns eine Gebirgslandschaft vorstellen, in der eine Kugel rollt. Die Lage der Kugel symbolisiert den »Wahrnehmungszustand« des Computers, während die Talsohlen den gespeicherten Prototypmustern entsprechen. Unser erster Schritt wird sein, uns zu überlegen, wie wir eine solche Gebirgslandschaft aufgrund angebotener Prototypmuster konstruieren können. Dazu stellen wir uns zunächst eine ebene Fläche vor, die gewissermaßen den Zustand unseres von außen noch unbeeinflußten Gehirns (oder des synergetischen Computers) darstellt. Jedem Punkt auf dieser Fläche würde ein bestimmtes Muster entsprechen. Wir müssen uns dabei vergegenwärtigen, daß Muster normalerweise in einem hochdimensionalen Raum dargestellt werden, so daß es hier nur um eine zweidimensionale Veranschaulichung der Verhältnisse in diesem hochdimensionalen Raum geht.

Bei unserer Veranschaulichung entsprechen die x- und y-Koordinate der Ebene den Grauwerten von zwei Pixeln (x- bzw. y-Achse). Des weiteren stellen wir uns vor, daß die Ebene aus einer plastischen Masse besteht, die wir also deformieren können, und daß die Deformation dann bestehen bleibt. Wird nun dem System ein Muster angeboten, so bedeutet dies, daß wir eine Stahlkugel an der Stelle, die dem Muster entspricht, in das plastische Material eindrücken. Sehr oft werden natürlich etwa wegen verschiedener Beleuchtungen oder Rauscheinflüsse die Muster, die zum gleichen Gesicht oder zum gleichen zu lernenden Buchstaben gehören, nicht genau an der gleichen Stelle liegen; es gibt dann Eindellungen in der plastischen Masse, die bei dem gleichen Gesicht (oder dem gleichen Buchstaben) sehr eng beieinander liegen, bei einem anderen Gesicht auch wieder eng beieinander liegen; aber die Zentren der beiden Musterpunkte sind natürlich insgesamt relativ weit voneinander getrennt. Drückt man immer wieder Stahlkugeln in diese plastische Masse, was dem Anbieten von immer wieder einem Prototypmuster oder auch dem Anbieten von mehreren Prototypmustern entspricht, so bildet sich ganz ersichtlich eine Gebirgslandschaft aus.

Lernen beim synergetischen Computer bedeutet also im wahrsten Sinne des Wortes »Einprägen«. Die Gebirgslandschaft hat natürlich aufgrund ihrer Konstruktion in der Umgebung jeder Talsohle eine ziemlich unregelmäßige Oberfläche, die sich aber glätten läßt. Es entsteht dann eine Gebirgslandschaft, die der von Abb. 19.1 sehr ähnlich ist. Bei diesem Verfahren wird es möglich, auch Gesichter zu lernen, die verrauscht sind, wenn wir nur die Gesichter immer wieder dem Computer anbieten und die jeweilige Verrauschung verschieden ist. Dies entspricht gerade der Glättung der Täler. Ein Beispiel hierfür ist in Abb. 32.1 gebracht. Genausogut können dem Computer auch Prototypmuster immer wieder vorgeführt werden, die teilweise verdeckt sind, wovon Abb. 32.2 ein Beispiel liefert. Trotz dieser Verdeckungen, die immer wieder an einer anderen Stelle des gleichen Prototypmusters liegen, gelingt es dem Computer, die Verdeckungen herauszufiltern und so ein ideales Prototypmuster für das jeweilige Gesicht zu konstruieren. Dies geht deutlich aus Abb. 32.3 hervor.

Abb. 32.1a Lernvorgang beim synergetischen Computer. In statistischer Reihenfolge werden ihm oben die Original-Gesichter, unten verrauschte Gesichter angeboten.

Abb. 32.1b Dem Computer gelingt es, gleichzeitig daraus unverrauschte Gesichter zu konstruieren, die zugleich die synaptischen Stärken im Computer festlegen.

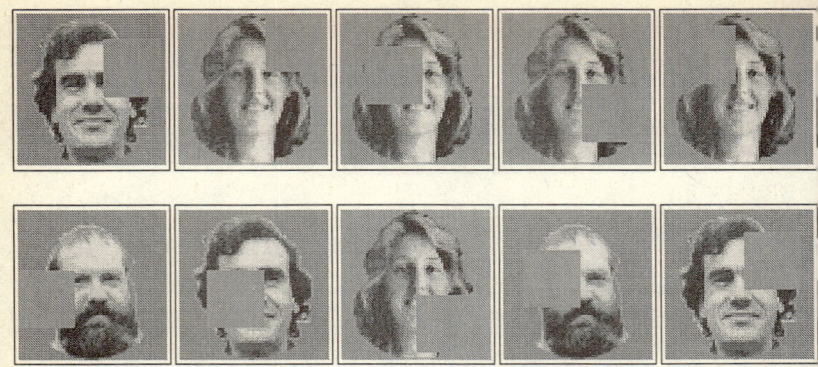

Abb. 32.2 Lernvorgang beim synergetischen Computer, dem in statistischer Folge teilweise verdeckte Gesichter angeboten werden.

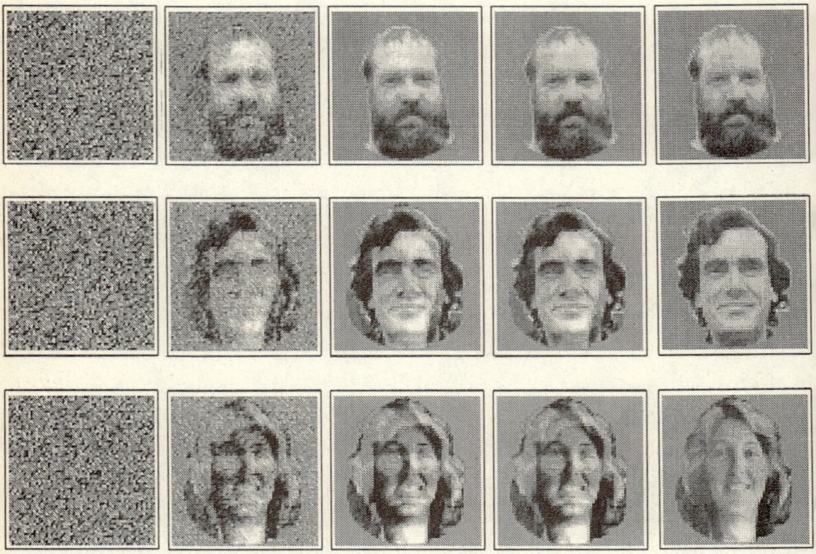

Abb. 32.3 Aus den angebotenen Gesichtern von Abb. 32.2 kann der Computer die vollständigen Gesichter und damit zugleich auch die synaptischen Stärken für das Computernetz rekonstruieren.

Nun haben wir aber gesehen, daß mit einer solchen Gebirgslandschaft jeweils ein ganz bestimmtes Muster von synaptischen Stärken verknüpft ist. Aus der Bildung der Gebirgslandschaft geht gleichzeitig die Bildung der synaptischen Stärken hervor, und die Bildung der Gebirgslandschaft war für uns nur ein Mittel zur Veranschaulichung der Bildung synaptischer Stärken. Hierbei gibt es aber zunächst noch einen Schönheitsfehler, auf den man bei der Verfolgung des Verformungsvorganges natürlich schnell stößt. Wird etwa ein Muster viel häufiger als ein anderes angeboten, so werden ersichtlich die Täler dieses Musters viel tiefer als die von anderen. Dies trifft aber beim menschlichen Gehirn nur in begrenztem Umfange zu. Wird uns etwa der Buchstabe E viel häufiger als etwa der Buchstabe X angeboten, so lernen wir doch schließlich den Buchstaben X genausogut wie den Buchstaben E. Wir müssen also noch einen Mechanismus einführen, der dafür sorgt, daß die Täler gleich tief werden. Dies ist anschaulich sehr einfach zu erreichen, indem wir die nicht genügend tiefen Täler einfach nach unten drücken, bis sie schließlich alle gleich tief geworden sind. Mit einer entsprechenden Deformierung der synaptischen Stärken läßt sich dies auch leicht erreichen. Hierbei können wir sogar definieren, welche Prototypmuster, auch selbst wenn sie verschieden sind, zum gleichen Tal gehören sollen. Auf diese Weise gelingt es zu kategorisieren.

So können wir dem Computer vorschreiben, daß die in Abb. 32.4 gezeigten Gesichter in ein einziges Tal gehören sollen. Er konstruiert dann ein Tal, das an einer bestimmten Stelle liegt, so daß möglichst viel Gemeinsames von all den einzelnen angebotenen Gesichtern wiedergegeben wird. Ein solches künstlich konstruiertes Gesicht entsteht dann in Abb. 32.5. Wir können noch einen Schritt weitergehen und nun, nachdem ein solches Tal konstruiert ist, ein weiteres Gesicht anbieten (Abb. 32.6), aber sagen, daß es zu einem anderen Tal gehören muß. Dem Computer gelingt dies ohne weiteres, und er kann so neue synaptische Verbindungen herstellen, die nun eine Unterscheidung zwischen den Gesichtern von Abb. 32.4 und Abb. 32.6, nicht aber zwischen den Gesichtern von Abb. 32.5 ermöglicht.

Abb. 32.4 Diese Gesichter werden dem Computer angeboten.

Abb. 32.5 Aus den angebotenen Gesichtern der Abb. 32.4 soll der Computer ein einziges Prototypmuster bilden. Die Bildfolge zeigt ein so konstruiertes Idealgesicht.

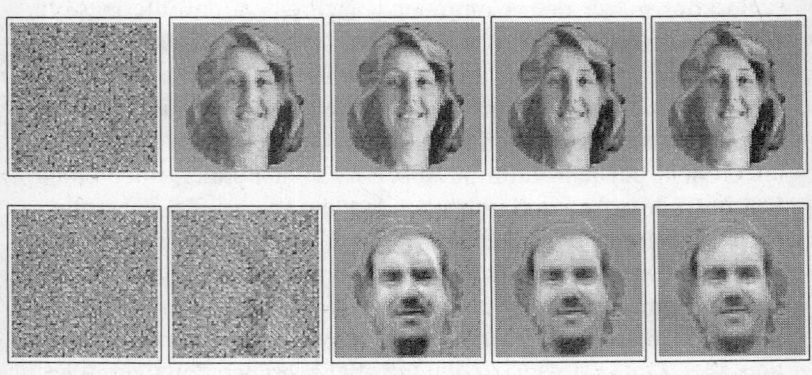

Abb. 32.6 Wird dem Computer noch ein weiteres Gesicht angeboten und erlaubt man ihm, hierfür ein neues Prototypmuster zu bilden, zusätzlich zu dem von Abb. 32.5, so entstehen die beiden in Abb. 32.6b angegebenen Prototypmuster.

33. Schönheitsideal und Gehirn

Als wir den synergetischen Computer testeten, ob er zwischen Gesichtsausdrücken unterscheiden kann, stellten wir fest, daß ihm dies in hervorragender Weise gelingt, wenn wir ihm Prototypmuster einspeicherten, die durch Mitteilung über mehrere Personen gewonnen worden waren. Dabei können wir natürlich nicht nur wie in Kapitel 21 über bestimmte Mund- oder Augenpartien mitteln, sondern wir können hierbei ganze Gesichter zugrunde legen. Führten wir dies auch mit Gesichtern ohne spezielle Mimik aus, so fanden wir etwas für uns sehr Überraschendes: Das so gewonnene, gemittelte Gesicht erschien uns als ebenmäßig, ja vielleicht sogar als schön. Derartige Darstellungen gemittelter Gesichter sind nicht neu. So konstruierte schon das preußische Militär einen »Idealrekruten«, wie dies in Abb. 33.1 gezeigt ist. Ein von Ingo Rentschler und Mitautoren herausgegebenes Buch zeigt das Ergebnis einer Mittelwertbildung bei Frauengesichtern (Abb. 33.2). Das so entstandene Gesicht ist, vor allem in der Mundpartie, zwar leicht verschwommen, erscheint uns aber, wie wir wohl zugeben müssen, zumindest schöner als die einzelnen Gesichter, aus denen es entstand.

Dies wirft ein interessantes Licht auf den Zusammenhang zwischen ästhetischem Empfinden und Zweckmäßigkeit. Für unseren Computer war es ja bei der Erkennung von Gesichtsausdrücken höchst zweckmäßig, wenn ihm als Prototypen gemittelte Gesichter zugrunde lagen. Sollte es bei uns Menschen ähnlich sein, ist es für die Erkennung eines menschlichen Antlitzes überhaupt für uns von Vorteil, wenn wir hier ein mittleres Gesicht sozusagen gespeichert haben; dann hat die Natur es aber verstanden, Zweckmäßigkeit mit Ästhetik zu verknüpfen, weil uns ein solches gemitteltes Gesicht ja zugleich als schön erscheint. Ist ein derart gemitteltes Gesicht uns angeboren, oder haben wir es im Laufe der Kindheit erlernt? Im Hinblick auf die ungeheure Anpassungsfähigkeit unseres Gehirns spricht vieles dafür, daß wir dies erst erlernt haben. So schließt sich eine weitere interessante Frage an, nämlich, wie ist es bei anderen Völkern? Wenn wir von uns ausgehen, dann müs-

Abb. 33.1 Der »Idealrekrut« des preußischen Militärs. Sein Gesicht entstand durch Mittelwertbildung über die gezeigten Gesichter.

sen wir schließen, daß auch bei einem Japaner dessen Schönheitsideal aus einer Mittelbildung über viele japanische Gesichter entsteht. Was passiert aber, wenn wir die Menschheit als Ganzes betrachten, d. h. die Mittelung über Männer oder Frauen ganz verschiedener Völker vornehmen? Dies sind Fragen, die sich sicher in naher Zukunft schnell beantworten lassen werden.

Zugleich erschließt sich hier ein noch viel größerer Zusammenhang im Hinblick auf die Frage, wie unser Gehirn überhaupt Kategorien bildet. Unsere Beispiele aus der Erkennung der Mimik weisen darauf hin, daß dies über Mittelwertbildungen geht. Es gibt aber andererseits auch Kategoriebildungen, bei denen wohl kaum solche Mitteilungen möglich sind. Sagt man zu einem Menschen: »Nenne mir schnell eine Blume«, so nennen die meisten die Rose, bei einem Werkzeug den Hammer, bei einem wilden Tier den Löwen. Hier arbeitet das Gehirn also offensichtlich mit Repräsentanten aus einer Kategorie, nicht aber mit Mittelwerten. Aber was passiert bei der Kategorie Mensch? Wenn Sie gefragt werden: »Stellen Sie sich ein Gesicht vor«, sehen Sie dann vor Ihrem geistigen Auge ein Idealgesicht oder eine ganz spezielle Person? Vielleicht fällt aber auch beides zusammen; denken Sie nur an Mona Lisa. Und damit kommen wir zurück zur Frage, was unser Schönheitsempfinden ausmacht. Erscheint uns eine Rose deshalb als so

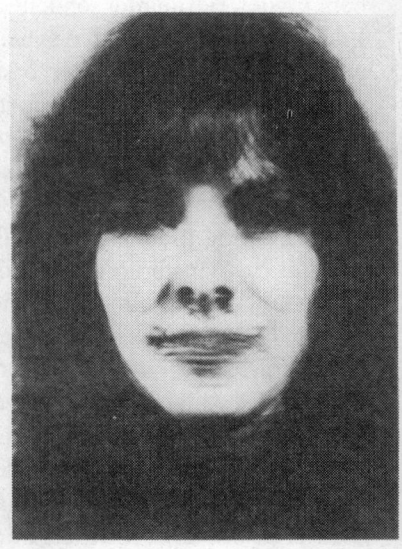

Abb 33.2 Das »Idealgesicht« einer Frau entstanden durch Mittelwertbildung.

265

schön, weil sie auch ein Mittelwert ist. Aber woraus? Ein Mittelwert aller möglichen Blumen wohl kaum, denn Blüten verschiedener Pflanzen können auch verschiedene Symmetrien besitzen, die sich bei einer Mittelung herausheben würden, und es käme nun noch ein mehr oder minder homogener Brei zustande. Was beim menschlichen Gesicht so evident schien, um so mehr als es hier mit einer Mustererkennungsaufgabe verknüpft war, wird bei der Rose schon wieder ein Rätsel.

34. Wahr-Nehmung ist Wahr-Bildung

In den Kapiteln 16 bis 32 haben wir versucht, der Frage nachzugehen, inwieweit die menschliche Fähigkeit zur Wahrnehmung von Bildeindrücken durch den synergetischen Computer nachgeahmt werden kann. Das dabei hervorstechendste Merkmal war wohl die weitgehende Analogie zwischen der Mustererkennung und der Musterbildung, wobei wir uns beim letzteren auf die grundlegenden Erkenntnisse der Synergetik stützen konnten. In diesem Kapitel gehen wir einen Schritt weiter, indem wir behaupten, daß Mustererkennung nichts anderes als Musterbildung, wobei wir uns hier auf die Mustererkennung durch Menschen und Tiere beziehen oder, um das Wortspiel der Überschrift zu benutzen, daß »Wahr-Nehmung« nichts anderes als »Wahr-Bildung« ist. Die Frage ergibt sich natürlich sofort, um welche Art von Mustern es sich handelt, die hier gebildet werden sollen. Wie wir sahen, kann ein neuronales Netzwerk einen ganzen Satz von möglichen Mustern speichern, die aufgrund äußerer Schlüsselreize aufgerufen und damit erinnert werden können. In dieser Weise kann die äußere Welt intern konstruiert oder, vorsichtig ausgedrückt, rekonstruiert werden, indem von dem Erkennungssystem her selbst das tatsächlich oder anscheinend noch fehlende Material geliefert wird. Dies wird durch Erfahrungen und Erwartungen erreicht, die in der einen oder anderen Weise in dem Netzwerk gespeichert werden.

Diese Interpretation wird nicht nur durch die Mechanismen des neuronalen Netzes, das wir hier beschrieben haben, unterstützt, es kann auch durch die Kanizsa-Figuren (Abb. 5.9) bestätigt werden. Wie fundamentale Untersuchungen von Günther Baumgartner und seinen Mitarbeitern in Zürich an Neuronen in Affengehirnen zeigen, können auch Neuronen, die nicht direkt von der Außenseite über die Sehnerven angeregt werden, feuern, so daß sie ein unvollständiges Muster von neuronalen Anregungen ergänzen. Wird etwa dem Affen eine unterbrochene Linie gezeigt, so feuern nicht nur die Neuronen, die den beiden Linienstücken entsprechen, sondern auch solche Neuronen, die dem fehlenden Zwischenstück der Linie entsprechen.

Unsere Ideen führen zu einer neuen Interpretation der Rolle von internen Aufrufen innerer Bilder, eine Problemstellung, die übrigens heftig in den kognitiven Wissenschaften diskutiert wird. In unserer Interpretation können die Bilder, die durch reine Denkprozesse hervorgerufen werden, mehr oder weniger die gleichen sein wie die von der äußeren Welt hervorgerufenen, nur sind die Schlüsselreize verschieden. Natürlich gibt es hier quantitative Unterschiede zwischen äußerlich und innerlich hervorgerufenen Bildern. Für von außen hervorgerufene Bilder sind im allgemeinen nur viel weniger Teile zu ergänzen, zumindest im allgemeinen. Allerdings kann es durchaus sein, daß wir auch bei von außen hervorgerufenen Bildern viel mehr ergänzen, als wir tatsächlich aufgenommen haben und als uns bewußt geworden ist. Dies erkennen wir schon, wenn wir Sätze lesen und dann oft aufgrund weniger einzelner Buchstaben ganze Wörter bilden. Wir ertappen uns gelegentlich dabei, daß wir die Buchstaben zu falschen Wörtern ergänzt haben, und erst wenn uns der Sinn des ganzen Satzes bewußt wird, erkennen wir, wie sehr wir uns haben täuschen lassen.

Unsere Resultate werfen neues Licht auf das Gestaltkonzept. Gestalt erscheint uns hier in zweierlei Weise: Zum einen ist das Gehirn fähig, fehlendes Material zu ergänzen, etwa bei verrauschten oder bei hoch- oder tief-pass-gefilterten Gesichtern, zum anderen kann die Gestalt unabhängig von ihrer Lage im Raum und unabhängig von bestimmten Deformationen erkannt werden. Mit anderen Worten, Gestalt ist ein Konzept, das stark auf Invarianz-eigenschaften beruht.

Es bleiben natürlich viele wichtigen Fragen offen, z. B. inwie-weit die kognitiven Fähigkeiten des menschlichen Gehirns auf einem genetischen Programm beruhen oder wie weit Selbstorgani-sationsprozesse während seiner Entstehung am Werke sind. Hier-an würden sich weitere interessante Fragen anschließen, etwa: In-wieweit wiederholt das Gehirn die sich vor uns entfaltenden Strukturen in seinen Aktivitätsmustern oder in seiner Morpho-genese, inwieweit ahmt es diese Vorgänge nach, oder inwieweit spiegelt es die Vorgänge wider? Natürlich können derartige Fra-gen nur durch eine enge Zusammenarbeit zwischen Theorie, Neu-rophysiologie und Psychologie beantwortet werden, wobei wir glauben, daß die Synergetik und ihre Konzepte der Mustererken-nung eine weiterhin wachsende, einflußreiche Rolle in diesem Zu-sammenhang zwischen den Disziplinen spielen wird.

Bis jetzt sahen wir, daß das allgemeine Konzept des synergeti-schen Computers in verschiedener Weise realisiert werden kann. Wir sahen auch, daß wir den ganzen Vorgang auf einem seriellen Computer simulieren können. Wir lernten aber auch Realisierun-gen mit Hilfe eines vollständig parallelen Netzwerkes kennen, wo-bei eine weitere Realisierung mit Hilfe sogenannter Großmutter-Zellen möglich ist. Auf den ersten Blick könnte es scheinen, daß die Realisierung durch einen seriellen Computer und durch einen parallelen Computer nur einen Unterschied bezüglich der Ge-schwindigkeit bedeutet, aber keine qualitativen Unterschiede be-inhaltet. Im strengen Sinne der Mathematik ist es tatsächlich so, daß beide Realisierungen auf die gleiche sogenannte universelle Turing-Maschine zurückgeführt werden können, im mathemati-schen Sinne also äquivalent sind. Unserer Meinung nach ergibt sich aber zwischen diesen beiden Realisierungen – seriell oder par-allel – ein tiefgreifender Unterschied.

Bei der seriellen Verarbeitung, die gewissermaßen im Zeittakt abläuft, können wir ja kein räumliches Muster im wahrsten Sinne des Wortes erkennen. Bei der parallelen Verarbeitung erscheint hingegen das Muster buchstäblich vor unseren Augen, und wir können uns auch leicht vorstellen, daß derartige Muster bestimmten Erregungsmustern in unserem Gehirn entsprechen. In diesem Sinne ist also serielle und parallele Verarbeitung etwas grundsätzlich Verschiedenes. Die parallele Verarbeitung gestattet es darüber hinaus, direkt auf einzelne Wahrnehmungsinhalte lokal zurückzugreifen. Dies ist ähnlich wie bei dem Unterschied zwischen der Speicherung von Musik auf einer Schallplatte oder einer CD-Disc einerseits und auf einem Tonband andererseits. Um eine bestimmte Stelle zu finden, müssen wir das Tonband unter Umständen sehr lange zurückspulen, bei einer Platte hingegen haben wir einen direkten Zugriff. Die Fülle der Zugriffsmöglichkeiten bei paralleler Verarbeitung ist aber nicht nur eine Frage der Zeit, sondern sogar eine Frage der Gleichzeitigkeit. Bei einem Band können wir zwei verschiedene Stellen nur zu zwei verschiedenen Zeiten abspielen, bei einem parallel angebotenen Muster können wir hingegen zwei oder mehrere Teile des Musters gleichzeitig untersuchen und weiter verarbeiten. Natürlich können wir sogar das ganze Muster weiter als Ganzes parallel behandeln. Die in manchen Büchern aufgeworfene Debatte, ob unser Gehirn eine Turing-Maschine ist, erscheint so als eine falsch gestellte Frage. Selbst wenn unser Gehirn sich in seinen Prozessen durch eine Turing-Maschine simulieren ließe, so ergäben sich qualitativ ganz andere Aspekte. Unsere Überlegungen zeigen auch, daß der visuelle Wahrnehmungsvorgang nicht als eine Folge von Symbolverarbeitungen gedeutet werden kann, wie dies etwa führende Vertreter der künstlichen Intelligenz postuliert haben, sondern daß es hier zu einer ständigen Bildung von Erregungsmustern kommt, die als solche im einzelnen keinen Symbolgehalt tragen. Es handelt sich ja beim Computer lediglich um elektrische Erregungen, im Gehirn um Aktivitäten elektrischer oder chemischer Art von Neuronen.

Einige Vorgänge im synergetischen Computer konnten abstrakt durch die zeitliche Veränderung eines Zustandes, der durch die Lage eines Balls in einer Gebirgslandschaft veranschaulicht wurde, beschrieben werden, wobei der Ball schließlich in einer Talsohle zur Ruhe kam und damit das Muster erkannt wurde.

Wenn das jeweilige Tal erreicht wird, hat das System seine Aufgabe erfüllt, d. h., das Muster ist erkannt worden. Allerdings, und dies scheint uns ganz fundamental zu sein, haben unsere Arbeiten mit dem synergetischen Computer gezeigt, daß eine Reihe von Wahrnehmungsprozessen mit diesem einfachen Bild nicht erfaßt werden können, etwa, wenn der synergetische Computer eine Szene analysieren mußte. Dann konnte er dies nur tun, indem die Talsohlen selbst einer Dynamik unterworfen wurden, oder, einfacher ausgedrückt, die Talsohlen wurden, wenn ein Muster erkannt wurde, angehoben und wurden selbst flach oder gar zu Bergkuppen. Aufgrund der jeweils angebotenen Szenen und der in ihnen erkannten Objekte ändert sich also die Gebirgslandschaft ständig. Das Bild festverdrahteter Neuronen oder von Synapsen, deren Stärke ständig konstant bleibt, läßt sich also hier nicht mehr aufrechterhalten. Es treten ständig Sättigungseffekte auf, die besonders deutlich anhand von Kipp-Figuren mit deren Oszillationen in Erscheinung treten.

Wir kommen so zu der Vorstellung, daß die Gebirgslandschaft mit ihren Talsohlen oder mit ihren Attraktorzuständen nur eine erste Näherung zu dem Problem Wahrnehmung sein kann. Vielmehr wird diese Gebirgslandschaft durch vielerlei Einflüsse ständig geändert, Einflüsse, die einerseits von außen her kommen, indem erkannte Objekte auf die Aufmerksamkeitsparameter und damit auf die synaptischen Stärken einwirken, andererseits aber, indem wir auch innerlich immer wieder Aufmerksamkeitsparameter neu formen und ständig abändern. Diese Abänderungen können auf erfahrenen Tatsachen, aber auch auf Emotionen und vielen anderen Einflüssen beruhen. Wir erkennen so, daß visuelle Wahrnehmung weit entfernt von den Prozessen einer fotografischen Platte ist, ganz im Gegenteil finden im Gehirn offensichtlich im unbewußten Bereich eine Vielzahl verschiedener Prozesse statt, wie Zerlegen und Zusammensetzen von Szenen, Filterungsvorgängen und anderers mehr.

Dieses Bild wird unterstützt durch schon sehr einfache physiologische Vorgänge. So wissen wir, daß unser Auge keineswegs auf einen festen Punkt gerichtet ist, sondern sakkadische Augenbewegungen durchführen. Wir wissen, daß unsere Pupille sich keineswegs fest auf ein Objekt fokussiert, sondern daß die Pupille dauernd Oszillationen unterworfen ist. Wir haben so ein äußerst fein abgestimmtes, sich in ständiger Veränderung befindliches Erkennungssystem, bei dem die mechanischen Teile des Auges mit den Nervenerregungen in der Gehirnrinde aufs engste korreliert sind und mit dem wir uns zugleich ein Bild von der Außenwelt schaffen, das mehr konstruiert als rekonstruiert ist. Hierzu können wir schon vieles aus eigener Erfahrung beitragen. Wenn wir etwa eine Gegend, die uns ganz besonders gut gefällt, fotografieren, so erkennen wir beim entwickelten Film, daß uns die Gegend ganz anders erscheint, als wir sie in Erinnerung hatten und wir sie auch tatsächlich gesehen hatten. Unser Gehirn setzt die Landschaft künstlich zusammen, wobei perspektivische Gesetze überrollt werden.

Viele Fragen konnten hierbei gar nicht angeschnitten werden. Zweifellos spielt das Gedächtnis, bei dem wir ein Kurzzeit-, ein Langzeit- und vielleicht sogar ein mittelfristiges Zeitgedächtnis haben, eine wesentliche Rolle. Ganz offensichtlich stehen uns hier noch gewaltige Aufgaben bevor, wenn wir allein den optischen Wahrnehmungsvorgang durch Computer in einer dem Gehirn angepaßten Weise nachahmen wollen. Andererseits haben wir aber doch einen ersten Schritt getan und, wie uns scheint, ganz wesentliche neue Einblicke gewonnen, die sich eben auf strenge Computerrechnungen stützen können.

35. Weitere Fragen zur visuellen Wahrnehmung

Selbst wenn wir an einfache Sehvorgänge denken, haben wir in Teil III, dem »theoretischen« Teil dieses Buches, noch viele wichtige Gesichtspunkte außer acht gelassen, z. B. die räumliche Wahrnehmung. Wir erkennen ja räumliche Tiefe dadurch, daß wir zwei Augen besitzen und diese die Umwelt etwas verschieden »sehen«. Aufgrund dieser Verschiedenheit, im Fachjargon »Disparität«, kann dann unser Gehirn auch Tiefe (Entfernung) wahrnehmen.

Neuere Untersuchungen an unserem Institut (H.H.) zeigen, daß solche Tiefenerkennung auch durch den synergetischen Computer möglich wird: Er rekonstruiert eine drei-dimensionale Welt aus zwei zwei-dimensionalen Bildern. Auch die wichtigen Aspekte des Farbfernsehens haben wir hier nicht berücksichtigt. Wie Edwin Land, der auch der Erfinder der Polaroid-Kamera war, nachwies, nehmen wir keinesfalls Farben aufgrund ihrer physikalischen Wellenlänge wahr. Vielmehr beeinflussen sich Farbkleckse oder farbige Flächen gegenseitig, so daß das Gehirn in der Lage ist, Beleuchtungseffekte auszugleichen. Wie Land herausfand, führt das Gehirn in bestimmter Weise eine Mitteilung über die Farben der einzelnen Farbflächen eines Bildes durch und setzt dann eine betrachtete Fläche in Beziehung zu dem Mittelwert. Als Folge erscheint uns auch unter ganz verschiedenen Beleuchtungseinflüssen eine Farbfläche mit der gleichen Farbe, selbst wenn die zugehörigen Spektralverteilungen des Lichts sich völlig geändert haben. Diesen Effekt in das Konzept des synergetischen Computers einzubauen, ist natürlich eine reizvolle Aufgabe. Im Rahmen von Neurocomputern ist dies in einer Arbeit von Jeanne Rubner und Klaus Schulten bereits erfolgt.

Da wir in Kapitel 34 über interne Repräsentationen kurz gesprochen hatten, wollen wir noch einige Worte im Hinblick auf zukünftige Forschungen zu diesem Gebiet hinzufügen. Wir erwähnten zunächst die Experimente von R. N. Shepard und T. Metzler über interne Rotationen. In diesen Experimenten wurden Testpersonen Bilder der Art von Abb. 35.1 gezeigt, die offensichtlich gegenüber ihrer normalen Orientierung rotiert waren. Wie diese Experimente zeigten, ist die Zeit, die eine Testperson braucht, um die Bilder vor dem geistigen Auge in eine Art von Normalposition zurückzurotieren, von dem Rotationswinkel abhängig. Je größer der Rotationswinkel war, desto länger braucht die Person, um die Rotation vor dem geistigen Auge durchzuführen. Neuere Arbeiten an Institut (H.H.) zeigen, daß diese Ergebnisse auch beim synergetischen Computer erreicht werden können. Dies bedeutet natürlich nicht, daß nun der Computer sozusagen vor seinem eigenen geistigen Auge ein mentales Bild entwirft, es zeigt lediglich, daß wir am Computer ablesen können, wie lange so ein Rechenvorgang braucht, um ein gedrehtes Bild in seine Normallage zurückzudrehen.

Ein weiteres wichtiges Gebiet, das von dem der Synergetik mit Sicherheit beeinflußt wird, ist das der Sensormotorkontrolle. Wie wir gesehen haben, kann ein Netzwerk unvollständige Daten ver-

Abb. 35.1 In den Rotationsexperimenten von R. N. Shepard und T. Metzler verwendete Figur in verschiedenen Stellungen.

vollständigen, sofern nur eine bestimmte Zahl von ursprünglich gegebenen Schlüsseldaten gegeben wird. Im bisherigen Text waren wir davon ausgegangen, daß nicht nur die eingegebenen Daten, sondern auch die zu ergänzenden Daten von der gleichen Natur, eben Bildinhalte, waren. Das muß aber keineswegs immer so sein, die eingegebenen Daten können nämlich auch Bildinhalte sein, während die fehlenden Daten sich auf die Ausführung spezieller Aktionen, wie Sprache oder Fortbewegung, beziehen können. In dieser Weise können ursprünglich gegebene Schlüsseldaten zu einem gesamten Perzeptionsmotor-Muster ergänzt werden. Übrigens werden solche motorischen Muster durch wenige Ordnungsparameter regiert, wie in einer fundamentalen Arbeit von Hermann Haken, Scott Kelso und Herbert Bunz (vgl. Kapitel 3) nachgewiesen werden konnte. Allerdings soll es hier nicht unsere Aufgabe sein, darauf näher einzugehen. Die Idee der Bildung von Perzeptionsmotor-Mustern hat eine weitere wichtige Konsequenz; damit läßt sich nämlich wahrscheinlich die Frage beantworten, warum ein Tennisspieler rechtzeitig auf einen heranfliegenden Ball reagieren kann, obwohl dieser Vorgang ihm unter vielen Bedingungen erst viel zu spät ins Bewußtsein dringen kann. Mit der Annahme von Perzeptionsmotor-Mustern läßt sich dies aber leicht erklären. Aufgrund der Bildinhalte wird sofort ein Verhaltensmuster aktiviert, ohne daß ein Bildinhalt ergänzt werden oder ins Bewußtsein gehoben werden muß. Ganz zweifellos bietet sich hier noch ein ungeheures Feld für die jüngere Generation zur weiteren Forschung.

Teil IV

Fazit

36. Was verstehen wir unter Verstehen?

Wir haben versucht, dem Leser Resultate der modernen Gehirnforschung näherzubringen. Dabei haben wir aber gesehen, daß verschiedene Forscher unter Verstehen etwas ganz anderes verstehen. Wir erinnern hierzu nur an unsere Auseinandersetzung mit dem Reduktionismus in Kapitel 15, wo wir die Biomoleküle mit Ziegelsteinen, den Organismus jedoch mit einem Haus verglichen. Wenn wir also die Wissenschaftslandschaft betrachten, so erkennen wir, daß die Zielsetzungen und Vorstellungen der Forscher keineswegs einheitlich sind. Sie hängen vielleicht vom persönlichen Geschmack, der Vorbildung, aber auch von Zeitströmungen ab. Dabei lassen sich, grob gesehen, jeweils Hauptströmungen und die dazugehörigen Gegenströmungen leicht unterscheiden. Eine solche besteht zwischen den Universalisten und den Spezialisten, wobei, wie jemand spöttisch sagte, die Universalisten nichts über alles, die Spezialisten hingegen alles über nichts wüßten. Die eigentümliche Beziehung zwischen Universalisten und Spezialisten (oder Singularisten) kann wohl kaum besser ausgedrückt werden als schon von Goethe:

»Wenn ein Wissen reif ist, Wissenschaft zu werden, so muß notwendig eine Krise entstehen: denn es wird die Differenz offenbar zwischen denen, die das einzelne trennen und getrennt darstellen, und solchen, die das Allgemeine im Auge haben und gern das Besondere an- und einfügen möchten. Wie nun aber die wissenschaftliche, ideelle, umgreifendere Behandlung sich mehr und mehr Freunde, Gönner und Mitarbeiter wirbt, so bleibt auf der höheren Stufe jene Trennung zwar nicht so entschieden, aber doch genugsam merklich. *Diejenigen, welche ich die Universalisten nennen möchte, sind überzeugt und stellen sich vor: daß alles überall, obgleich mit unendlichen Abweichungen und Mannigfaltigkeiten, vorhanden und vielleicht auch zu finden sei; die anderen, die ich Singularisten benennen will,* gestehen den Hauptpunkt im allgemeinen zu, ja, sie beobachten, bestimmen und lehren hiernach; aber *immer wollen sie Ausnahmen finden,* da wo der ganze Typus nicht ausgesprochen ist, und darin haben sie recht. *Ihr Fehler aber ist nur, daß sie die Grundgestalt verkennen, wo sie sich verhüllt, und leugnen, wenn sie sich verbirgt.* Da nun beide Vorstellungsweisen ursprünglich sind und sich einander ewig gegenüberstehen werden, ohne sich zu vereinigen oder aufzuheben, so hüte man ja sich vor aller Kontroverse und stelle seine Überzeugung klar und nackt hin. So wiederhole ich die meinige: daß man auf diesen Stufen nicht *wissen* kann, sondern *tun* muß.«

».. . Ebenso geht's allen, die ausschließlich die Erfahrung anpreisen: Sie bedenken nicht, daß die Erfahrung nur die Hälfte der Erfahrung ist.«

(*Hervorhebungen* von den Verfassern)

Ganz zweifellos gehört die Synergetik zu der Richtung des Universalismus. Zwei wichtige andere Hauptströmungen, die schon oben erwähnt wurden, sind die des Reduktionismus und die des Holismus, also einer ganzheitlichen Schau. Die Synergetik nimmt hier eine Mittel- oder, besser gesagt, eine Mittlerrolle ein. Sie fragt nämlich nicht allein danach, was auf der mikroskopischen oder auf der makroskopischen Ebene passiert; sie versucht vielmehr die Verknüpfung zwischen diesen beiden Ebenen herzustellen. Dies gelingt ihr durch das Konzept des Ordnungsparameters und des Versklavungsprinzips. Ein strenger Reduktionist würde sagen: Wir verstehen das neuronale Netzwerk dann, wenn wir die einzelnen Neuronen verstanden haben. Ein extremer Holist würde sagen, daß wir das neuronale Netzwerk verstanden haben, wenn wir seine makroskopischen Eigenschaften verstehen. Unseres Erachtens brauchen wir für ein Verständnis des Gehirns beides und darüber hinaus die Verknüpfung zwischen der mikroskopischen und makroskopischen Ebene. Wir können hierbei nicht leugnen, daß wir, gewissermaßen als Gegengewicht zum Reduktionismus, die holistische Position hier stärker betont haben.

Im Englischen gibt es für diese Vorgehensweisen sehr treffende Bezeichnungen: bottom-up bedeutet, daß wir von den Eigenschaften der einzelnen Elemente ausgehen und dann versuchen, die Eigenschaften des Gesamtsystems, in unserem Falle des Netzwerks, zu konstruieren. Top-down hingegen bedeutet, daß wir von dem Gesamtsystem ausgehen und dann Rückschlüsse auf die Eigenschaften der einzelnen Teile ziehen. Die moderne experimentelle Gehirnforschung bedient sich ganz zweifellos der Bottom-up-Methode, wobei das Studium der einzelnen Prozesse zwischen den Neuronen oder auch innerhalb eines Neurons im Vordergrund steht. Erst in neuerer Zeit gelingt es, durch neuartige Meßmethoden auch das Zusammenwirken mehrerer Neuronen zu untersuchen, was zu der schon früher erwähnten Entdeckung von Kopplungen zwischen den Oszillationen von Neuronengruppen führte.

Beschäftigen wir uns aber hier noch ein wenig mit der holistischen Betrachtungsweise. Dazu werden oft Metaphern herangezogen, die eigentlich immer wieder den Stand unseres technischen Wissens widerspiegeln. So verglich man etwa im letzten Jahrhundert das Gehirn mit einem Uhrwerk. Mit dem Aufkommen der Elektrizität sprach man von dem Schaltwerk der Gedanken oder verglich das Gehirn mit einem elektrischen Netzwerk. In unserem Zeitalter der stürmischen Entwicklung der Computer wird das Gehirn mit einem riesigen Computer verglichen. Auffällig bei diesen naturwissenschaftlichen Metaphern ist, daß das Gehirn immer als Maschine aufgefaßt wird, wobei der Begriff der Maschine aber unmerklich einem Bedeutungswandel unterliegt. Früher dachte man dabei an mechanische Vorrichtungen, etwa an die Dampfmaschine oder ein Uhrwerk. Dann bezog man das Wirken elektrischer und magnetischer Felder in den Maschinenbegriff ein, etwa bei Dynamos oder Elektromotoren oder schließlich bei der elektrischen Nachrichtenübermittlung. Der Computer wird als Weiterentwicklung der mechanischen Rechenmaschine verstanden, wobei die logischen Rechenoperationen nun nicht mehr mit mechanischen, sondern mit elektronischen Teilen ausgeführt werden. Allen diesen Maschinenkonzepten ist gemeinsam, daß die Maschinen von menschlichen Gehirnen erdacht und von Menschenhand geschaffen worden sind, um jeweils spezifische Aufgaben zu erfüllen.

Im Moment ist die Wissenschaft dabei, den Maschinenbegriff wiederum einem Bedeutungswandel zu unterziehen. Wir wollen jetzt Computer bauen, die lernen, die ihre Verdrahtung selbständig ändern, die sich, mit anderen Worten, in ihrem Verhalten selbst organisieren. Wir wollen Computer haben, die sich selbst reparieren, Computer, die ein Bild von sich selbst zeichnen können. Bemerken Sie, wie die Wissenschaft dabei ist, das Selbst in die Maschine einzuführen? Man kann sich des Eindrucks nicht erwehren, daß alles, was sich auf einem materiellen Substrat realisieren läßt, schließlich als Maschine bezeichnet wird, so daß die Gleichsetzung von Gehirn mit Maschine uns schließlich als wissenschaftlich erwiesen scheint. Ein Hintertürchen scheint sich hier zunächst anzubieten: Maschinen sind ja nach unserem Verständnis Vorrichtungen, die streng kausal und, so glauben wir wenigstens, genau vorhersagbar arbeiten.

Neben den streng kausalen und deterministischen Vorgängen in der Natur gibt es aber auch Zufallserscheinungen, nicht vorhersagbare Schwankungen, Fluktuationen also. Solche Schwankungen treten auch in physiologischen Systemen auf, wobei wir bereits auf mehrere wichtige Beispiele gestoßen sind, so etwa beim Umschlag von Fingerbewegungen aus einer Form in die andere, wo Schwankungen der relativen Phase auftraten, oder bei der Wahrnehmung von Kipp-Figuren, wo die Länge der jeweiligen Wahrnehmung schwanken konnte. An dieser Stelle könnte man also sagen, hier haben wir endlich einen Unterschied zwischen dem Konzept der Maschine und dem des Gehirns gefunden. Aber auch hier läßt sich ein Beispiel anführen, in dem auch in Maschinen ganz intrinsisch Schwankungen auftreten können. Fassen wir den Laser oder eine Lampe als eine Maschine auf, so sind wir bereits am Ziel, denn die Lichtausstrahlung einer Lampe beruht auf sogenannten Quantenschwankungen, die grundsätzlich immer vorhanden sind, und auch beim Laser treten immer noch Schwankungen des Lichts auf, wenn auch in sehr stark unterdrückter Form. Wir könnten also den Maschinenbegriff auch hierher »retten«, obwohl wir den tiefschürfenden Bedeutungswandel nicht übersehen sollten.

Natürlich hat es nicht an Versuchen gefehlt, das Gehirn in einem größeren konzeptionellen Rahmen zu verstehen. Da ist zum einen der Vergleich des Gehirns mit einem universellen seriellen Computer, der sogenannten Turing-Maschine. Eine schöne Erklärung des Prinzips der Turing-Maschine gibt Roger Penrose in seinem Buch »The Emperor New Cloths«, wobei er zu dem Schluß kommt, daß das Gehirn doch keine Turing-Maschine sei, und zwar aufgrund des Bewußtseins. Penrose versucht dann, die Quantentheorie und eine Theorie, die erst noch entwickelt werden muß, für die Erklärung des Bewußtseins heranzuziehen.

Da gelegentlich die Quantentheorie zur Erklärung von Gehirnvorgängen herangezogen wird, sollten wir hierüber noch einige Worte verlieren. Das hervorstechendste Merkmal der Quantentheorie ist die sogenannte Dualität zwischen Teilchen und Welle und die damit eng verknüpfte Heisenbergsche Unschärferelation. Die Dualität Teilchen/Welle bedeutet, daß das gleiche mikroskopische Gebilde, z. B. ein Elektron, sich in einigen bestimmten Experimenten so verhält, als wäre es ein Teilchen, in anderen so, als wäre es eine Welle. So können zwei Elektronen zusammenstoßen und werden dann wie zwei Tennisbälle aneinandergestreut. Andererseits kann man aber auch einen Elektronenstrahl durch zwei Spalte in einem Schirm schicken; hinter dem Schirm zeigen sich dann Beugungsbilder, so wie man es auch beim Durchgang von Lichtwellen (oder Wasserwellen) durch zwei Spalte hat. Genau das gleiche Gebilde kann sich also physikalisch in ganz verschiedener Weise manifestieren, was unserer makroskopischen Anschauung völlig widerspricht. Hier ist eben ein Teilchen ein Teilchen und eine Welle eine Welle.

In welchem Ausmaß sich das Elektron als Teilchen oder als Welle zeigt, wird durch die Heisenbergsche Unschärferelation geregelt. Damit einher geht die prinzipielle Unvorhersagbarkeit der zukünftigen Bewegung eines Elektrons. Denn nach der Heisenbergschen Unschärferelation kann man nicht gleichzeitg die Geschwindigkeit und den Ort des Teilchens beliebig genau messen; das wäre aber Voraussetzung, um nach der Newtonschen Mechanik die weitere Bahnbewegung vorausberechnen zu können.

So kann man auch nicht voraussagen, wann in einem Atom ein Elektron aus einem angeregten Zustand in den Grundzustand unter Aussendung einer Lichtquelle (eines Lichtquants) übergeht. Trotzdem gibt es aber noch Gesetzmäßigkeiten. So kann der Physiker berechnen, mit welcher Wahrscheinlichkeit innerhalb einer bestimmten Zeit das Elektron eine Lichtwelle aussendet. In der Quantentheorie läßt sich ein sogenanntes Wahrscheinlichkeitsfeld berechnen, aus dem man ablesen kann, mit welcher Wahrscheinlichkeit ein Elektron an einem bestimmten Ort anzutreffen ist. Es ist natürlich verlockend, ein solches Wahrscheinlichkeitsfeld zur Erklärung von Gehirnprozessen heranzuziehen, da sich hier eine Möglichkeit bietet, auch unvorhersagbare Ereignisse in eine naturwissenschaftliche Beschreibung einzubeziehen. Nach unserem jetzigen Kenntnisstand laufen die in der Neurologie untersuchten Prozesse auf einer Ebene ab, die man schon als makroskopisch bezeichnen muß, so daß hier die Rolle von Quantenprozessen sehr unwahrscheinlich, aber auch nicht endgültig auszuschließen ist. Vielleicht warten hier sogar noch Überraschungen auf uns.

Schließlich ist es in den letzten Jahren modern geworden, den Mathematiker Kurt Gödel mit seinem Unvollständigkeitstheorem im Kontext der Gehirnforschung zu erwähnen, da es nach dessen Theorem in einem System von logischen Aussagen nicht möglich ist, bestimmte Aussagen zu beweisen oder zu widerlegen. Hieraus wird dann gefolgert, daß das menschliche Gehirn ganz prinzipiell nicht in der Lage ist, sich selbst zu verstehen. Damit sind wir aber schon mitten in tiefschürfende philosophische Fragestellungen hineingeraten, über die wir ein klein wenig im nächsten Kapitel sprechen wollen.

37. Philosophische Kästchen

Im Vorwort hatten wir schon erwähnt, daß die Resultate der Gehirnforschung tiefgreifende Konsequenzen für unsere Weltanschauung haben können. Im Laufe der Jahrtausende haben die Philosophen aber nicht nur diese unterschiedlichen Vorstellungen über unsere Welt entwickelt und damit zugleich gewissermaßen philosophische »Kästchen« geschaffen, in die dann schnell eine neu auftauchende Theorie gesteckt werden kann. So müssen und wollen wir hier denn Farbe bekennen, wohin unseres Erachtens die synergetische Betrachtungsweise hingehört.

In unserem Zusammenhang sind natürlich die Strömungen: materialistisch hier, idealistisch dort, diejenigen, mit denen wir uns auseinandersetzen müssen. Im materialistischen Sinne ist die Materie das Primäre, während im idealistischen Sinne der Geist das Primäre, Formende ist. Selbstverständlich können wir hier nicht für die Gehirnforscher allgemein sprechen, aber viele gehören der materialistischen Strömung an, und zwar in dem Sinne: Wenn wir die Wirkungsweise der Neuronen verstanden haben, dann verstehen wir auch, wie geistige Leistungen zustande kommen. Eine idealistische Position nimmt hingegen der berühmte Gehirnforscher Sir John Eccles ein. So hat Eccles gemeinsam mit Sir Karl Popper das Buch »Das Ich und sein Gehirn« geschrieben. Hierbei faßt Eccles das Gehirn als eine Maschine auf, die von einem immateriellen Ich programmiert und gesteuert wird.

Über viele Jahre veranstalteten wir (H.H.) in dem malerisch gelegenen Schloß Elmau in den oberbayerischen Bergen Tagungen zur Synergetik, wobei wir auch Sir John zu einer Tagung über das Gehirn einluden. Er beeindruckte alle Teilnehmer zutiefst durch sein ungeheuer breites Wissen auf dem Gebiet der Gehirnforschung. Trotzdem stieß er aber bei den Gehirnforschern auf Widerstand bei seiner »Ich-Gehirn-These«. Interessanterweise entwickelte Sir John auf dieser Tagung eine noch weitere Theorie, die seine Ich-Gehirn-These unterstützen sollte. Er sagte nämlich, das Ich sei gerade das Wahrscheinlichkeitsfeld der Quantentheorie, das nun die Prozesse der Neuronen steuere. In meinen Augen war dies aber nun ein Schritt hin zur materialistischen Auffassung, denn auch das Wahrscheinlichkeitsfeld ist ein physikalisches Gebilde, mit dem man wenigstens im Prinzip physikalische Experimente durchführen kann. Aus der Sicht des Physikers ist diese Feststellung sicher richtig. Er kann immer wieder den gleichen Versuch durchführen, z. B. den Ort eines Elektrons messen, und so das Wahrscheinlichkeitsfeld ausloten. In einfachen Fällen, etwa bei der Bewegung eines Elektrons im Atom, läßt sich das Wahrscheinlichkeitsfeld mit Hilfe der sogenannten Schrödinger-Gleichung exakt berechnen und mit den gemessenen Werten vergleichen. Aber gilt dies auch für das Gehirn? Zwei prinzipielle Schwierigkeiten türmen sich hier auf: Mit welchem Gehirn auch immer, wir können an ihm nie den gleichen Versuch wiederholt durchführen. Jeder Versuch hinterläßt seine Spuren, jedesmal ändert das Gehirn seinen Zustand irreversibel. Wir werden also nie in der Lage sein, das Wahrscheinlichkeitsfeld des Gehirns wie das eines physikalischen Systems zu messen. Zum anderen werden wir wohl nie in der Lage sein, das Wahrscheinlichkeitsfeld eines so komplexen Gebildes wie das Gehirn zu berechnen – wir können dies ja nicht einmal bei einfachen Molekülen exakt. Der Leser wird spüren, auf welch schwankenden philosophischen Boden wir geführt werden, und es wäre sicher vermessen, im jetzigen Stadium unseres Wissens endgültige Schlüsse ziehen zu wollen.

Was ist aber nun unsere eigene Position hinsichtlich Geist und Materie? Hierzu brauchen wir lediglich die Grundkonzepte der Synergetik, die wir schon in Kapitel 2 darlegten, zu wiederholen. Danach schaffen die Teile eines Systems einen oder mehrere Ordnungsparameter, die gleichzeitig (im wahrsten Sinne des Wortes) auf die einzelnen Teile nach dem Versklavungsprinzip zurückwirken. Dieser Vorgang der zirkularen Kausalität läßt sich in allen Details mathematisch wiedergeben. Für uns hingegen ist hier wichtig, daß die einzelnen Teile materieller Struktur sind, wie etwa die Laseratome, die Moleküle einer Flüssigkeit oder die Neuronen. Die Ordnungsparameter können aber nun von ganz verschiedener Natur sein: Beim Laser sind sie eine elektromagnetische Welle, also etwas Physikalisches, bei der Flüssigkeit in unserem

Beispiel ist es eine Bewegungsform, also etwas schon Immaterielles, und schließlich haben wir es bei den Vorgängen im Gehirn mit immateriellen Ordnungsparametern zu tun. Ein eklatantes Beispiel hierfür war schon bei dem sehr simplen Kelso-Versuch der Phasenwinkel, der ja gewissermaßen nicht anfaßbar ist, sondern wie ein Loch immateriell ist, aber genauso wie die Größe eines Loches auch streng gemessen werden kann. Ein anderes Beispiel für Ordnungsparameter wären etwa Wahrnehmungsinhalte.

Hiernach bedingen sich Geist oder, vielleicht präziser ausgedrückt, geistige Leistung und Materiezustände gegenseitig. Nach dieser Auffassung bedingen sich also auch elektrische und chemische Vorgänge in Neuronen einerseits und die Ausbildung von Gedanken andererseits gegenseitig.* Hierbei erscheint wichtig, daß solche gedanklichen Prozesse auch auf ganz anderen Substraten als auf Neuronen ablaufen können, wie wir das ja bei Rechenvorgängen am Computer deutlich sehen. Die gleichen geistigen Leistungen lassen sich so auf verschiedenen Substraten realisieren, wobei es ein ganzes Spektrum von intelligentem Verhalten eines solchen jeweiligen Substrats geben kann. Das Konzept »Intelligenz« ist also etwas sehr Subtiles und bedarf jeweils einer genaueren Klassifizierung und Beschreibung. Umgekehrt kann das gleiche Substrat verschiedene geistige Leistungen vollbringen und ganz verschiedene Konzepte entwickeln, so daß zwischen Geist und Materie keineswegs eine Eins-zu-eins-Korrespondenz bestehen muß. Erweist sich so die Synergetik als Schlüssel zum Gehirn?

---

* Ein Anhänger der materialistischen Weltanschauung wird unseren Standpunkt kaum akzeptieren. Er wird sagen: Hier sehen wir ganz deutlich, daß geistige Leistungen nichts anderes als emergente Eigenschaften der Materie sind. Auch ein Anhänger der idealistischen Richtung wird seinen Standpunkt aufrechterhalten: Sehen wir denn hier nicht (geistige) Ordnungsprinzipien am Werke, nach denen die Materie geordnet wird (nicht sich selbst ordnet!). All diese und damit verwandte Fragen wären es wert, näher diskutiert zu werden – in unserem naturwissenschaftlich ausgerichteten Buch wollen wir es mit dem Aufwerfen dieser Probleme bewenden lassen.

38. Synergetik als Schlüssel zum Gehirn

Fassen wir unser Gehirn als ein riesiges Märchenschloß auf, so müssen wir uns fragen, welche Türen uns die Synergetik hier aufgeschlossen hat. Sind wir durch sie in ein kleines unbedeutendes Vorzimmer gelangt oder in eine schon sehr typische prunkvolle Halle oder gar in das ganze Gebäude? Wenn wir diese Frage beantworten wollen, so spielt natürlich das, was wir unter Verstehen verstehen, eine fundamentale Rolle. Wir glauben, daß wir durch die Konzepte der Synergetik, die Ordnungsparameter und die Versklavung, wesentliche Aspekte der Wahrnehmungsvorgänge begreifen können, so daß wir uns hiermit schon in einer stattlichen Halle des rätselhaften Gebäudes Gehirn befinden. Wir sind sicher, daß mit diesen Konzepten auch eine Reihe anderer Phänomene, die uns das Gehirn mit seinen Leistungen bietet, verständlich werden. In unserer Halle entdecken wir, daß es zweifellos hinter ihren Wänden noch völlig unerforschte Gebiete gibt. Ein solches ist das der Qualität.

Als Menschen erkennen wir Farbe, wir nehmen Geruch wahr, wir haben Empfindungen bis hin zu Freude und Trauer oder gar religiöse Empfindungen. Und hier tun sich nun neue Rätsel auf. Wir wissen, daß etwa die von uns wahrgenommene Farbe auf der spektralen Zusammensetzung des Lichts, das in unser Auge tritt, beruht, daß es bestimmte Empfangsmoleküle in der Retina gibt, die auf jeweilige Wellenlängen des Lichts besonders ansprechen, daß das Gehirn bestimmte Mittelungen durchführt, aber wie die Empfindung »Farbe« zustande kommt, wissen wir nicht. Wir wissen nicht einmal, ob andere Menschen das gleiche Empfinden haben wie wir, und wir wissen umgekehrt sogar, daß es Menschen gibt, die dieses sicherlich nicht haben, nämlich solche, die farbenblind sind. Uns, den Autoren, erscheint die Existenz von Qualitäten bei unseren Empfindungen als eine der größten Erfindungen der Natur, wo uns bisher jeder Zugang fehlt, wie wir diese irgendwie mit Quantitäten in Verbindung bringen können. Zwar kann ein Mensch feststellen, daß er bei dieser und jener spektralen Zusammensetzung eine spezielle Farbe sieht, aber ob das die gleiche

Empfindung ist, die ein anderer Mensch hat, läßt sich nicht nachprüfen. Um soviel weniger läßt sich dies nachprüfen, wenn man eine Maschine konstruiert, die beim Auftreffen einer bestimmten spektralen Verteilung von Licht sagt: »Ich sehe Gelb.« Das ist eine reine Definitionsfrage; ob die Maschine das tatsächlich empfindet, können wir nie sagen, und ehrlich gesagt, halten wir eine solche Aussage sogar für sinnlos.

Allgemein läßt sich lediglich feststellen, daß mit dem Zusammenwirken von Prozessen in einzelnen Neuronen bestimmte Empfindungen verknüpft sind. In diesem Sinne sind die Empfindungen auch wieder Ordner, die aber eine ganz andere Qualität haben als etwa die Ordner, die wir in der Wahrnehmungstheorie behandelt hatten. Bei der Behandlung von Quantitäten haben wir gewissermaßen eine einheitliche Größe, nämlich die Zahl. Bei Qualitäten steht uns dies nicht zur Verfügung. Vielleicht kann man verschiedene Qualitäten aufeinander abbilden, etwa Empfindungen bestimmten Farbtafeln zuordnen, wie dies kürzlich ein Psychologe vorschlug und wir dies auch schon länger kennen, indem wir Blau als kühl und Rot als warm bezeichnen. Vielleicht ist die Möglichkeit, Qualitäten zu erkennen wie Farbe und Geruch oder Empfindungen zu haben, das Typische für ein biologisches System überhaupt. Ob hierzu Ideen der Synergetik einen Schlüssel liefern können, muß erst die Zukunft erweisen.

Anhang

Literaturangaben und Anmerkungen

Die Literatur zu dem in diesem Buch behandelten Gebiet ist immens. Wir begnügen uns daher im folgenden, dem interessierten Leser einige Hinweise auf hier benutzte Quellen sowie auf weiterführende Literatur zu geben.

Teil I

Weiterführende Literatur zur Synergetik:
H. Haken: Erfolgsgeheimnisse der Natur, DVA, Stuttgart ⁴1983. Auch als Taschenbuch bei Ullstein erhältlich. Dieses Buch erfordert keine mathematischen Vorkenntnisse.
H. Haken und A. Wunderlin: Die Selbststrukturierung der Materie. Friedr. Vieweg und Sohn, Braunschweig 1991. Dieses Buch erfordert mathematische Vorkenntnisse der Oberstufe eines Gymnasiums.
H. Haken: Synergetik. Eine Einführung. Springer, Berlin/Heidelberg ³1990. Hier sind erhebliche mathematische Vorkenntnisse nötig.

Das Konzept der Selbstorganisation hat eine Reihe interessanter Facetten und Wurzeln, wie sie zum Beispiel in R. Paslack: Urgeschichte der Selbstorganisation. Friedr. Vieweg und Sohn, Braunschweig 1991, dargelegt werden.
Besonders hervorzuheben sind die Arbeiten von Manfred Eigen und seiner Schule zur präbiotischen Evolution als Selbstorganisation der Materie, so zum Beispiel M. Eigen: Stufen zum Leben. Piper, München 1987.
Die Idee, das Gehirn als synergetisches System aufzufassen, wird vertreten von H. Haken in: Synergetics of the Brain, hrsg. von E. Başar, H. Flohr, H. Haken, A. J. Mandell. Springer, Berlin/Heidelberg 1983.
Zur Synergetik in der Biologie siehe insbesondere H. Haken und M. Haken-Krell: Entstehung von biologischer Information und Ordnung. Wissenschaftliche Buchgesellschaft 1989.

Zu Kapitel 4 vgl. die Arbeiten von R. Friedrich, A. Fuchs, H. Haken und D. Lehmann in: Computational Systems – Natural and Artificial, hrsg. von H. Haken. Springer, Berlin/Heidelberg 1987, sowie R. Friedrich, A. Fuchs, H. Haken in: Rhythms in Physiological Systems, hrsg. von H. Haken und H. P. Koepchen. Springer, Berlin/Heidelberg 1991. Ein immer noch lesenswertes Buch zur Gestaltpsychologie ist das von W. Köhler: Die physischen Gestalten in Ruhe und im stationären Zustand. Friedr. Vieweg und Sohn, Braunschweig 1920, vgl. hierzu auch die Ausführungen von M. Stadler und P. Kruse in: Synergetics of Cognition, hrsg. von H. Haken und M. Stadler. Springer, Berlin/Heidelberg 1990.

Teil II

Bücher

Biologie allgemein
Ausführliche Darstellung von biologischen Grundlagen:
G. Czihak, H. Langer, H. Ziegler: Biologie. Springer, Berlin/Heidelberg 1990.
Zum Nachschlagen von biologischen Grundlagen:
G. Vogel, H. Angermann: dtv-Atlas zur Biologie (3 Bände). Deutscher Taschenbuchverlag, München 1984.

Synergetik in der Biologie
H. Haken und M. Haken-Krell: Entstehung von biologischer Information und Ordnung. Wissenschaftliche Buchgesellschaft, Darmstadt 1989.

Lernen
G. Adam: Empfindung, Bewußtsein, Gedächtnis mit den Augen des Biologen. Frankfurt a. M. 1980.
S. Y. Schmidt (Hrsg.): Gedächtnis. Suhrkamp, Frankfurt a. M. 1991.
R. Sinz: Lernen und Gedächtnis. Stuttgart 1981.
R. Sinz: Neurobiologie und Gedächtnis. Berlin 1979.
F. Vester: Denken, Lernen, Vergessen. DVA, Stuttgart 1975.

Nerven- und Sinnesphysiologie, Gehirn
Einfache Einführung in Nerven- und Sinnesphysiologie:
U. Bäßler: Sinnesorgane und Nervensysteme. Metzler, Stuttgart 1979.

J. Boeckh: Nervensysteme und Sinnesorgane der Tiere. Herder, Freiburg/Basel/Wien 1975.

J. C. Eccles: Das Gehirn des Menschen. München/Zürich 1984.

Wahrnehmung und Verhalten bei Tieren (vor allem Kröte):

J. P. Ewert: Neuro-Ethologie. Springer, Berlin/Heidelberg 1976.

K. D. Mörike, E. Betz und W. Mergenthaler: Biologie des Menschen. Quelle und Meyer, Heidelberg 1991.

R. F. Schmidt: Grundriß der Neurophysiologie. Springer, Berlin/Heidelberg 1987.

R. F. Schmidt: Grundriß der Sinnesphysiologie. Springer, Berlin/Heidelberg 1985.

R. F. Schmidt und G. Thews (Hrsg.): Physiologie des Menschen. Springer Berlin/Heidelberg 1987.

Wahrnehmung und visuelles System

H. Dinse: Informationsverarbeitung im visuellen System der Katze. Thieme, Stuttgart/New York 1989.

J.-P. Ewert und B. Ewert: Wahrnehmung. Quelle und Meyer, Heidelberg 1981.

G. Fels: Der Sehvorgang. Klett, Stuttgart 1967.

D. Hubel: Auge und Gehirn. Spektrum, Heidelberg 1989.

I. Klebe und J. Klebe: Durch die Augen in den Sinn. Aulis-Deubner, Köln 1988.

I. Rock: Wahrnehmung – Vom visuellen Reiz zum Sehen und Erkennen. Spektrum, Heidelberg 1985.

Zeitschriften und Zeitschriftenartikel

D. L. Alkon: Eine Meeresschnecke als Lernmodell. Spektrum 9, 38–49 (1983).

Geo Wissen: Gehirn, Gefühl, Gedanken. Nr. 1, 255 (1987).

M. Glickstein: Die Entdeckung der Sehrinde. Spektrum 11, 112–119 (1988).

R. H. Masland: Die funktionelle Architektur der Netzhaut. Spektrum 2, 66–75 (1987).

H. Wässle: Auge und Gehirn – Informationsverarbeitung im visuellen System der Säugetiere. Umschau 5, 290–296 (1986).

Englischsprachige Literatur

Da es zum Thema sehr gute und interessante englischsprachige Bücher gibt, die leider nicht in deutscher Übersetzung vorliegen, nennen wir hier eine kleine Auswahl:

F. E. Bloom, A. Lazerson: Brain, Mind and Behavior. W. H. Freeman, New York 1988.

V. Bruce, P. Green: Visual Perception – Physiology, Psychology and Ecology. Lawrence Erlbaum, London/Hillsdale 1987.

Wissenschaftliche Darstellung
E. R. Kandel, J. H. Schwartz: Principles of Neural Science, Elsevier, North-Holland/New York 1985.

S. W. Kuffler, J. G. Nichols, A. R. Martin: From Neuron to Brain. Sinauer, Sunderland/Mass./USA 1984.

I. Rentschler, B. Herzberger, D. Epstein (eds.): Beauty and the Brain – Biological Aspects of Aesthetics. Birkhäuser, Basel/Boston/Berlin 1988.

Speziell zu Kapitel 14 vgl. W. J. Freeman: Biol. Cybern. 56, 139 (1987), C. M. Gray, P. König, A. K. Engel und W. Singer, in: Synergetics of Cognition, hrsg. von H. Haken und M. Stadler. Springer, Berlin 1990; R. Eckhorn und H. J. Reitboeck ebd.

Teil III

Die Ausführungen in den Kapiteln 16 bis 32 beruhen auf einer mathematischen Theorie, die im Detail in H. Haken: Synergetic Computers and Cognition. Springer, Berlin/Heidelberg 1991 dargelegt ist. Die Idee, »Mustererkennung durch die Dynamik einer Kugel in einem Potentialgebirge« zu beschreiben, wurde von H. Haken in seit 1970 gehaltenen Vorträgen ausgesprochen und ist schriftlich in H. Haken: Synergetics. An Introduction, 1. Aufl. Springer, Berlin/Heidelberg 1977, niedergelegt. Die Analogie zwischen Musterbildung und Mustererkennung wurde ausgesprochen von H. Haken in: Pattern Formation by Dynamical Systems and Pattern Recognition, H. Haken (ed.). Springer, Berlin/Heidelberg 1979. Das Konzept des synergetischen Computers wurde vorgelegt von H. Haken in: Computational Systems – Natural and Artificial, H. Haken (ed.). Springer, Berlin /Heidelberg 1987.

Die Simulation zu den Abbildungen in Kapitel 21 wurde von A. Fuchs auf einer Vax durchgeführt. Vgl. hierzu A. Fuchs und H. Haken in Biological Cybernetics 60, 17 (1989); 107 (1988).

Bei der Erkennung von Mimiken beziehen wir uns auf Arbeiten von H. Haken, R. Hönlinger und M. Vanger (unveröffentlicht).

In Kapitel 22 beziehen wir uns auf die Diplomarbeit von R. Hönlinger, Stuttgart 1989.

Die Ausführungen von Kapitel 23 bis 25 beruhen auf Arbeiten von A. Fuchs und H. Haken, Biological Cybernetics 60, 17 (1988); 107 (1988).

Zur Psychophysik der Kipp-Figuren liegt eine umfangreiche Literatur vor. Hinweise hierauf finden sich in dem oben zitierten Buch von H. Haken: Synergetic Computers and Cognition. Die Resultate der Kapitel 26 bis 28 entstammen Arbeiten von T. Ditzinger und H. Haken: Biological Cybernetics 61, 279 (1989); 63, 453 (1990).

In Kapitel 30 stellen wir Ergebnisse von R. Haas, A. Fuchs, H. Haken, E. Horvath, A. S. Pandya und J. A. S. Kelso dar.

Zu dem Gebiet der Neurocomputer ist inzwischen eine riesige Literatur entstanden, deshalb seien hier nur einige Schlüsselzitate gegeben: W. S. McCulloch und W. H. Pitts: Bull. Math. Biophysics 5, 115 (1943); W. A. Little: Math. Biosci. 19, 101 (1974); W. A. Little, G. L. Shaw: Math. Biosci. 39, 281 (1978); R. Rosenblatt: Principles of Neurodynamics. Spartan Books, New York 1962; J. J. Hopfield: Proc. Natl. Acad. Sci. 79, 2554 (1982) sowie einige zusammenfassende Bücher wie P. D. Wassermann: Neural Computing. Theory and Practice. Van Nostrand Reinhold, New York 1989; I. Aleksander, H. Morton: Neural Computing. Chapman and Hill 1990; H. Ritter, T. Martinez, K. Schulten: Neuronale Netze. Addison-Wesley 1991.

Das in Kapitel 32 geschilderte Lernverfahren wurde von H. Haken, R. Haas und W. Banzhaf entwickelt, Biological Cybernetics 62, 107 (1989), und von R. Haas (Diplomarbeit, Stuttgart 1989) im Computer implementiert.

Die Beziehungen zwischen Schönheit und Gehirn werden in einem faszinierenden Buch dargelegt: I. Rentschler, B. Rentschler, D. Epstein: Beauty and the Brain. Basel/Boston/Berlin 1988.

Von Kapitel 34 aus ergeben sich interessante Bezüge zu der philosophischen Richtung des Konstruktivismus, wie er zum Beispiel von Ernst von Glasersfeld vertreten wird.

Untersuchungen am Affengehirn:
G. Baumgartner, E. Peterhans, R. Von der Heydt, in: Computational Systems – Natural and Artificial, H. Haken (ed.). Springer, Berlin 1987.
Zur Anwendung des Neurocomputers auf die Theorie der Farbwahrnehmung vgl. die interessante Arbeit von J. Rubner (Dissertation, München) sowie J. Rubner und K. Schulten: Biological Cybernetics 62, 193 (1990).

Teil IV

Zur Turing-Maschine vgl. Roger Penrose: The Emperor's New Mind. Oxford Univ. Press 1989. Hier findet sich auch eine ausführliche, unseres Erachtens aber nicht sehr fruchtbare Diskussion zum Bewußtsein.

K. R. Popper und J. C. Eccles: The Self and its Brain. Springer, Berlin/Heidelberg 1977, sowie J. C. Eccles in Complex Systems – Operational Approaches, H. Haken (ed.) Springer, Berlin/Heidelberg 1985.

Sachregister

Bildnachweis

Nach den Angaben der Autoren wurden anhand der folgenden Titel die Abbildungen zumeist neu gezeichnet.

Bäßler, Ulrich, u. a.: Sinnesorgane und Nervensystem. Stuttgart 1975: Abb. 6.4, 6.12, 9.1, 10.13

Biologie heute, S II, hrsg. von W. Miram und K.-H. Scharf. Hannover 1988: Abb. 6.8, 6.13, 7.2, 7.4

Biologie heute, S II, Lehrerhandbuch, hrsg. von J. Jaenicke und W. Miram. Hannover 1991: Abb. 6.11, 7.1, 10.3

Bloom, Floyd E., und Arlyne Lazerson: Brain, Mind and Behavior. New York 1985, 1988: Abb. 6.9

Boeckh, Jürgen: Nervensysteme und Sinnesorgane der Tiere. Freiburg/Basel/Wien 1975: Abb. 6.7

Daumer, Karl, und Renata Hainz: Verhaltensbiologie. München 1980: Abb. 7.3

Del-Prete, Sandro: Illusorismen. Bern o. J.: Abb. 25.3

Ewert, Jörg-Peter, und Sabine Beate Ewert: Wahrnehmung. Heidelberg 1981: Abb. 8.1, 10.1

Fels, Gerhard: Der Sehvorgang. Stuttgart 1967: Abb. 10.12

Gehirn und Nervensystem. Spektrum der Wissenschaft. Heidelberg 1983: Abb. 6.10 (Ausschnitt)

Haken, Hermann: Synergetics. An Introduction. Berlin/Heidelberg 1977: Abb. 16.1

Hill, W. E.: My Wife and my Mother-in-Law. Puck 1915: Abb. 26.4

Hubel, David H.: Auge und Gehirn. Heidelberg 1989: Abb. 12.3, 12.5

Jastrow, J.: Fact and Fable in Psychology. Houghton Mifflin, New York 1900: Abb. 26.5

Kandel, Eric R., und James H. Schwartz: Principles of Neural Science. New York/Amsterdam/Oxford 1985: Abb. 12.2, 12.7, 13.1, 13.2

Kuffler, Stephen W., und John G. Nicholls: From Neuron to Brain. Sunderland/Mass./USA 1976: Abb. 10.4, 10.6

Rentschler, Ingo, Barbara Herzberger und David Epstein: Beauty and the Brain. Basel/Boston/Berlin 1988: Abb. 5.8, 5.9, 33.2

Schmidt, R. F. (Hrsg.): Grundriß der Neurophysiologie. Berlin/Heidelberg/New York 1974: Abb. 6.2, 6.3

Schmidt, R. F. (Hrsg.): Grundriß der Sinnesphysiologie. Berlin/Heidelberg/New York/Tokio 1985: Abb. 10.2, 10.5, 10.8, 12.6, 12.8, 12.9

Thompson, Richard F.: Das Gehirn. Heidelberg 1990: Abb. 6.1, 10.11, 11.1, 12.4

Bestehorn, M., und H. Haken: unveröffentlichtes Manuskript: Abb. 2.13

Bugelski, B. R. und D. A. Alampay in: Can. J. Psychol. 15, 205 (1961): Abb. 26.6

Ditzinger, T., und H. Haken in: Biological Cybernetics 61, 279 (1989); 63, 453 (1990): Abb. 27.1–27.5

Friedrich, R., A. Fuchs und H. Haken in: Rhythms in Physiological Systems, hrsg. von H. Haken und H. P. Koepchen. Berlin/Heidelberg 1991: Abb. 4.2, 4.3

Fuchs, A., und H. Haken in: Biological Cybernetics 60, 17 (1988): Abb. 17.2–17.4; 107 (1988): Abb. 23.10, 23.12, 23.13, 25.1, 25.2

Fuchs A., und H. Haken in: Dynamic Patterns in Complex Systems, hrsg. von J. A. S. Kelso, A. J. Mandell und M. F. Shlesinger. World Scientific, Singapore (1988): Abb. 24.1, 24.2

Gray, C. M., P. König, A. K. Engel und W. Singer in: Synergetics of Cognition, hrsg. von H. Haken und M. Stadler. Berlin/Heidelberg 1990: Abb. 14.1

Haas, R., Diplomarbeit. Stuttgart 1989: Abb. 32.2–32.6

Haken, H., R. Haas und W. Banzhaf in: Biological Cybernetics 62, 107 (1989): Abb. 32.1

Haken, H., R. Hönlinger und M. Vanger: unveröffentlichtes Manuskript: Abb. 21.1-21.3

Haken, H., J. A. S. Kelso und B. Bunz in: Biological Dybernetics 51, 347 (1985): Abb. 3.4

Haken, H., J. A. S. Kelso, A. Fuchs und A. S. Pandya in: Neural Networks 3, 395 (1990): Abb. 30.1

Hönlinger, R., Diplomarbeit. Stuttgart 1989: Abb. 22.6-22.10, 24.3

O'Toole, A. J., R. B. Millward und J. A. Andersen in: Neural Networks, Vol. 1 (1988): Abb. 22.5

Physik in unserer Zeit, 22. Jg., Heft 6 (1991): Abb. 33.1

Römisch-Germanisches Museum Köln: Abb. 26.1

Schröder, H., in: Poggendorffs Annalen der Physik und Chemie 181 (1858): Abb. 26.8

Science, Vol. 171, No. 3972 (1971): Abb. 35.1 (Ausschnitt)

Spektrum der Wissenschaft 11, (1988): Abb. 12.1

M. Stadler und P. Kruse in: Synergetics of Cognition, hrsg. von H. Haken und M. Stadler. Berlin/Heidelberg 1990: Abb. 2.10, 2.12, 5.2

Abbildungen ohne Quellenangabe stammen aus dem Archiv der Autoren.

Was die Welt in ihrem Innersten zusammenhält

Eine Auswahl aus dem Programm der DVA

DVA